制药工业管理及技术
系列丛书

U0746206

药品生产
质量管理实践

主　编　谭培龙　朱振亚
副主编　苗迎春　陈　超　刘宇红

GMP

中国健康传媒集团
中国医药科技出版社

内 容 提 要

本书是依据《药品生产质量管理规范》（2010年修订）编写，从质量管理、质量控制、质量保证、确认与验证、自检、外部检查、文件管理、计量与校准、产品召回和数据可靠性10个部分分别阐述药品生产管理在实践中的应用。本书通过大量的表格和配图，助力读者准确理解和执行《药品生产质量管理规范》。

本书可供医药企业生产人员、医药研究者参考使用。

图书在版编目（CIP）数据

药品生产质量管理实践 / 谭培龙，朱振亚主编. —北京：中国医药科技出版社，2022.7

ISBN 978-7-5214-3170-4

Ⅰ.①药… Ⅱ.①谭… ②朱… Ⅲ.①制药工业—产品质量—质量管理—研究—中国 Ⅳ.① F426.77

中国版本图书馆 CIP 数据核字（2021）第 278111 号

策划编辑 于海平　　**责任编辑** 高雨濛
美术编辑 陈君杞　　**版式设计** 锋尚设计

出版　**中国健康传媒集团**｜**中国医药科技出版社**

地址　北京市海淀区文慧园北路甲 22 号

邮编　100082

电话　发行：010-62227427　邮购：010-62236938

网址　www.cmstp.com

规格　710×1000mm　$\frac{1}{16}$

印张　17¾

字数　336 千字

版次　2022 年 7 月第 1 版

印次　2023 年 11 月第 2 次印刷

印刷　三河市万龙印装有限公司

经销　全国各地新华书店

书号　ISBN 978-7-5214-3170-4

定价　60.00 元

获取新书信息、投稿、为图书纠错，请扫码联系我们。

编 委 会

前　言

为了更好推动《药品生产质量管理规范》(2010年修订)(以下简称"GMP")实施，指导药品生产企业提升质量管理水平，作者根据多年的药品生产企业质量管理工作实践经验，参考《药品GMP指南》和ICH、ISO、ISPE、PIC/S等相关资料编写了本书。

本书特点如下：

1. 介绍质量管理工作的各个常见要素，并对药品GMP实施和检查过程中各要素的要求和落地方式进行详细阐述。

2. 以"理论知识＋实践案例"的形式介绍质量管理工作的具体内容和形式，并对质量管理实践案例进行深入解析。

3. 注意国内外政策和法规的变化，将当前的基本要求与今后的发展趋势相结合。

本书内容包括质量管理、质量控制、质量保证、确认与验证、自检、外部检查、文件管理、计量与校准、产品召回、数据可靠性等与药品生产企业日常质量管理相关的工作内容。读者通过学习本书，可以系统地掌握质量管理体系的基本理论知识、常见的质量体系要素及日常活动以及各要素之间的关联应用。

在本书编写过程中，参阅了大量文献和资料，同时得到了温州维科生物实验设备有限公司、温州微穹微生物技术有限公司、广州市特滤净化设备有限公司、深圳市汇皓医药技术有限公司的大力支持和帮助，在此一并表示诚挚的感谢。

由于编者水平有限，加之编写时间仓促，书中难免存在疏漏之处，希望广大读者批评指正。

编者

2022年1月

目　录

表索引

图索引

1

第 1 部分

质量管理

1.1　质量管理术语

质量：系产品、过程或服务满足规定要求或潜在需要的固有特性的程度。质量包括产品质量和工作质量。

质量管理：系质量方面指挥和控制组织的协调活动，包括质量方针、质量目标、质量策划、质量控制、质量保证、质量改进。

质量方针：系由组织最高管理者正式发布的关于质量方面的全部意图和方向。

质量策划：系质量管理的一部分，致力于制定质量目标，规定必要的运行过程并提供相关资源，以实现质量目标。

质量保证：系致力于提供质量要求会得到满足的信任，简称"QA"，属质量管理的一部分。

质量保证是通过建立和维持质量管理体系来保证整个过程满足产品质量要求。QA 不仅要判断问题出在何处，还要制定解决方案，纠正和预防偏差。

质量控制：系致力于满足质量要求，简称"QC"，属质量管理的一部分。

质量控制也可以称为"品质控制"，QC 所关注的是产品，而非体系，目的与 QA 是一致的，QC 是为使产品满足质量要求所采取的作业技术和活动，包括检验等。因此，QC 的控制范围主要是工厂内部，确保产品满足质量要求，只有合格品才能交付给客户。

质量控制强调的是质量要求，具体是按照规定的方法和规程对原辅料、包装材料、中间品和成品进行取样、检验、符合，以保证这些物料和产品的成分、含量、纯度和其他性状符合已经确定的质量标准。QA 与 QC 的职责对比，见表 1。

表 1　QA 与 QC 的职责对比

项目	QA	QC
职责	确保工作质量	确保产品质量、结果满意
工作核心	纠正、预防差错，完善体系	发现、指明差错
工作侧重对象	体系	产品
工作领域	内部、外部	内部
工作目标演绎	提供满足质量的信任，相信产品做得满意	提供质量满足的信任，相信做的产品满意

质量改进：系质量管理中致力于增强满足质量要求的能力。

质量管理体系：系指组织实现质量方针和目标的指挥和控制因素。

从管理角度来看，体系涉及人、事、物的所有要素，而是管理体系主要涉及人和事，侧重管理。药品生产企业只有建立和健全质量管理体系，才能生产出符合预定用途和注册要求的产品。

1.2 国际标准

1.2.1 ISO 族标准

国际标准化组织简称 ISO，ISO9000 是国际标准族，国际标准族的实施运用八项质量管理原则，在总结质量管理实践经验的基础上，用高度概括的语言，表述最基本、最通用的一般规律，是组织领导做质量管理必须遵循的原则。

基本概念：供方（原、辅包材供应）→ 组织（企业）→ 顾客（用户）。

1.2.2 GMP 与 ISO 族标准

GMP 与 ISO 族标准是质量管理发展到全面质量管理后的产物，本质上都是全面质量管理的深入和系统体现，理念和理论体系都是一致的，但是在推行的法律效力和侧重点有所不同。GMP 与 ISO 族标准的对比，见表 2。

表 2　GMP 与 ISO 族标准的对比

项目	GMP	ISO 族标准
管理性质、模式	相同	相同
标准发布组织	政府	标准化组织
法律、认证要求	强制性	非强制
文件系统	管理、技术、操作标准，记录	质量手册、程序文件、作业指导书、记录
侧重点	产品质量	产品、服务质量，环境影响
使用行业、领域	药品、食品、化妆品、医疗器械等	所有行业、领域、组织

1.2.3 GMP 与 ICH

2009 年，ICH 发布制药行业指南药物质量体系（Q10 Pharmaceutical Quality System PQS），指南同样是在 ISO 的质量概念基础上建立的，融合了 GMP 的相关要求，它还引入了 ICH Q8 Pharmaceutical Development 和 ICH Q9 Quality Risk Management 的内容，使得 ICH Q10 所描述的质量管理体系模型可以适用于产品生命周期的各个不同阶段。主要内容包括：管理职责、工艺运行、产品质量和质量管理体系的持续改进等。其中，重点描述了质量管理体系的组成要素：工艺运行和产品质量的监控系统、纠正和预防措施系统（corrective and preventive action，CAPA）、变更管理系统、工艺运行和产品质量管理评审系统等，以及各要素在产品生命周期中的不同阶段所对应的质量管理内容。指南的药品质量体系主要组成及其相互关系见图1。

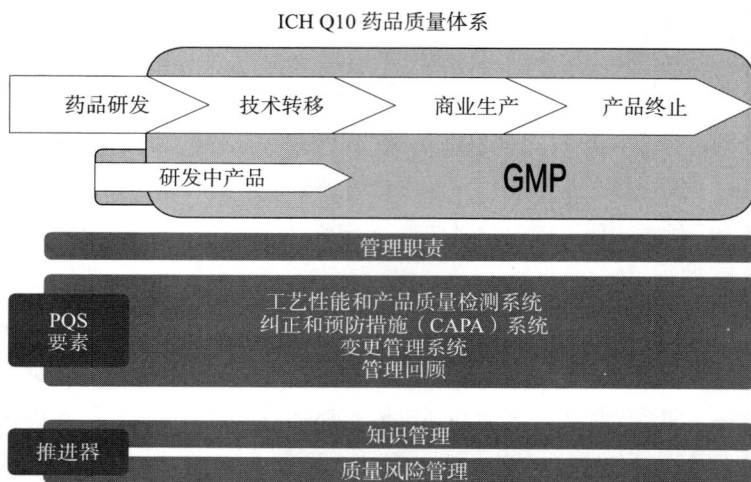

图1　ICH 质量管理体系模型

我国 GMP 关于质量管理的规定也在不断发展和完善。事实上，任何质量活动的有效实施，都需要一个完整、有效的质量系统作保证。任何质量要素及其过程都不可能是独立的，而是与多个要素相互关联，这实质上就构成了质量系统。

我国 GMP（2010 版）更加向国际性管理规范靠拢，提出了质量管理体系的核念，而且将药品质量管理体系的建立提到了新的高度。在 GMP 的第一章就明确要求：企业应当建立药品质量管理体系，该体系应当涵盖影响药品质量的所有因素，包括确保药品质量符合预定用途的有组织、有计划的全部活动。大幅提高对企业质量管理的具体要求，包括：质量管理的原则、质量保证、生产质量管理、质量控制等。细化了对构建实用、有效的质量管理体系的要求，强化药品生产关键环节的控制和管理，以促进企业质量管理水平的提高。

本书在紧密结合 GMP 的这些要求，并与国际权威指南的质量管理体系基本理念保持一致的基础上提供实施指导。其基本架构以及各组成部分之间的关系见图2。通过质量管理体系概述简要介绍其发展和演变过程，明确相关的基本概念和它们之间的

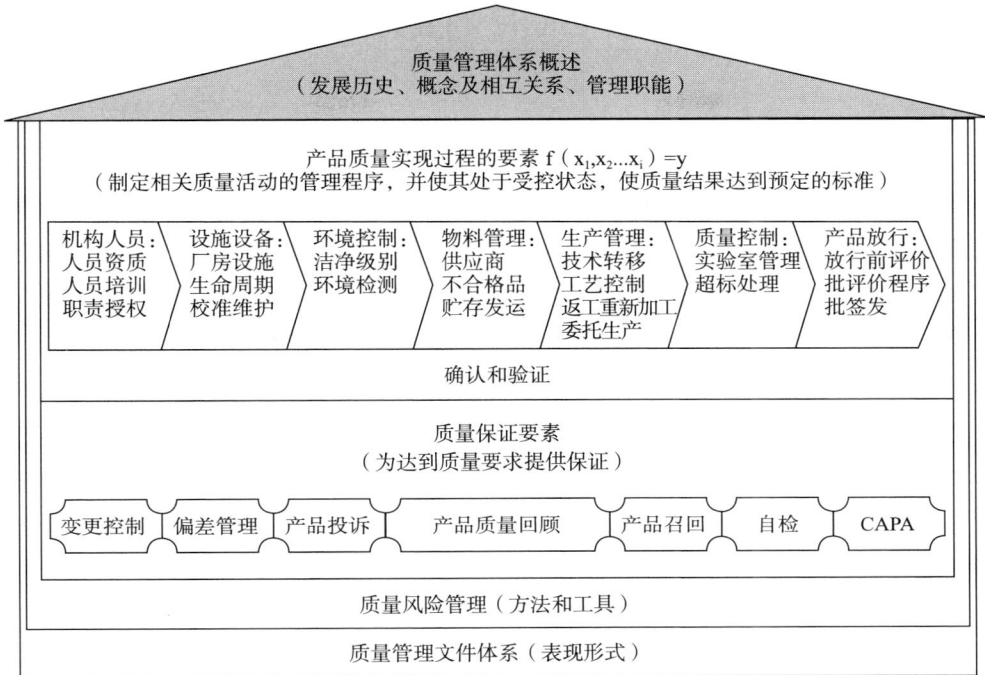

质量管理体系概述
（发展历史、概念及相互关系、管理职能）

产品质量实现过程的要素 $f(x_1, x_2 ... x_i) = y$
（制定相关质量活动的管理程序，并使其处于受控状态，使质量结果达到预定的标准）

| 机构人员：人员资质 人员培训 职责授权 | 设施设备：厂房设施 生命周期 校准维护 | 环境控制：洁净级别 环境检测 | 物料管理：供应商 不合格品 贮存发运 | 生产管理：技术转移 工艺控制 返工重新加工 委托生产 | 质量控制：实验室管理 超标处理 | 产品放行：放行前评价 批评价程序 批签发 |

确认和验证

质量保证要素
（为达到质量要求提供保证）

| 变更控制 | 偏差管理 | 产品投诉 | 产品质量回顾 | 产品召回 | 自检 | CAPA |

质量风险管理（方法和工具）

质量管理文件体系（表现形式）

图 2　质量系统指南内部结构图

相互关系，阐述企业所建立的质量管理体系应具备的基本职能；全面介绍贯穿产品质量实现全过程的质量管理要素，各要素相关的质量活动及其管理程序；详细介绍了确保质量管理有效实施的质量保证要素，明确各要素的管理流程；强调了质量风险管理方法在药品生产质量管理中的运用；以及具体归纳了质量管理体系的文件表现形式。

总之，GMP 作为质量管理体系的一部分，是药品生产管理和质量控制的基本要求，旨在最大限度地降低药品生产过程中污染、交叉污染以及混淆、差错等风险以确保持续稳定地生产出符合预定用途和注册要求的药品。这与质量管理体系的最终目的"为患者提供高质量的药品"是一致的。而制药企业依据自身的特点建立质量管理体系，并保证其有较实施和不断完善，是实现这一目标的关键。虽然组织、建立和有效地实施质量管理体系需要企业投入大量的时间、人力和物力，但是从企业的长远利益来说是值得的。

1.3　药品生产企业实施 GMP 的要素

1.3.1　管理层的职责

高层管理者指拥有指挥和控制企业和组织的最高权力的人或一组人（如委员会、董事会等）。

为了确保整个质量管理体系在全公司层面及时有效的运行，并把握质量工作的正确方法，必须指定质量管理体系的负责人或负责小组，并授予相应的权力，负责人或小组拥有公司或企业的最高领导权，能够对公司的发展方向起决定性作用，并且对与质量管理体系相关的人力、物力具有决定权，即企业的高层管理者。

GMP 并未对高层管理者具体职责加以描述，本节参考国际标准 ISO 9000 所列举的职责加以对应。高层管理者能够通过领导力和措施为质量管理体系的有效运行创造全员参与的环境，表现在以下方面。

- 强调满足客户需求和法规要求的重要性。
- 制定并维护全员的质量方针。
- 确保质量目标的制定。
- 推动、激励质量方针和质量目标在整个企业的贯彻和实施。
- 确保建立、实施并维护一个有效的质量管理体系，以实现质量目标。
- 确保提供必要的资源。
- 定期对质量体系评审。
- 为质量管理体系的改进举措作决定。

高层管理者建立企业质量管理体系，并对其进行监督和维护，使其有效运行，并负有最高责任，因而为保证实现质量目标所制定的人员安排、职责划分、任命授权，及其在企业内部的沟通和实施负有最终责任。因为缺少企业高层管理者的积极参与，质量管理体系的目标是无法实现的，实施质量管理体系所需要的时间、人力、物力等资源，最终得到高层管理者的支持才能实现。质量管理体系的管理应由高级管理人员担当，能保证对质量问题快速做出反应。

1.3.2　质量管理机构及职责

GMP 法规只对质量管理体系的内容作出规定，并没有对其组织架构给出明确要求。组织架构包括职责以及各级职能部门之间的关系，一般用组织架构图示意。企业需要根据自身的复杂程度和规模建立适合企业特点的组织架构。

管理者应制定部门和员工的职能、职责和授权范围，确保各级部门和人员明确在质量管理体系内相互之间的关系，保证质量管理体系在企业组织的各个层面得以实施。

明确质量管理体系相关各部门的职责及其相互关系，是质量管理体系职责管理的重要内容之一。关键人员是指对企业的生产质量管理起关键作用，负主要责任的人员，其主要职责及其他相互关系在 GMP 中也有明确规定。

企业可以在 GMP 的基本要求基础上，根据企业的实际架构和工作范围对关键人员的职责加以扩展，并具体化。总之，职责描述应具体、明确；相关联的职责应连贯、不冲突；关键职责不得有空缺，每个人所承担的职责不应过多，以免导致质量风险。

1.3.3　人员要求与人员培训

1.3.3.1　人员要求

GMP 对企业的管理人员和操作人员都提出了资质的要求，即企业应当配备足够数量并具有适当资质的管理和操作人员。人员资质一般包含三个方面的含意：个人学历（education）、工作经验（experience）、所接受的培训（training）。

中国 GMP（2010 版）对关键人员（质量管理负责人、生产管理负责人、质量受权人）的资质有明确的规定；对其他人员的资质规定主要体现在所接受的培训方面，企业应根据其工作内容和职责自行规定相应的个人学历和工作经验的要求。

1.3.3.2　培训要求

中国 GMP（2010 版）、欧盟 GMP 和美国 cGMP 均对需培训人员的范围和培训内容作出了类似的规定，具体如表 3 各国 GMP 的培训要求。

表 3　各国 GMP 的培训要求

项目	中国 GMP（2010 版）	欧盟 GMP	美国 cGMP
培训范围	与药品生产、质量有关的所有人（第 27 条）	所有因工作需要进入生产区、质量控制实验室的人员，以及可能影响产品质量的其他人员（2.8 条）	所有从事和监管药品生产、加工、包装或仓储的人员（211.25.a/211.25.b）
培训内容	GMP 理论和实践、相关法规、岗位的职责和技能（第 27 条）高污染风险区的专门培训（第 28 条）	GMP 理论和实践、岗位的职责（2.9 条）高污染风险区的专门培训（2.10 条）	与员工操作相关的 cGMP 的内容（211.25.a）

1.3.4　药品生产质量受权人制度

质量受权人的相关要求在欧盟和 WHO 的 GMP 中有明确规定，美国 FDA 没有相关规定，但其职责被包含在质量管理部门和质量负责人的职责中，我国 GMP（2010版）引入了质量受权人的概念，并对其职责作出基本规定。

1.3.5　全面质量管理

全面质量管理（TQM）的基本核心为以质量为中心，以全员参与为基础，提高人员素质，让顾客满意，让组织内部所有成员及社会收益。

企业全体人员都应具有质量意识并承担质量责任，提高所有人员的素质，调动人员的积极性，做好本职工作，抓好工作质量来保证和提高产品质量，从而实现企业目标，达到成功。

1.3.5.1　全面质量管理常用的七种工具

全面质量管理常用的七种工具是在开展全面质量管理活动中用于收集和分析质量数据、分析和确定质量问题、控制和改进质量水平的七种方法。这些方法不仅科学，而且实用。具体如下。

①统计分析表法和措施计划表法。对生产过程中的原始质量数据的统计分析十分重要，为此必须根据工作特点设计出相应的表格。

②排列图法。排列图由一个横坐标、两个纵坐标、按高低顺序排列的矩形和一条累计百分比折线组成，遵循帕累托法则。排列图法的作用是找出主要问题并优先解决，能够充分反映出"少数关键，多数次要"的规律，是一种寻找主要因素，抓住主要矛盾的手法。

③因果分析图法。因果分析图又叫特性要因图。按其形状又称其为树枝图或鱼刺图。它是寻找质量问题产生原因的一种有效工具。采用此工具，通常从人、机、料、法、环五大方面分析影响产品质量的原因，然后将每个原因具体化，接着再细化，直到可以采取措施为止。

④分层法。分层法又叫分类法，是分析影响质量原因的方法。其办法是将收集来的数据按照不同的目的加以分类，将性质相同、在同一生产条件下收集的数据归在一起，可使数据反映的事实更明显、更突出，便于找出问题，对症下药。

分类方法如下：按不同时间分类、按操作人员分类、按使用设备分类、按操作方法分类、按原材料分类、按不同的检测手段分类、其他分类，如不同的工厂、使用单位、使用条件、气候条件等进行分类。

⑤直方图法。直方图是频数直方图的简称，用一系列宽度相等、高度不等的长方形表示数据的图。长方形的宽度表示数据范围的间隔，长方形的高度表示在给定间隔内的数据数。

⑥控制图法。控制图是以控制图的形式判断和预报生产过程中质量状况是否发生波动的一种常用的质量控制统计方法。可以直接监视生产过程中的过程质量动态，具有稳定生产、保证质量、积极预防的作用。

⑦散布图法。散布图法是指通过分析研究两种因素的数据之间的关系控制影响产品质量的相关因素的一种有效方法，在生产实际中，往往是一些变量共处于一个统一体中，他们之间的关系可以用函数关系表达，如圆的面积（S）和它的半径（r）关系，$S=\pi r^2$；有些变量之间存在着相关关系，即这些变量之间既有关系但又不能由一个变量的数值精确地求出另一个变量的数值。将这两种有关的数据列出，用点标记于坐标图上，然后观察这两种因素之间的关系。这种图称为散布图或相关图。

实施 GMP 是药品生产企业推行 TQM 的具体措施。药品只按照质量标准检验合格，并不能完全客观地反映药品生产的全过程，而且，对于药品生产企业，生产过程是一个连续的过程，质量检验是不可逆的，一旦发现原料、辅料、半成品、成品不合格，往往会造成很大的浪费，所以单靠原料、辅料、半成品、成品的控制是远远不够的，需要运用全面质量管理进行全过程的控制。只有生产过程控制在稳定状态下，才能保证半成品进入下道工序，才能最大程度的保证成品合格，才能尽可能地减少浪费。药品生产企业只有从原料采购、入库开始一直到制造、成品出厂全过程实施 GMP 管理，质量才能真正得到保证。

全面质量管理的特点是"三全"和"一样多"。"三全"包括全范围的质量管理、全过程的管理和全员参加的管理，"一样多"指质量管理方法多样化。

1.3.5.2　TQM 的质量保证体系

一个产品从市场调查、研究设计到使用的全过程，一般分为设计过程、制造过程、辅助生产过程和使用过程四个阶段。因此，全面质量管理的质量保证体系基本上是由上述四个过程的质量保证体系构成的。

设计过程质量管理：产品设计过程的质量管理是全面质量管理的首要环节，主要包括市场调查、产品开发、产品设计、工艺准备、试制和鉴定等过程。主要工作内容有：根据市场调查研究，制定产品质量设计目标；组织销售、使用、科研、设计、工艺、制造、质量部门参与确定适合的设计方案；保证技术文件的质量；做好标准化的审查工作；督促遵守设计试制的工作程式。

制造过程质量管理：制造过程是指对产品直接进行加工的过程。它是产品质量形成的基础，是企业质量管理的基本环节。制造过程质量管理的工作内容有：组织质量检验工作；组织和促进文明生产；组织质量分析，掌握质量动态；组织工序的质量控制，建立管理点。

辅助过程质量管理：辅助过程是指为保证制造过程正常进行而提供各种物资技术条件的过程。它包括物资采购供应、动力生产、设备维修、工具制造、仓库保管、运输服务等。辅助过程管理的主要内容有：做好物资采购供应的质量管理，保证采购质量，严格入库物资的检查验收，按质、按量、按期地提供生产所需要的各种物资；组织好设备维修工作，保持设备良好的技术状态；做好工具制造和供应的质量管理工作。

使用过程质量管理：使用过程是考验产品实际质量的过程，它是企业内部质量管理的继续，也是全面质量管理的出发点和落脚点。使用过程质量管理的基本任务是提高服务量（售前和售后服务），保证产品的实际使用效果，不断促使企业研究和改进产品质量。它主要的工作内容有：开展技术服务工作；处理出厂产品质量问题；调查产品使用效果和用户要求。

1.3.5.3　TQM 的基本观点

"一切为了顾客""一切以预防为主""一切凭数据说话""一切按 P、D、C、A 办事"，即所谓的全面质量管理的"四个一切"。其中 P、D、C、A 指的是全面质量管理的循环工作程序。

1.3.6　PDCA 循环

PDCA 循环又称戴明循环，分为四个阶段八个步骤（表 4、图 3、图 4）。

表 4　PDCA 循环内容

阶段	步骤	内容	主要方法
P 计划	1	分析现状、找出主要问题	排列图、直方图、控制图
	2	诊断分析产生各种影响的因素	因果图
	3	找出主要影响因素	排列图、相关图
	4	针对主要因素，制定措施，改进措施，预计结果	"5W1H"分析法 Why 为什么制定该措施 What 达到什么目标 Where 在何处执行 Who 由谁负责完成 When 什么时间完成 How 如何完成

续表

阶段	步骤	内容	主要方法
D 执行	5	按既定的对策、措施、计划实施	—
C 检查	6	根据计划要求，检查实施结果	排列图、直方图、控制图
A 处理	7	总结经验教训，纳入标准制度	制定或修改工作规程、检查规程及其他有关规章制度
	8	遗留问题转入下一个 PDCA 循环去解决	—

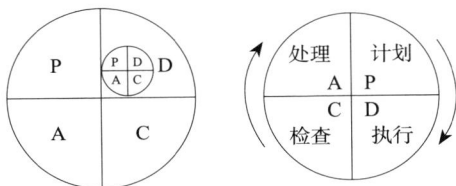

图3　PDCA 循环相互促进

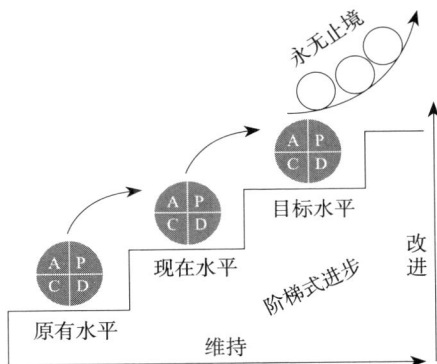

图4　PDCA 循环螺旋式上升（步步提高）示意图

1.3.7　管理评审

　　管理评审是针对质量管理体系所进行的改进，即管理评审（management review）：对质量管理体系进行评审是质量管理体系的主要管理职能之一，建立并保持质量管理体系的有效运行，是确保药品生产符合 GMP 要求的前提和基础。质量管理体系本身也需要持续改进和不断完善。随着时间的推移，企业内部和外部环境会发生变化，质量方针和目标是否依然是适宜和有效的、质量目标绩效如何、部门职责是否合适、各程序之间是否协调、资源配置是否合适等需要不断地进行评估和改进。各种质量要素的变化也会给质量管理以及产品质量本身带来影响。高层管理者通过定期评审企业的质量管理体系，以保持管理体系自身的适宜性、充分性和有效性。通过管理评审，使管理体系自身获得持续改进。

1.3.7.1　高层管理者启动管理评审程序的情况

• 制定计划，定期评审。

• 出现新的法规、指南、质量事件，可能会给质量管理体系运行带来影响时。

• 外部环境发生重大变化，影响到公司经营策略和方针时。

- 产品所有权（包括专利保护期等）变化时。
- 公司组织机构、人员、生产结构（如生产品种的改变、增加新的生产车间、引进或将某过程委托等）发生重大变化，可能会影响到质量管理体系有效运行时。
- 发生严重的质量事故、事件、投诉时。
- 新技术对质量管理体系可能带来影响时。

1.3.7.2　管理评审的内容

- 质量方针和质量目标的适用性，质量目标的完成情况。
- 法律法规的变化或更新对本公司质量管理体系的影响。
- 审计和检查的结果。
- 客户的反馈，包括投诉。
- 系统数据的趋势分析。
- 对潜在问题或防止再次发生同样问题所采取的预防措施的落实情况。
- 前次质量管理体系管理评审的措施落实情况。
- 有可能影响质量管理体系的业务或环境的变化（如产量或产品类型的变化等）。
- 产品是否满足客户的需求。

当建立和实施一个新的质量管理体系时，对系统评审的频率应该比成熟系统更频繁；除了按计划进行定期的系统评审外，质量管理体系的评审还应该是管理层会议的常设议题；除此之外，可以定期邀请有资格的外部机构评估系统的适用性和有效性。

1.3.7.3　系统评审的结果

- 修订质量方针、目标等。
- 对质量管理体系和相关质量管理程序的改进。
- 生产工艺和产品的改进。
- 资源的重新配备。

质量管理体系的评审是质量管理体系的管理内容之一，应有记录，改进措施的实施应符合相关的程序，如纠正和预防措施的程序、变更控制程序等。

【实例分析】

企业应建立质量管理评审的书面程序，内容应包括相关各方的具体职责（表5）。

表 5　质量管理评审具体职责示例

高层管理者	质量管理部门	相关部门
· 定期评审系统 · 确保系统适宜性／充分性／有效性 · 确保纠正预防措施所需的资源 · 进一步改进的可能性和系统变更的需求	· 制定书面程序 · 定期完成评估并汇报评审结果 · 对趋势分析和需要额外资源或纠正预防措施的问题进行评估 · 重大问题的及时上报 · 下一步整改措施的执行系统改进的建议	· 各级部门按照程序规定进行定期评审 · 及时提供完整的质量信息和数据 · 协助质量管理部门完成评估、执行整改措施 · 系统改进的建议 · 重大问题及时上报

企业可根据实际情况规定质量管理体系评审的频率；根据企业的组织结构对参加质量管理体系评审的人员加以规定，一般包括：质量负责人、生产负责人、物料管理部门负责人、工程部负责人、企业负责人等；质量管理体系评审一般包括以下内容（表 6）。

表 6　质量管理评审内容示例

纠正和预防措施	偏差的整改措施完成和延误情况 所有主要和严重偏差的整改和预防措施的执行情况
技术投诉和假药	投诉的趋势 严重和重要的技术投诉汇总，以及整改和预防措施的执行情况 假药事件汇总
产品召回	纠正和预防措施的执行情况
不合格批／返工批／再加工生产批／有偏差批	不合格批、返工批、再加工生产批和有偏差批的汇总，包括根本原因调查和纠正预防措施的执行情况
验证主计划	确认、验证和再验证的完成情况 未按计划完成情况，包括：过期和延迟的原因，以及改进措施
定期产品质量回顾	产品质量回顾的完成情况，以及与计划的偏差 纠正预防措施的执行情况
供应商资格确认	供应商确认的完成情况，包括：质量协议和 GMP 审计 未按计划完成情况以及改进措施
官方、内部和客户 GMP 检查	检查结果汇总 向官方的承诺 纠正预防措施的执行情况
质量风险	防止质量风险所采取措施的完成情况 新的质量风险确认和报告
管理和操作程序的评审	操作程序的定期评审情况（包括过期 SOP 占总数的百分比）企业质量规程的执行情况
GMP 培训	年度培训目标的完成情况

质量管理体系评审的结果应及时上报高层管理者，以促进相关的决定和措施及时有效地落实；上述相关活动应及时记录存档。

本章通过对质量管理体系的概述，使大家了解质量管理体系的发展过程和本指南的目的及其主要内容，明确相关的质量概念及其相互关系，明确所建立的质量管理体系应具备的一系列管理职能以及各职能的主要内容，这是下一步建立质量管理体系各要素的具体管理流程的基础。

1.3.8　六西格玛

六西格玛（6 个标准偏差）指换算为百万分之 3.4 的错误（缺陷）率的流程变化尺度，用来描述在实现质量改进时的目标和过程。西格玛（σ）是统计员用的希腊字母，指标准偏差，σ 值越大，缺陷或错误就越少。六西格玛是一种管理策略，这种策略主要强调制定极高的目标，收集数据以及分析结果，通过这些来减少产品和服务的缺陷。六西格玛的原理是在项目中检测出缺陷，寻找出系统的方法减少缺陷，使项目尽量完美。一个企业如想达到六西格玛标准，那么它的出错率不能超过百万分之 3.4。

六西格玛软件：企业在实施六西格玛项目中，可以使用统计软件分析数据。其中 Minitab 就是常用的软件，其在菜单设计上遵循传统统计软件的思路，为用户提供一系列统计方法工具箱，用户按照需要在其中选择适合的工具进行数据分析，对使用人员的统计知识有一定的要求。

六西格玛的质量管理：六西格玛管理法是一种统计评估法，核心是追求零缺陷生产，防范产品责任风险，降低成本，提高生产率和市场占有率，提高顾客满意度和忠诚度。六西格玛管理既着眼于产品、服务质量，又关注过程的改进。六西格玛管理关注过程，特别是企业为市场和顾客提供价值的核心过程。过程能力用 σ 度量，σ 越小，过程的波动越小，过程成本损失越低，时间周期越短，满足顾客要求的能力就越强。六西格玛理论认为，大多数企业在 3σ ~ 4σ 运转，也就是说每百万次操作失误在 6210 ~ 66800，这些缺陷要求经营者以销售额在 15% ~ 30% 的资金进行事后的弥补或修正。而如果做到 6σ，事后弥补或修正的资金将降低至约为销售额的 5%。

为了达到六西格玛，首先要制定标准，在管理中随时跟踪考核操作与标准的偏差，不断改进，最终达到六西格玛。

六西格玛具有如下五方面的特征：

①对顾客需求的高度关注。

②高度依赖统计数据。

③重视改善业务流程。

④突破管理。

⑤倡导无界限合作。

1.4　质量风险管理

风险（risk）是指在某一特定环境下，在某一特定时间段内，某种损失发生的可能性。风险由风险因素、风险事故和风险损失等要素组成。换句话说，在某一个特定时间段内人们所期望达到的目标与实际出现的结果之间的距离称为风险。产品质量风险是指由于产品设计考虑不周、生产技术水平不够、生产过程把关不严等原因造成的质量不确定风险。

质量风险管理：质量风险管理由国际人用药品注册技术协调会（ICH）制订，目前已经进入第四阶段（step 4，2005年11月9日），这对于行业及其监管有着重大意义，ICH文件作为一种全球信息指导，被成熟市场所尊重，不受欧盟、美国和日本等地域限制。欧盟新GMP指南对质量风险管理增加一个附录（附录20），全面引用ICH Q9，该附录于2008年3月1日生效。我国GMP亦包含质量风险管理的内容。

质量风险管理的定义：ICH Q9中关于质量风险管理（quality risk management，QRM）的定义为质量风险管理是质量管理方针、程序及规范在评估、控制、沟通和回顾风险时的系统应用。

风险由两个关键因素构成：①危害发生的概率；②危害发生的后果。有效地管理风险就是对风险的这两个因素进行有效的控制。

质量风险管理的范围：质量风险管理应用范围很广，可以贯穿于质量和生产的各个方面，包含多种方法和适用范围。质量风险管理方法的应用针对不同的风险所用的方法和文件可以有所不同。对质量风险的评估应该基于科学和保护患者的出发点，质量风险管理流程和文件的复杂程度应该与所对应的风险程度相一致。

质量风险管理可以应用于，但不仅限于以下方面。

①确定和评估产品或流程的偏差或产品。投诉对质量和药政法规造成的潜在影响，包括对不同市场的影响。

②评估和确定内部的和外部的质量审计的范围。

③厂房设施、建筑材料、通用工程及预防类维护项目或计算机系统的新建或变更评估。

④确定确认、验证活动的范围和深度。

⑤评估质量体系，如材料、产品发放以及标签或批审核的效果或变化。

⑥其他方面的应用。

质量风险管理的管理模式：质量风险管理通过掌握足够的知识、事实、数据后事先推断未来可能会发生的事件，通过风险控制，避免危害发生。质量风险管理的模式由三部分组成：风险评估（risk assessment）、风险控制（risk control）、风险审核、文件和沟通（documentation and communication）（图5）。

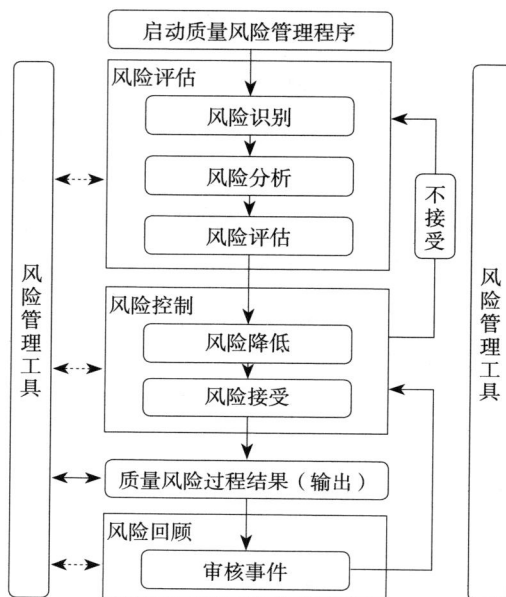

图5　质量风险管理模式图

1.4.1　质量风险与质量风险管理

风险是伤害发生的可能性与严重性的集合体。风险通常可以分为三类。一是不可控制的风险，必须优先考虑消除或引进检测手段确定风险发生的可能性；二是不可接受的风险，需要加以消除或必须将风险控制在可接受范围内；三是可接受的风险，风险可以接受，但仍需采取措施降低风险，或添加检测手段确定风险发生的可能性及判断风险是否在可接受范围内。

质量风险一般指质量危害出现的可能性以及后果的严重性。质量风险管理（QRM）是指企业在实现确定目标的过程（产品开发、生产、销售和使用等生命周期环节）中，系统、科学地将各类不确定因素产生的结果控制在预期的可接受范围内，以确保产品质量符合要求的方法和过程。质量风险管理是一个系统化的过程，是在整个产品生命周期中采用前瞻或回顾的方式，对其质量风险进行评估、控制、沟通、审核、信息交流和回顾评审的系统过程。产品的生命周期包括产品从最初的研发、生产、市场销售一直到最终从市场消失的全部过程。

质量风险管理一般遵循两个原则：一是质量风险管理措施的实施应以科学知识为基础，最终目的在于保护公众利益，避免让人民承受产品在质量和安全上的风险；二是质量风险管理措施实施的方式方法具有科学性，并要与风险程度相匹配。

1.4.2 质量风险管理的基本程序

质量风险管理的标准流程，包括风险评估、风险控制、风险沟通（风险交流）与审核等程序，贯穿于整个产品的生命周期中，其中每个步骤的重要性会因不同的事件而有所区别，因此，应在早期对风险进行确认并考虑如何进行风险管理，同时要根据从确定的风险管理程序中得到事实的证据（数据、信息等）做出最终的决策（图6）。

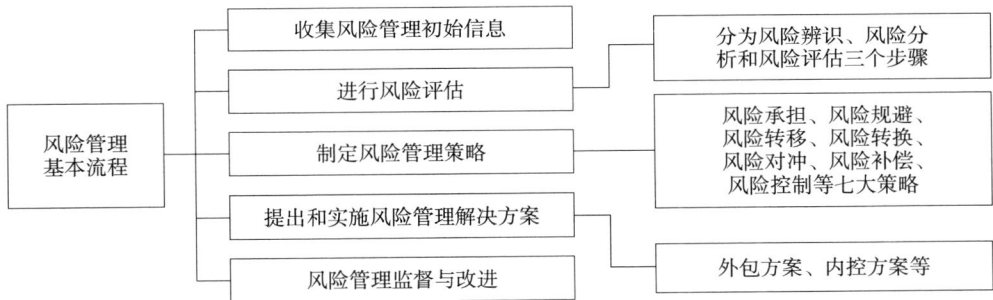

图6 质量风险管理的基本程序

1.4.2.1 风险识别（risk identification）

确定时间并启动质量风险管理。风险管理是一个系统化的流程，以协调、改善与风险相关的科学决策。启动和规划质量风险管理可能包括下列步骤：确定风险评估的问题或风险提问（包括风险潜在性的有关假设），收集和组织信息，评估相关的潜在危害源或对人类健康影响的背景资料与信息，通常需考虑的风险包括对患者的风险、产品不符合标准要求的风险、不符合法规的风险等。明确如何使用信息、评估和结论，确立领导者和必要的资源，制定风险管理进程的日期和预期结构。

在此阶段清楚地确定风险的问题或事件对质量风险管理的结果有很重要的影响。在此阶段还需收集背景信息并确定质量风险项目小组人员及资源配置等。识别风险的信息可以包括历史数据、理论分析、成型的意见以及影响决策的一些利害关系等。

1.4.2.2　风险分析（risk analysis）

进行风险分析时，需要评估风险发生和重现的概率；也可以考虑测定风险发生或重现的能力。风险分析是对所定的危害源有关的风险进行评估，针对不同的风险项目，需选择应用不同的分析工具。

①选择风险评估的工具：流程图、图形分析、鱼骨图、检查列表等。

②确定风险的因素：如发生的概率，危害的程度，可测量，并界定风险因素的范围。

③界定风险的类型或确定风险的矩阵。

④确定采取的行动。

1.4.2.3　风险评估

风险评估是根据预先确定的风险标准对已经识别并分析的风险进行评估，即通过评估风险的严重性和可能性来确认风险的等级。在风险等级的划分中，可以对风险进行定量描述，即使用从 0% ~ 100% 的可能性数值来表示，也可以对风险进行定性描述，用"高、中、低"这样的表述来界定风险事件的后果、可能性及风险等级，以便于最后做出是否对该风险采取措施的决定。企业应该建立年度的风险审查制度，全面、系统地分析一年来的产品质量各项指标以及风险控制情况，总结偏差特点和趋势，建立降低风险的改进计划。

1.4.2.4　风险控制

风险控制包括制定降低风险和接收风险的决定。风险控制的目的是降低风险至可接受水平。当风险超过可接受的水平时，风险降低主要致力于减少或避免风险，包括采取行动降低风险的严重性或风险发生的可能性，应用一些方法和程序提高鉴别风险的能力。需要注意的是，风险降低的一些方法可能会导致系统引入新的风险或显著提高其他已存在的风险，因此风险评估必须重复进行，以确定和评估风险的可能变化。

1.4.2.5　风险接受

关于可接受的风险的最低限度，即使是最好的质量管理措施，某些损害的风险也不会完全消除。在这些情况下，可以认为已经采取了最佳的质量风险策略，质量风险已经降低至可接受水平。这个可接受水平由许多参数决定，应该具体情况分别对待。

1.4.2.6　风险沟通

风险沟通是指决策制订者及其他人员间交换或分享风险及其管理信息。参与者可以在风险管理过程中的任何阶段进行交流。一个正式的风险沟通过程有时可发展为风险管理的一部分，这可包括许多部门间的通报，如管理者与企业、企业与患者以及公司、企业或管理当局内部等。所含信息可涉及质量风险是否存在及其本质、形式、可能性、严重性、可接受性处理方法、检测能力或其他。这种交流不需在每个风险认可中进行。企业或管理当局间就质量风险管理决定进行通报时，可利用现有法规与指南规定的已有途径。经历了正式流程后，质量风险管理过程的所有结果都应记录。

1.4.2.7　风险回顾

风险管理过程的结果应结合新的知识与经验进行回顾。质量风险的过程一旦启动，应持续应用在任何可能影响初始质量风险管理决策的条件下。风险管理应是动态的质量管理过程，应建立并实施对事件进行定期回顾的机制。审核的频率取决于风险水平。质量风险管理结果应根据新知识、新环境更新，根据风险控制项目及水平在必要时进行回顾。

1.4.3　质量风险管理工具

质量风险管理的原则之一是质量风险管理流程的评估结果，正式性和文件化应与其风险级别相适应。通常来说，最好能运用一个系统的质量风险管理工具，但正式的质量风险管理工具经常是既不合适又不需要的，因为实施质量风险管理流程只是为先前的非文件化或历史数据提供一种合适的知识管理和文档框架，所以，只要符合质量风险管理的要求，使用非正式的风险管理程序（如使用经验工具或内部程序）也认为可接受。

风险管理的正式程度包括简易化程度、相关项目专家、组织构架、工具与文件系统的严谨和正式性要求程度。风险管理的严谨和正式性要求程度受许多因素的组合影响，包括（但不限于）：风险问题的危急程度（例如影响患者安全或产品质量）；问题、工艺或系统的复杂性；相关历史数据和相关文献的可用性；工艺知识和经验的实用性程度。

没有一个或一套工具适用于所有的质量风险管理过程。ICH Q9中给出了制药行业与药政机构公认的几种风险管理工具，以下列几种工具为例进行质量风险管理流程的简要说明。

1.4.3.1　失效模式与影响分析

评定某个产品或工艺的潜在失效模式，这些失效模式对产品性能或结果带来的风险，根据影响的重要程度予以风险分级并制定和实施各种改进与补偿措施的设计方法。

质量风险管理工具潜在的使用领域包括：风险优先性排序（使用打分法）；风险

控制活动的有效性监督；用于设备和厂房，也可用于生产工艺分析以确定高风险步骤或关键参数。

实施步骤包括：

①成立评估小组；

②将大的复杂的工艺分解成易执行的步骤；

③识别已知和潜在的失效模式；

④通过集体讨论得出已有失效和潜在失效的列表（表7），风险评估定性判定标准可采用定性法和打分法。

表 7　风险评估定性判定标准

评估	严重性	可检测性	可能性
高	预期将具有非常显著的负面影响。高影响可预期为有显著的长期影响和（或）有潜在灾难性的短期影响	在产品生命周期中可能会发生几次	缺陷状况的检测被认为非常可能（每次发生都可检测到）
中	预期具有中等的影响。影响预期有短期至中期的有害影响	在产品生命周期中可能会发生	缺陷状况的检测被认为很可能（例如每发生2次检测到1次）
低	预期具有较小的负面影响。所导致低的危害预期具有非常微小的短期的有害影响	在产品生命周期内不太可能发生	缺陷状况的检测被认为不太可能（例如每发生3次检测到1次以下）

在表6中，危害的严重性被认为是三项风险参数中最重要的一个。一般而言，风险的严重性高不应当依赖检测机制降低风险的评级。所识别出的危害发生可能性是次要风险参数，如果危害发生可能性非常低，即使严重性高也不一定要采取特别措施进行控制或预防。将把严重性和可能性合在一起评价风险级别。在进行评价之后，将风险级别和可检测性合并到一起确定整体的风险优先性。通过表8～表10中的方式对风险优先性进行评价。

表 8　风险级别定性判定矩阵

风险级别	可能性低	可能性中	可能性高
严重性高	风险级别2	风险级别1	风险级别1
严重性中	风险级别3	风险级别2	风险级别1
严重性低	风险级别3	风险级别3	风险级别2

表 9　风险优先性定性判定矩阵

风险优先性	检测可能性低	检测可能性中	检测可能性高
风险级别 1	风险优先性高	风险优先性高	风险优先性中
风险级别 2	风险优先性高	风险优先性中	风险优先性低
风险级别 3	风险优先性中	风险优先性低	风险优先性低

表 10　FMEA 矩阵示例

工艺步骤	潜在失效	最差情况	严重性	可能性	可检测性	风险优先性	采取措施

1.4.3.2　危害分析和关键控制点

危害分析和关键控制点（hazard analysis and critical control points，HACCP）是一种系统化的、积极主动的和预防性的风险管理方法，用以确保产品的质量、可靠性和安全性。HACCP 使用技术和科学的原理分析、评估、预防和控制风险或由于产品设计、开发、生产和使用产生的危害后果。HACCP 简化矩阵包括危害、监测关键控制点（critical control points，CCP）系统、可能的纠正措施等。该工具潜在使用领域包括用以识别并处理物理、化学和生物危害相关联的风险；当对工艺了解足够全面时，有助于支持 CCP 的识别；促进生产工艺中关键点的监控。

实施步骤包括：

①对过程的每一步进行危害分析；

②为每个步骤制定预防性措施；

③定义关键控制点（CCP）；

④建立关键控制点（CCP）可接受限度；

⑤建立关键控制点（CCP）监测体系；

⑥建立当监测显示关键控制点（CCP）不在控制状态时应该采取的纠正措施；

⑦建立确认规程并证明 HACCP 体系行之有效；

⑧对所有规程步骤建立文件并保留记录。

1.4.3.3　危险和可操作性分析

危险和可操作性分析（hazard and operability analysis，HAZOP）是基于假定风险事件是由于与设计或操作目的之间的偏差造成，以辨识危险因素的系统的头脑风暴技术。该工具潜在使用领域包括：原料药和制剂产品生产工艺，如处方、设备和设施等；工艺安全性危险因素评估；生产过程中 CCP 的日常监控。

实施步骤包括：

①辨识设计缺陷、工艺过程危害及操作性问题；

②分析每个工艺单元或操作步骤，识别出具有潜在危险的偏差。

1.4.3.4　预先危害分析

预先危害分析（preliminary hazard analysis，PHA）是基于适用的以往的经验和风险或失效的知识，通过分析识别未来的危险、危险状态和可能发生危害的事件，并估计它们在某一具体活动、厂房、产品或系统内发生的可能性。

该工具潜在使用的领域包括：已经建立的系统更加适用；针对产品、工艺和设施设备设计；适用于普通产品、分类产品和特殊产品；开发早期，如果在设计细节或操作程序方面仅有少量信息时使用，该工具常常对进一步的研究具有先驱性的作用。

实施步骤包括：

①确定风险事件发生的可能性；

②对健康可能导致的伤害或损伤的程度的定性评估；

③确定可能的补救措施。

这种方法基于在给定的条件下对风险矩阵的开发（表11），包括以下内容。

严重程度的定义和排列：严重、主要、次要、可忽略。

发生频次（概率）的定义和排列：频繁、可能、偶尔、罕见。

风险的水平和定义：

高：此风险必须降低。

中：此风险必须适当地降低至尽可能低。

低：考虑收益和支出，降低至尽可能低。

微小：通常可以接受的风险。

初步危害源分析（PHA）流程：

· 完成危害列表；

· 列出已知的潜在危害，如文献、以前的项目、偏差、变更等；

· 鉴别潜在的原因；

· 鉴别影响和水平；

· 鉴别潜在的控制。

表 11　预先危害分析（PHA）

概率	严重程度			
	可忽略	次要	主要	严重
频繁	低	中	高	高
可能	低	中	高	高
偶尔	微小	中	中	高
罕见	微小	低	中	中

1.4.3.5　流程图

流程图是流经一个系统的信息流、观点流或部件流的图形代表（图 7）。在企业中，流程图主要用来说明某一过程，这种过程既可以是生产线上的工艺流程，也可以是完成一项任务必需的管理过程。

1.4.3.6　排列图

排列图又称帕累托（柏拉）图，为寻找主要问题或影响质量的主要原因所使用的图。它是由两个纵坐标、一个横坐标、几个按高低顺序依次排列的长方形和一条累计百分比折线所组成的图。

图 7　用于风险评估的流程图

排列图最早有意大利经济学家帕累托（柏拉）发现并提出所谓的"关键的少数、次要的多数"的命题。后来，美国质量管理专家朱兰把这个命题应用于质量管理中，作为改善质量活动中寻找主要问题的一种方法。

排列图的应用主要包括以下步骤：

①选择要进行质量分析的项目。

②选择用于质量分析的度量单位，如出现的次数（频数）、成本、不合格品数、金额或其他度量单位。

③选择进行质量分析的时间范围。所选定的时间段应足够长，以使数据具有一定代表性。

④画横坐标。按质量单位量值递减的顺序自左向右在横坐标上列出项目，将量值最小的 1 个或几个项目归并为"其他"项，把它放在最右端。

⑤画纵坐标。在横坐标的两端画出两个纵坐标，左边的纵坐标按度量单位规定其高度必须与所有项目度量单位的量值和相等，右边纵坐标应与左边纵坐标等高。

⑥在每个项目上画矩形，其高度表示该项目度量单位的量值，用以显示出每个项目的作用大小。

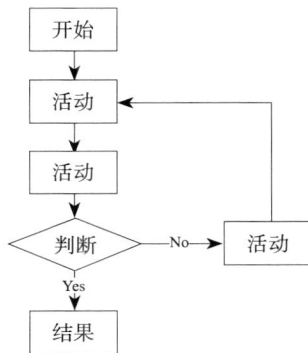

⑦由左至右累加每一项目的量值（以百分比表示），并画出累计频率曲线，用来表示各项目的作用大小。

⑧利用排列图可以确定对质量改进最重要的项目。

1.4.3.7 鱼骨图

任何问题总是有原因的，将质量问题的结果作为特征，将原因作为因素，通过头脑风暴找出这些因素，并将它们与特征值一起按关联整理而成的层次分明、条理清楚，并标出重要因素的图形称为因果分析图或因果图，这种图因其形状如鱼骨，所以又称为鱼骨图（图8）。

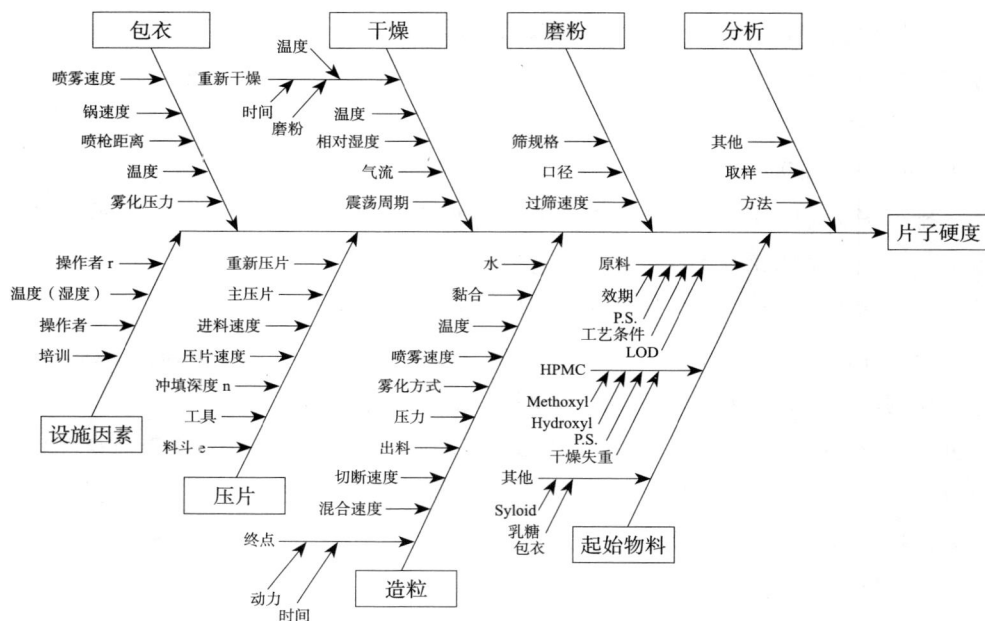

图8 影响药片硬度的鱼骨图

鱼骨图是一种透过现象看本质的分析方法。头脑风暴法是一种通过集思广益、发挥团体智慧，从各种不同角度找出问题所有原因或构成要素的方法。

①确定要解决的问题，画出主干线，并把问题写在鱼骨的头上。

②召集有关员工共同讨论问题出现的原因，尽可能多地找出问题，并把各种建议记录下来。

③分析影响质量问题的原因，画出原因的分支线。分析原因要从大到小，从粗到细，直到能采取措施为止。

④运用排列法、调查法等找出影响质量的主要原因或关键因素，并用方框框出，

作为制定质量改进措施的重点考虑对象。

⑤画出因果分析图，找出主要原因之后到现场落实主要原因项目，再拟定措施解决。

⑥措施实施后检查其效果。例如影响药片硬度的鱼骨图。

1.4.3.8　检查表

用表格的方式列出系统具有的风险或危害，通常根据已有的经验或知识制定，可以用来进行具体问题的分析，一般通过具体现场察看、文件查阅、员工面谈等形式得出具体答案，使用人员须相应接受培训，并清晰了解具体问题的意义，使用过程是了解风险、认识风险、得出控制措施的过程（图9）。

图9　用于风险评估的检查表

1.4.3.9　风险排列和过滤（RRF）

这种方法是一种用于比较风险并将风险分级的工具。对每种风险因素做多重的定量和定性的评价，权重因素并确定风险得分。风险评价可以使用"低/中/高"或"1/2/3"的分类（图10、表12）。

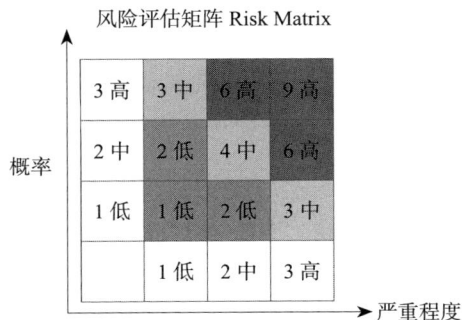

图10　用于风险评估的矩阵图

表12　用于风险评估的 RRF 表

潜在的风险	风险分析		风险评价
	概率	严重程度	得分
风险1	低（1）	高（3）	中（3）
风险2	中（2）	低（1）	低（2）
风险3	中（2）	中（2）	中（4）

1.4.3.10　其他质量风险管理工具

一些简易的质量风险管理工具可以支持风险的识别，如工序图、过失树分析、统计学工具、头脑风暴法。除了 ICH 给出的风险管理工具外，传统的调试与确认活动中还使用其他两种不太正式但被行业认可的方法：系统影响性评估和部件关键性评估。一般情况下，简易的质量风险管理工具常常会和其他工具结合应用来完成一项具体的质量风险管理流程，如部件关键性评估常常和 FMEA 联用执行设备（系统）的功能（部件）风险评估。

1.4.4　风险管理工具的应用

风险管理工具在各领域的应用如表 13 所示。

表 13　风险管理工具在各领域的应用

应用领域	风险管理目标	推荐工具
文件和记录管理	用于识别文件和记录的重要作用，并建立保存政策，以便符合所有的使用要求，以及业务持续性计划	优先级
内审	用于确定具体区域或体系的内审频率，对高风险会比低风险区要求更多，同时可运用 QRM 对内审发现项进行分级，并进行趋势分析，以确定体系中的问题及可采取更有力的纠正措施。这种趋势分析可作为内审计划中重点审计区域的来源	帕累托图、控制图相关分级（风险指数）
交更管理	用于变更分级及变更影响的分析评估。应主要考虑对患者、法律或法规影响的关键评估	优先矩阵、关键分析、决策树
管理审评	一个有效的管理审评系统应强调趋势回顾中的关键问题。对潜在风险的评估应确保适当的纠正预防措施可以优先执行并回顾。管理评审的目的是识别并优先这些重要的关键风险，并取得管理委员会的关注，应对此类主题进行回顾，包括任何可以影响病人安全、产品有效性或产品市场供应的风险评估的结果，以及投诉健康安全评估的结果	管理行动计划、控制图
物料和产品释放	基于风险管理实施物料的免检或产品的参数释放；必须确定物料（产品）的关键属性；过程必须受控；关键质量元素必须识别和验证	关键分析、控制图、失效模式和影响分析、趋势图、过程能力分析
人员组织、培训及资质	进行关键评估，确定培训计划。一旦关键步骤确定，应比非关键步骤集中更广泛的培训和管理资源	失效模式和影响分析、关键分析、趋势图
产品召回	通过健康危害评估识别出潜在风险及预测召回类型	健康危害评估
法规事务过程	在开始任何提议的变更、交流及客户的反馈时进行适当的影响评估，变更评估应考虑可能影响安全、有效、均一的潜在风险	失效模式和影响分析、相关分级（风险指数）

续表

应用领域	风险管理目标	推荐工具
验证管理	通过过程工艺分析，确定哪些步骤和具体操作是决定产品的关键质量属性。验证过程中应注意这些关键的步骤或操作。进一步分析识别关键参数。此外，新的或变更的产品或工艺验证评估可以启动变更控制需求，以确保考虑、评估、降低和记录风险	关键分析、失效模式和影响分析、工艺流程图
工艺设备的清洗	通过清洗流程的风险分析确定哪些产品及哪些设备是难以清洗的应更关注难清洗的设备或产品。一旦证明清洗过程有效，则可以实施免检	关键分析、失效模式和影响分析、工艺流程图
清洁验证	通过清洗流程的风险分析识别出难清洗的设备及难清洗的特殊产品。验证时要重点关注高风险区域。清洁验证的范围选择最难清洗产品，以及基于风险的限度安全因素	关键分析、失效模式和影响分析、工艺流程图
产品制造	通过过程工艺分析，确定哪个过程的步骤和具体的操作是决定产品关键质量属性。这些步骤或操作都是关键的。然后应对这些关键步骤，包括所有元素及人机界面进行风险分析并识别出高风险区域以降低风险	关键分析、失效模式和影响分析、趋势图
工艺验证	通过工艺关键分析，识别验证过程中须注意的高风险区域。这些高风险区域应该是和产品安全、有效的关键质量属性相关联的	过程失效模式和影响分析、过程流程图、过程关键分析
工艺设备校验	基于关键分析建立适当的校准频次。控制关键参数的工艺设备应比非关键设备校准频次更高。校准频次还应该考虑器件的关键点及性能	关键分析、决策树、趋势图及控制图
计算机系统验证	用来确定验证的范围，比如关键性能参数的确定须与设计选择、编码审查、测试的深度及测试方法，以及电子记录及签名的可靠性关联	决策树、过程失效模式和影响分析
生产和仓储环境控制	确保适当的环境控制可以保护操作者及产品。这应考虑到产品的最终使用（如口服、局部、无菌等），微生物限度、物料毒性。制造环境应进行评估并确定封闭与开放的程度，然后通过适当的环境条件及防护服来保护产品及操作者。例如：使用隔离或屏障进行必须洁净区域的控制，而非采取使整个区域洁净的方法	过程关键分析、过程失效模式和影响分析
设施、设备和公用系统维护设施	基于关键分析及每个设施、设备和公用系统相关的关键分析进行 QRM 的应用。基于关键及性能确定适当的维护频率	关键分析、决策树、相关分级（风险因子）、可靠性分析
设施、设备和公用系统确认	有助于基于使用的关键点确定时机及确认的范围与程度	危害分析、决策树、失效模式和影响分析
产品销售	在销售网络中通过风险分析，识别并注意高风险区域，降低风险，尤其对于冷链产品的管理	过程失效模式和影响分析
物料控制	通过风险分析识别出要求特殊储存条件或其他类似风险降低的物料。另外，新的或变更的产品过程的风险分析应纳入变更控制系统，以确保考虑、评估、降低和风险记录	过程失效模式和影响分析、过程关键分析

应用领域	风险管理目标	推荐工具
供应商管理	应用于确定供应商等级，以及评估供应商质量分数，基于风险分析评估进行质量审计周期的矩阵确定，对于提供产品服务的关键供应商会进行更高频率的审计。另外，可应用于定义审计发现项的严重程度。对发现项的趋势分析可决定是否存在体系问题和应采取更有利的纠正预防措施	帕累托图、决策阵、相关分级（风险因子）
物料包装和标签控制	通过风险分析识别出高风险领域，且通过风险降低或采取其他控制措施防止失效	过程失效模式和影响分析、过程关键分析
印字包材管理	基于质量风险管理，对印字包材内容的起草、审核及审批，和供应链中涉及的所有步骤进行流程化管理。需特别注意对主文件、来料控制及变更控制的审核与批准	过程失效模式和影响分析、过程关键分析
物料包装和标签下发	通过风险分析识别出高风险领域，风险降低和避免混淆	过程失效模式和影响分析、过程关键分析
稳定性管理	基于质量风险管理，稳定性计划中取样频率常依据矩阵简化取样方案，括号法及统计方法进行方案设计。当稳定性观察发现产品不能满足预设的标准时，则须进行健康危害评估以确定对受试者潜在的风险。这类型的风险应该立即上报给相关管理层	回归分析、假设检验、趋势图
仪器确认与校验	基于仪器的关键及性能，确定适当的校准频率。仪器确认过程中 QRM 有助于检验过程中基于使用的关键点来确定确认的范围和程度	决策树、趋势图、控制图、风险评估、失效模式和影响分析
样品控制	通过风险分析识别高风险区域，并降低风险	失效模式和影响分析
标准管理	基于使用物料的关键点，关键物料的标准通常应比非关键物料更详细	过程失效模式和影响分析、关键分析

1.4.5　质量风险管理的措施

在防范产品质量风险时，应该实施全面风险管理。全面风险管理是由企业董事会、管理层和所有员工所共同参与的，也就是要将风险意识转化为全体员工的共同认识和自觉行动，目的就是要把风险控制在企业能够承受的范围之内，这也是增进企业价值的过程。全面风险管理需要有风险管理专业人才和系统科学的方法来实施，以确保所有的风险都得到辨识，所有被辨识的风险都得到有效控制。具体措施如下。

（1）加强员工的素质教育及工作经验的传授，以使全体员工形成良好的工作习惯，同时对前阶段培训效果进行定期评估。

（2）根据现行的法规要求，考察企业总体符合规范的状况和历史，包括场地的复杂性、生产工艺的复杂性、药品本身特性的复杂性及某产品的具体生产情况（如频率、周期、批量）等各种因素。

（3）针对具体产品，应该选择最佳的产品设计和工艺设计，加强不同的物料性质、不同的加工方式和工艺参数对产品性能影响程度的了解；评估原料、溶剂、活性成分、辅料或包装材料等的关键属性，建立适宜的规格标准与生产控制要求，以减少质量属性的变化（如物料和产品缺陷、生产缺陷、人为差错等）。

（4）当设计建筑物、厂房和设备时，应确定适宜的区域（如物料和人员的流向、污染最低、有害生物控制措施、开放与密闭设备的分开、洁净室与隔离器技术、专用或隔离的厂房或设备等），为设备和容器等确定适宜的产品接触材料、辅助设施、预防性维护。

案例分析

【案例1】

设计新产品投产管理文件的质量风险管理

1　设计"新产品投产管理流程"

（1）统筹组织新产品的投产工作；

（2）有关技术文件的交接；

（3）准备原材料、包装材料和设备设施，进行产品包装设计，起草质量标准和试生产方案；

（4）新产品投产过程中人员的管理；

（5）试生产3批，并做好相关总结报告；

（6）申请监管机构核查，下发标准文件，实施生产现场核查；

（7）迎接监管机构检查；

（8）纳入正常生产管理。

2　采取问卷调查法，针对"新产品投产"管理流程设计调查问卷

共发放60份，收回60份，回收率100%。相关部门，如产品开发中心、生产中心、销售中心、质量保证部等部门参与填写，通过数据的汇总、分析，对各个环节展开质量风险的辨识、分析与评价。

（1）新产品投产的统筹组织阶段产生的风险：如果没有制定完善的新产品投产管理文件，不明确具体工作职责与流程，则各部门分工不明确。效率低下，影响新产品的顺利投产和产品质量。问卷调查结果示意图见图1、图2所示。

单位：份

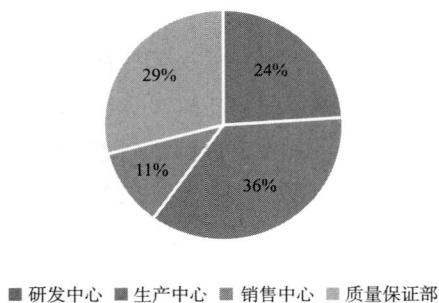

图1　问卷调查示意图1

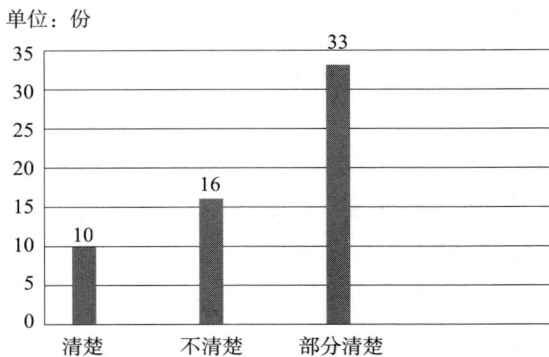

图2　问卷调查示意图2

您认为应该由哪个部门统筹组织新产品投产工作？

您清楚新产品投产的工作流程和与自己职责相关的具体内容吗？

现有控制措施：无。

风险应对策略：减少风险。

建议纠正和预防措施（CAPA）：建立新产品投产管理制度，明确统筹组织部门、工作流程及各部门的工作职责。

（2）技术文件交接阶段产生的风险：资料交接不清楚可能会产生下列这些质量风险（图3）。

①生产处方、生产工艺不符合要求；

②质量标准建立不完善；

③无法完成原辅料和设备设施的准备；

④无法监控生产过程中的关键点；

⑤生产过程出现偏差且无法及时处理纠正；

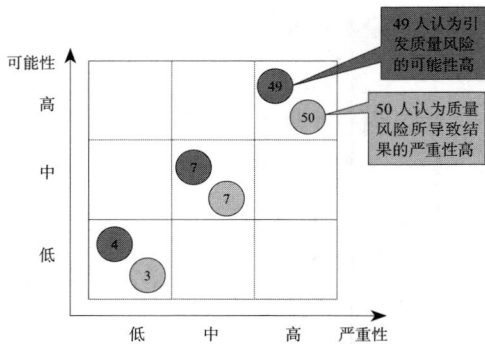

图3　技术文件交接方面的质量风险坐标图

⑥无法分析各环节出现的质量问题；

⑦产品出现安全性隐患；

⑧产品质量不符合质量标准；

⑨新产品投产不顺利。

现有控制措施：无。

风险应对策略：减少风险。

建议纠正和预防措施（CAPA）：在新产品投产管理制度中明确技术文件交接流程及需要交接的文件内容。

（3）原辅料、包装材料和设备设施准备不足产生的风险

①在原辅料、包装材料准备过程中，如果对供应商资质审计不全，原辅料、包装材料不符合药用要求，原辅料、包装材料不合格，直接接触药品的包装材料未经批准，主要原辅料短缺，就会影响新产品的上市（图4）。

②准备硬件设备设施时，若设备选型和生产能力不能达到工艺要求，设备材质不能达到生产要求，出现交叉污染，最终会影响产品质量的均一性和稳定性（图5）。

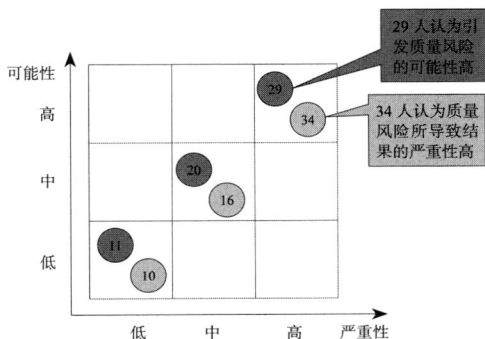

图4 物料准备环节的质量风险坐标图　　　图5 硬件设施准备环节的质量风险坐标图

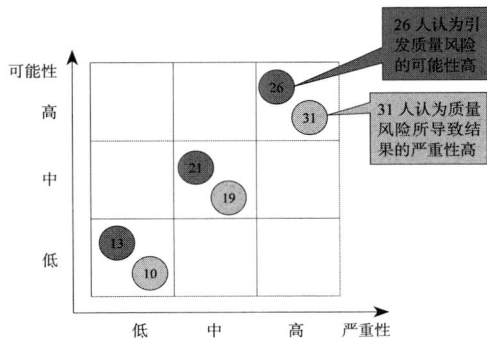

现有控制措施：物料供应商评审制度；物料采购管理制度；设备的选型与购置管理制度。

风险应对策略：接受风险。

（4）新产品投产过程中人员管理不到位产生的风险：相关人员如果不严格按照要求执行工艺，错误操作，随意变更，则无法保证新产品的质量（图6）。

现有控制措施：员工考核聘用制度；人员培训管理制度。

风险应对策略：接受风险。

（5）新产品试生产过程产生的风险：由于产品工艺不稳定，导致产品不合格，试生产失败，从而不能按申报工艺生产（图7）。

现有控制措施：产品工艺规程；产品监控管理制度、各工序操作SOP；原辅料、包装材料、新产品质量标准。

风险应对策略：接受风险。

总之，质量风险评审是在风险评估和风险控制的基础上，通过将实际控制措施与以前的政策和程序进行对比，检查风险控制方案是否合理适当，执行是否有效，并找出需要完善与修正之处，以提高工作效率，提高产品合格率。

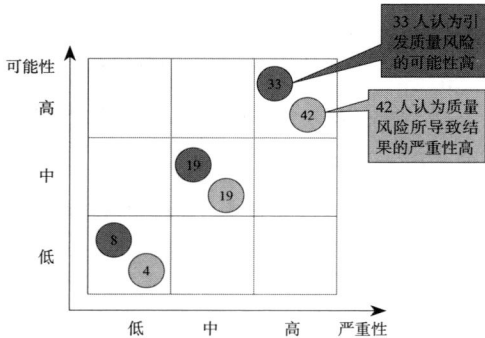

图6　人员管理方面的质量风险坐标图　　图7　新产品生产环节的质量风险坐标图

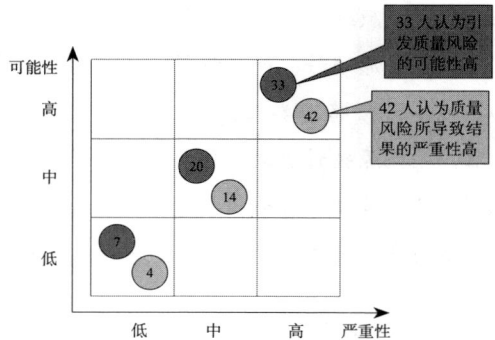

【案例2】

制药企业质量风险管理的管理规程

目的：提供质量风险管理的系统方法，以促进识别和控制产品研发和生产过程中潜在的质量问题并采取处理措施或当产品出现质量问题时改善处理问题的决策过程，确保产品整个生命周期中的质量，以保证患者的用药安全和增强公司处理潜在风险的能力。

范围：适用于药品质量各方面，包括药品生命周期中的研发、注册（审批）、生产、检验、放行、销售等过程。

责任：质量管理部门负责本规程的起草、修订、审核、培训、实施和监督；供销部门、生产部门、开发部门、工程部门、行政部门负责本规程的执行。

内容：

1　定义

• 产品生命周期：产品从最初的研发到销售，直至最终停产的所有阶段。

• 危害源：产生危害的潜在来源。

• 风险：危害发生的可能性及其严重程度。

• 决策者：有能力和职权在质量风险管理中做出适当和及时的决策的人。

• 风险评估：系统地组织信息以支持风险管理过程中所做出的系统过程。

• 风险鉴定：根据风险提问或问题的描述，系统地使用信息来鉴定潜在危害源。

• 风险分析：与被确定的危害源有关的风险的分析。

• 风险评价：用定性或定量的方法，将被评估的风险与既定的风险标准进行比较，以确定风险的显著性。

• 风险控制：实施风险管理决策的行为

• 风险降低：采取措施减少危害发生的可能性和严重程度。

• 风险认可：接受风险的决策。

• 质量风险管理：贯穿产品生命周期的药品质量风险的评估、控制、交流及回顾的系统化过程。

2 程序

2.1 质量风险管理的原则

质量风险评估的最终目的在于保护患者的利益。质量风险管理是一种以科学为基础，并且切合实际的决策过程，其严密和正规程度与涉及问题的复杂性和关键性相适应。

2.1.1 组织及人员职责

质量风险管理工作小组的成员包括风险管理涉及的相关部门的负责人和专业人员以及公司领导。此外，还可以包括外请相关领域的专家（例如：研发、工程、生产、销售、注册和临床方面等）。

由启动质量风险评估事件的部门负责人决定小组成员，决策者一般为质量受权人，风险评估涉及重大的财产投资时，决策者为公司总经理或持有人。

2.1.2 基本过程

风险管理流程分为五个部分：风险评估、风险控制、风险交流、风险评审和风险回顾。

2.2 风险管理流程

2.2.1 风险评估

风险评估是风险管理的第一步，是对潜在危害源的识别和对接触这些危害源造成的风险的分析与评估。包括风险确认、风险分析和风险评价三个部分。主要由相关人员和质量保证人员完成。

2.2.1.1 风险确认

（1）确认某个产品或工艺中会出现什么问题。即系统地利用各种信息和经验，确认工艺、设备、系统、操作等过程中存在的风险。

（2）确定研究的过程、产品、问题区域、系统或者研究的对象。

（3）识别潜在的风险源。如审计、法规检查、验证过程、定期产品回顾、变更控制、供应商（承包商）变更、设施设计和参数、技术转移、改正和预防行动、投诉、产品质量风险评估以及其他风险评估。

（4）使用风险识别的工具，包括实地调查（CEMBA）、鱼骨图分析、流程图、险兆事故、内外部审计、经验、历史数据或回顾等，列出所有可能失败的因素，并列出所有发生错误的可能。例如设备停机、故障等，可以使用鱼骨图等工具分析；对于生产工艺，可使用生产流程图进行分析。

2.2.1.2　风险分析

（1）对已经识别出的可能的失败，应逐一列出并评估，首先应确认：问题发生的可能性，问题发生的后果，问题发生的可识别性。

（2）对问题的严重性进行评估时，可对所有问题分类，对每类问题制定 1～3 分的打分标准，分数越高问题越严重。再对发生的可识别性、可预测性进行评估，例如将发生的可识别性、可预测性分成三个级别，对应 1～3 分，分数越高说明越难识别。

（3）在整个风险评估过程中，风险分析是最重要的环节，需要质量管理部以及生产管理部共同完成。并且，还要确保所有相关部门都参与评估，所有参与风险分析的人员必须理解风险的评估过程。

2.2.1.3　风险评价

风险评价是指根据预先确定的风险标准，对已经确认并分析的风险进行评价。即先通过评价风险的严重性和可能性，从而确认风险的等级。在风险等级划分中，采用定性描述，如"高"、"中"或"低"问题发生的可能性、严重性、可识别性，三项的乘积分数 1～4 为低，6～9 之间为中，12～27 为高。

2.2.2　风险控制

在质量风险管理中，风险控制的目的在于将风险降低到可以接受的水平。质量风险控制可以分为风险控制的方法、控制的措施和控制的过程 3 个方面。

2.2.2.1　风险控制的方法

质量风险控制方法的着眼点在于人员、硬件和软件三个部分。

（1）人员：与产生风险或质量缺陷相关联的工作人员的职业素质、岗位培训、操作水平有关，以此着手采取措施，加以改进或弥补，来控制质量风险的发生。

（2）硬件及材料：从厂房、设备、环境以及原辅材料方面找出影响因素着手控制。

（3）软件：从与产生风险相关联的文件（例如 SOP、工艺规程、检测方法、安全操作规程等方面）进行风险的控制。

2.2.2.2　风险控制的措施

制定的风险控制措施要符合三个原则：有效、可控、可追溯检查。

（1）有效：指控制措施针对性强，有的放矢，治根，能防范风险的再发生。

（2）可控：可操作性强，解决实质性问题，不做表面文章。

（3）可追溯检查：在实施了这些措施后能杜绝药害事件的发生，弥补药品的质量缺陷，以提高药品的质量。

2.2.2.3　风险控制的过程

为规避风险的再次发生，应对药品的生产制造过程，储存、分发、营销的流通过程和医疗使用过程进行全面的控制。控制的过程涵盖了供应链、生产制造、分发流通3个过程的全部。

2.2.2.4　风险控制的实施

一般包括风险降低和风险接受两个部分。

（1）风险降低：是针对风险评估中确定的风险，当其质量风险超过可接受水平时，所应采取的降低风险的措施。包括降低风险的严重性和可能性，或者提高发现质量风险的能力。

可以采取四项措施降低风险：消除风险发生的根本原因；将风险结果最小化；减少风险发生的可能性；风险转移或分担。

在实施风险降低措施过程中，有可能将新的风险引入系统，或增加其他风险发生的可能。因此，应当在措施实施后重新进行风险评估，以确认和评价风险是否发生新变化。

对于所有已经确定风险消减行动计划的执行，必须按照纠正预防行动管理的方法进行。即为每个行动设定明确的行动方案、负责人、完成日期、完成情况，有专人定期跟踪行动完成情况，以确保所有的风险消减行动计划高品质地完成。

如果预定的风险消减行动计划需要延期，要经过正式批准，并对延期的风险进行评估，以评估延期对风险是否有影响，是否增加风险的危害性或者发生的可能性等。

（2）风险接受：降低风险之后，首先由相关人员对风险降低的结果进行评价和审核，再由质量管理部部长对结果进行评价，评价合格后再由质量受权人对是否风险降低到可以接受的范围内进行最终的确认。

对于某些类型的风险，即使最好的质量风险管理手段也不能完全消除，因此，在综合考虑各方面因素后，要做出是否接受风险的决定。

在此前提下，我们可以认为已采取了最佳的质量风险管理策略，并且质量风险已经降低到可以接受的水平，不必再采取更严格的整改措施。

2.2.3　风险交流

风险交流渗透于各个阶段，体现在对内和对外两个方面：对内而言，产品的缺陷以及质量投诉的信息均应在企业内部各相关部门、生产环节相互沟通，做到信息共享，从而引起企业全员对风险的重视、关注、献策、预防；对外而言，应重视风险的级别、危害程度以及控制措施，及时与外界沟通，如通过行业的质量公报等有关传媒进行正面的宣传，对患者和社会进行沟通。具体如下。

（1）沟通要体现在文件上，有记录，可以列入药品的质量档案中，对质量风险评估后的控制措施、整改结果均要以文件记录形式公开，必要时通过媒体对外宣传、发布。

（2）向主管部门和监管部门沟通，争取专业机构的指导，把因药品质量缺陷给患者带来的危害降到最低水平。由授权的质量发言人对外联络沟通。

2.2.4　风险评审

（1）相关部门汇总、归纳、总结质量风险产生的经验教训，以文件形式供评审使用。

（2）质量管理部对发生质量风险的过程进行评估，评估风险管理的控制措施能否防止风险的再发生，评估的结果应有文件记录，制定出评估后再检查的措施计划。最终由质量管理部负责人进行对以上风险过程进行审核，由质量受权人批准。

2.2.5　风险回顾

在整个风险管理流程的最后阶段，应审核风险管理结果。风险管理是持续性的质量管理过程，应建立定期回顾检查机制，回顾频率则基于相应的风险水平确定。如果某风险能够满足以下8个条件，则可以认为风险已被正确管理：正确的描述风险；识别根本原因；有具体的消减风险解决方案；已确定补救、纠正和预防行动计划；行动计划有效；行动有负责人和目标完成日期；随时监控行动计划的进展状态；按计划进行并完成预定的行动，应结合新的知识与经验对风险管理事件的结果进行定期回顾，无论是计划内的（年度回顾、自检、审计、变更控制）还是计划外的（偏差、投诉、退回、召回），它们的定期回顾中应体现对质量风险管理过程的结果回顾。

2.3　完成上述风险管理的5个步骤即完成了1个管理循环。

2.4　风险管理工具

质量风险管理工具是实现以上质量风险管理过程的方法，包括正式质量风险管理工具和非正式的风险管理工具。在实施质量风险管理过程中，根据具体情况选择风险管理工具，也可以多种质量风险管理工具结合使用。质量体系中的质量风险管理应用如下。

2.4.1　质量风险管理在质量保证方面的应用

2.4.1.1　文件系统

定期检查文件的政策法规符合性和技术符合性，规避公司产品的法规风险；评估起草的必要性和适用性以及明确质量风险控制需重点详细描述部分和复核部分。

2.4.12　培训

依据员工的学历、工作经验、工作习惯和职务说明等情况，并参照以往培训的定期评估结果，确定培训的方法、内容、频率和考核方式；使培训能有的放矢，尽可能减少人作为最大危害源带来的风险；确保员工的培训、经验、资质和健康等条件能达到岗位要求。

2.4.1.3　质量缺陷

对质量方面的可疑缺陷、投诉、趋势分析、偏差以及超标结果等导致的潜在质量影响进行鉴定、评估和交流，查找出引起缺陷的根本原因，确定合适的纠正预防措施。与监管机构协力，采取适当措施，以解决重大产品缺陷。

2.4.1.4　自检

根据以下罗列情形确定自检的重点或调整自检的频率和范围。

现有的政策法规要求：

（1）公司总体状况及厂房、设施历史；

（2）企业质量风险管理水平；

（3）生产场地复杂性；

（4）生产工艺复杂程度；

（5）产品及其治疗作用的重要性；

（6）质量缺陷的数量及严重程度：

（7）以往审计（检查）结果：

（8）设施、设备、工艺及关键人员的重大变更；

（9）产品生产历史（如频率、数量、批次、检测结果）。

2.4.1.5　产品质量回顾

产品质量回顾时对产品数据进行评估并做趋势分析，特别是有偏差或变更的批次，确认偏差的以及变更的效果及其是否有其他新的风险，为回顾结论如产品工艺性能良好或需进行再验证或改变取样等控制提供合理的评估。

2.4.1.6　变更控制

风险管理为产品生命周期中的过程持续改进提供便利，并通过变更控制得以实施；评估设施、设备、物料、生产工艺和技术转移等变更对产品质量和安全性的影响：确定实施变更需采取的合适的措施，例如：额外的测试、再确认、再验证或是咨询监管部门后的备案或补充申请等。

2.4.2　产品研发中的质量风险管理

（1）风险管理有利于加深对物料属性（pH 值、粒径分布，水分含量，流动性）、工艺研究及工艺参数等与产品性能相关知识的理解；

（2）评价物料的关键质量属性以利于制定合适的内控标准；

（3）用药物研发中得到的信息，并参照质量特性的临床意义和过程控制质量的能力等确定合适的规格、关键工艺参数和生产过程控制：

（4）减少质量属性的可变性；

（5）降低产品和物料缺陷，降低生产缺陷；

（6）评估是否有必要对工艺放大和技术转移进行额外研究，生物等效性和稳定性。

2.4.3　厂房设施、设备和公用系统的设计

应基于对产品工艺的需求和产品质量风险的控制。

（1）人流、物流　依工艺流程的平面布局、设施、设备、容器的材质、适当的公用系统（包括纯化水系统、通风和空调系统、压缩空气系统、热水系统、除尘系统等）、密闭生产系统、防虫防鼠设计及设施、消防安全设施等设计，从而防止混淆，减少污染和交叉污染的可能。

（2）考虑如何对人员、环境、产品进行保护以减少相关危害，如设施工具的用途（如单一产品用或多产品用）、清洁要求（每批清洁或连续生产后清洁）以及环境的控制是否满足产品要求等。

2.4.4　仪器、设备的精度、性能要求，需确认的范围，适当的校准方法，电脑软、硬件的要求，需验证的程度等，应保证符合预期需求及满足产品工艺性能要求，保证关键工艺过程参数的准确、可控。

良好的预防性维护计划和必要的备件库存要求以保证设备、设施的正常使用。

2.4.5　物料管理中的质量风险管理

供应商选择、审计、评估以降低购进物料的不合格风险，确保能按计划采购合格的物料；存储条件的控制以降低物料在贮存期质量变化的风险。

2.4.6　生产中的质量风险管理

（1）工艺验证：对产品生产中相关的设备设施、物料、生产环境、生产程序、关键工艺参数等可能对产品质量产生的影响的所有方面进行风险评估，找出产品风险最大的关键控制点，制定措施避免或降低该风险。

（2）确定关键工艺参数以及中间过程取样和监测的频率和内容。

（3）制定合理的生产计划，合理利用资源，避免或降低污染和交叉污染的风险。

2.4.7　实验室控制和稳定性研究的质量风险管理

（1）实验室应从方法、试剂试液、仪器设备、量器、人员操作、取样、样品管理等方面控制质量风险，确保检验结果的准确可靠，降低实验结果的误差，减少因实验室差错造成的超标结果。

（2）通过稳定性研究，确认产品的复验期和有效期，保证产品生命周期的质量。

2.4.8　包装设计中的质量风险管理

（1）内包装的选择设计应保证产品有良好的密闭状态，减少环境及外来物质对产品质量的影响。

（2）外包装的设计应能充分地保护好内包装不受到运输、环境等影响。

（3）标签的控制应保证符合法规要求，不产生混淆，给用户提供正确的指导。

2.5　质量风险管理贯穿于产品设计、研发、技术转移、生产、定期评估、变更的过程中，以客户要求为出发点，持续改进，不断地让客户满意。

3　附件

附件 1：风险评估鱼骨图

附件 2：风险二维矩阵

附件 3：失败模式效果分析

4　变更历史

变更日期	版本号	变更原因	变更内容

第 2 部分

质量控制

质量控制是质量管理的主要职能和活动，质量控制实验室是确保所生产的药品适用于预定的用途，对于药品生产而言，质量控制包括相应的组织机构、文件系统以及取样、检验等，确保物料或产品在放行前完成必要的检验，确认其质量符合要求，检验结果真实、准确、可靠。

2.1 质量控制实验室管理

2.1.1 实验室的布局和设施要求

质量控制实验室通常与生产区分开。生物检定、微生物、放射性同位素的实验室还应彼此分开。无菌检查实验室、微生物限度检查实验室、抗生素效价测定实验室、阳性菌实验室也应彼此分开。

应与所生产的药品的生产规模、品种和检验要求相适应。实验室的所有化学分析检验室，配备与生产检验相适应若干实验室，如分析天平室、精密仪器室、热工室、毒气柜、无菌检查室、微生物限度检定室、标准溶液标化室、留样观察室、贮藏室等。检测设备应能与所生产品种相适应并配备洁净室监测设施。企业根据生产品种的需要，设置中药标本室、生物检定室和放射性同位素检定室等实验室。

用于微生物检验的实验室应有符合无菌检查法和微生物限度检查法要求的、用于具有开展无菌检查及微生物限度检查等检测活动的、独立设置的洁净区或隔离系统，并为上述检验配备相应的阳性菌实验室、培养室、实验结果观察室、培养基及实验用品准备区、标准菌种储存区、污物处理区等。

实验室应设有专门的区域或房间用于清洗玻璃器皿、取样器皿，以及其他用于样品测试的物件。

2.1.2 组织机构

2.1.2.1 设置目的

设置质量控制实验室的核心目的在于获取反映样品乃至样品代表的批产品、物料质量的真实客观的检验数据，为质量评估提供依据。实验室管理与产品生产管理类似，同样涉及人、机、料、法、环五个关键要素，从上述五方面作出具体规定，可降低质量控制实验室的潜在风险。

2.1.2.2 工作职责

实验室是质量控制活动的主要载体，其工作内容涉及取样、留样、稳定性考察，试剂及试液的管理，标准品及对照品的管理，仪器的确认、校准与维护、分析方法的验证及确认、检验结果偏差（OOS）调查、原始数据的管理、检验等多个方面。

质量控制实验室的具体工作包括但不限于以下内容。

（1）确保实验室安全运行，并符合 GMP 管理规范；

（2）根据《中国药典》、注册标准，各种法规及其内部要求制定原辅料、包装材料、工艺用水、产品过程控制、中间体及成品的质量标准及分析方法；

（3）组织取样、检验、记录、报告等工作；

（4）对于检验过程中发现的异常现象及时向质量保证部门及相关生产负责人通报，并调查是否为实验室原因。如确认不是无可查明的实验原因，应协助查找其他原因；

（5）保留足够的起始物料和产品的样品（即留样），以便以后必要时对产品进行跟踪检测；

（6）根据需要制定稳定性试验方案，并确保其具体实施；

（7）确保用有效的体系来确认、维护、维修和校准实验室仪器、设备；

（8）参与质量有关的客户审计；

（9）参与质量有关的投诉调查；

（10）根据需要参与和支持生产工艺验证、清洁验证和环境监测工作。

2.1.2.3　工作流程（图11）

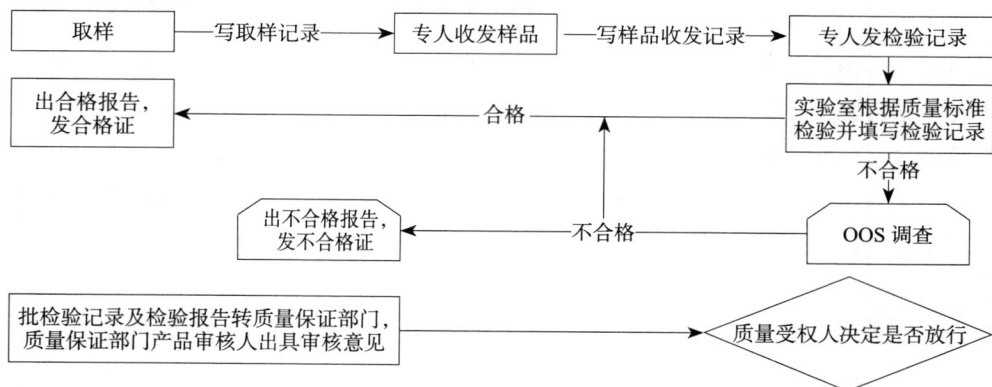

图 11　质量控制实验室的工作流程

2.1.2.4　组织架构

企业可以根据自身的生产规模设立一个或多个实验室，如微生物实验室、仪器分析实验室、理化实验室、原辅料实验室、包装材料实验室、车间中间控制实验室等。质量控制实验室系统组织架构见图12。质量控制部门负责人必须由具有足够的管理实验室的资质和经验的人员担任，可以管理同一企业的一个或多个实验室。

图 12　质量控制实验室系统组织架构图

2.1.2.5　人员配置

人员配置方面，质量控制实验室的人员应当与产品性质和生产规模相适应。质量控制实验室应配备足够数量的检验人员，检验人员至少应当具有相关专业中专或高中以上学历，并经过所从事的检验操作相关的实践培训且通过考核。例如，从事中药材和中药饮片质量控制人员应具备中药材和中药饮片检验的实际能力。

质量控制负责人必须由具有相应的资质和经验的人员担任，并经专业技术培训，具有基础理论知识和实际操作技能。质量控制实验室所有人员的职责应当书面规定。

此外，应当由有资格的人员进行有计划的培训，内容至少包括员工所从事的特定操作和与其职能相关的 GMP 知识，并应对培训效果进行评估。

实验室人员的培训包括：

新化验员的培训：新员工（包括转岗人员）应接受岗前培训，考核合格后方可进行独立操作。岗前培训的内容至少涵盖以下内容：部门统一的 GMP 管理培训；制定岗位应知应会的标准操作程序、质量标准和分析方法的学习等。

在岗化验员的再培训：应定期组织化验员进行 GMP、其他法规以及专业技术知识、操作标准规程等的培训；应组织实验员对新发布的标准操作规程进行学习，质量控制负责人可以根据工作需要定期组织进行实验员知识与技能的考核。

2.1.3　仪器仪表及小容量玻璃仪器的管理

（1）生产和检验用的仪器、仪表、小容量玻璃仪器等须专人负责校准或按规定送计量部门检定，经检定合格后方可使用。检定后的仪器仪表应具有校准合格证并规定使用期限。

（2）计量仪器仪表、计量用玻璃器具应建立台账，注明检定或送检日期，合格证有效期等仪器仪表应按规定定期复检。

（3）必须指定专人负责滴定液、标准液、标准品、对照品和检定菌的管理。

（4）滴定液应制定标化允许误差及有效期。标准溶液应制定使用期。滴定液的标签应有品名，标准溶液的浓度，标化时温度、日期，标化人及复核人签名及使用期限。滴定液和标准溶液指定专人配制，专人复核，专人分发并定期复标。领用滴定液、标准溶液应及时进行记录。

（5）标准品及对照品由专人管理，加锁保管并统一申领和发放，并进行记录。

（6）检定菌建立收发制度。使用部门定期进行传代纯化，做好遗传谱及相关记录。

2.1.4　实验动物的管理

（1）饲养人员应配备专用工作服、鞋、帽、手套、口罩等劳保用品，参观人员必须按规定更衣。

（2）必须从经认可的实验动物饲养单位购买动物。新购入实验动物必须经检疫合格，方可进入饲养室。

（3）实验动物的饲养、实验、清洗、消毒、废弃物、饲料各室应分开。饲育与实验室分开，并有与动物饲育室分开的工作人员办公室（或休息室）、更衣室及沐浴室。

（4）饲养室周围环境无直接污染源，具有防鼠、防虫措施。室内应整洁、地面无积水，室内环境应符合国家有关规定。

（5）排污设备条件完善，符合环保要求。

（6）饲育器具采用无污染材质，饮水器具及笼具应能灭菌消毒，饮用水应符合国家卫生标准。

（7）实验动物应有记录台账。

（8）制定和执行有关实验动物管理制度，明确岗位责任制及操作规程。

（9）建立与工作相适应的各项记录。

2.1.5　文件管理

质量控制实验室应当配置《中国药典》、标准图谱等必要的工具书。质量控制实验室的文件应当符合企业文件系统的原则，至少应具有以下文件：质量标准，取样、检验操作规程和记录，检验报告或证书，洁净室环境空气检测操作规程、记录和报告，物料、产品检验方法与验证文件，仪器校准和设备使用、清洁、维护的操作规程及记录。

2.1.6　质量控制的功能

2.1.6.1　鉴别功能

根据技术标准、作业程序或订货合同、技术协议的规定，采取相应的检测、检验方法，观察、试验、测量产品的质量特性，判定产品质量是否符合规定的质量特性要求。

2.1.6.2 把关功能

通过严格的质量检验，剔除不合格产品并予以"隔离"，实现不合格原材料不投产，不合格的产品组成部分及中间产品不转序、不放行，不合格的产品不交付（销售、使用）。

2.1.6.3 预防功能

对原材料和外购物料的进货检验，对中间产品转序或入库前的检验，既有把关作用又有预防作用，前一个过程的把关就是对后一个过程的预防。通过过程能力的测定和控制图的使用以及对过程作业的首检与巡检都可以起到预防作用。

2.1.6.4 报告功能

为了使质量管理部门及时掌握产品生产和服务提供过程中的质量状况，评价和分析质量控制的有效性，把检验获得的信息汇总、整理、分析后形成报告，为质量控制、质量考核、质量改进以及领导层进行质量决策提供重要的依据。

2.1.7 质量控制实施的程序

（1）选择控制对象。

（2）选择需要监测的质量特性值。

（3）确定规格标准，详细说明质量特性。

（4）选定能准确测量该特性值的检测仪表。

（5）进行实际测试并做好数据记录。

（6）分析实际与规格之间存在差异的原因。

（7）采取相应的纠正措施。

当采取相应的纠正措施后，仍然要对过程进行监测，将过程保持在新的控制水准上，一旦出现新的影响因子，还需要测量数据，分析原因，进行纠正，因此，这七个步骤形成了一个封闭式流程，称为"反馈环"。

2.2 质量控制的基本要求

2.2.1 要求

• 应当配备适当的设施、设备、仪器和经过培训的人员，有效、可靠地完成所有质量控制的相关活动。

• 应当有批准的操作规程，用于原辅料、包装材料、中间产品、待包装产品和产品的稳定性考察，必要时进行环境监测，以确保符合 GMP 的要求。

• 由经授权的人员按照规定的方法对原辅料、包装材料、中间产品、待包装产品和成品取样。

• 检验方法应当经过验证或确认。

• 取样、检查、检验应当有记录，偏差应当经过调查并记录。

• 物料、中间产品、待包装产品和成品必须按照质量标准进行检查和检验，并有记录。

• 物料和最终包装的成品应当有足够的留言，以备必要的检查或检验；除最终包装容器过大的成品外，成品的留样包装应当与最终包装相同。

2.3 取样

2.3.1 取样

取样是指为某一特定目的，从某一物料或产品的总体物质中抽取部分具有代表性的作为样品的操作。取样规程应与取样的目的、物料及产品相适应，防止造成所抽取样品的物料、产品、样品的污染和交叉污染。

2.3.1.1 取样人员

取样人员应经过相应的取样操作培训并有记录。取样时应穿着符合相应要求的防护服，防止人员受到伤害及污染物料和产品。

2.3.1.2 取样区

取样区的空气洁净度级别应不低于被取样物料的生产环境；物料取样应尽可能在专用取样间中进行。

2.3.1.3 取样方法及原则

应按 GMP 附录 9 取样的要求制定取样规程，内容包括取样方法、所用器具、样品量、分样方法等。

2.3.1.4 抽样方案

质量控制实验室可参照 GB/T 6378.1—2008/GB/T 2828《计量抽样检验程序　第 1 部分：按按收质量限（AQL）检索的对单一质量特性和单个 AQL 的逐批检验的一次抽样方案》（GB/T 6378.1—2008）及《计数抽样检验程序　第 10 部分》（GB/T 2828.10—2010）的要求，结合企业实际设计可操作的取样方案。

（1）确定产品是否适用 GB/T 6378.1 抽样检验：用 GB/T 6378.1 进行抽样检验的产品一般具有下列特点：生产连续，原材料来源一致，工艺条件成熟，产品质量稳定。

（2）确定采用计量检验或计数检验：计数抽样计划所需样本量大，但检验简便，计数检验更易于理解和接受。计量抽样计划所需样本量较小但检验程序复杂，且单位产品检验费用高，更耗时，但在获取精确信息更有优势，计量检验抽样适合与小型计量控制图联合使用。

（3）确定检验的项目与要求：一般在检验规程中规定检验的项目与要求，抽样方案可单独编写，也可直接放入检验规程中。

（4）列出产品可能不合格项目并分类：可编写专门的检验用产品质量不合格分类规程，也可直接在抽样方案中说明不合格的分类，当要检验的项目比较简单或不合格之间差异很小时，可不必对不合格分类。

（5）确定产品"批次"：按药品生产的"批"规定执行。

（6）规定检验水平：检验水平有多种，多数采用一般检验水平Ⅱ。

（7）规定接收质量限：接收质量限（AQL）是指对连续序列批进行验收抽样检验时，可容忍的最差过程平均不合格品率。如果对产品质量不合格进行了分类，应对各类不合格规定对应的 AQL。

（8）确定抽样方案类型：标准程序规定从 S 法（使用样本标准差的计量验收抽样方案）开始，采用一般检验水平Ⅱ，另外可采用 α 法（使用过程标准差假定值的计量验收抽样方案）。

（9）规定检验严格度与转移规则。

（10）确定抽样的时机。

（11）确定抽样检验的流程。

在做好上述工作后，着手编写抽样检验方案计划，并对抽样检验方案计划各个项目进行明确。从同批的批量产品的样本中抽取供检验用样品的原则，如按上述方式则参照表 14 样本量字码和检验水平及表 15 样本量字码与检验方法对应的样本量按抽样方案执行。

实施取样前，应做好抽样方案设计工作。确认产品适用 GB/T 6378.1—2008 抽样，确定产品"批次"规定检验水平，多数采用一般检验水平Ⅱ，确定抽样方案类型，药品生产企业涉及的检验抽样一般采用 S 法及一般检验水平Ⅱ。

从批量产品中抽取供检验用样本，参照表 14、表 15 确定与检验方法对应的抽取样本量取样。例如某产品批量为 2000 盒，按一般检验水平Ⅱ检验，则根据表 14，样本量字码为 K，根据表 15，按 S 法正常和加严检验抽取的样品量为 50 盒。

在《中国药典》（2020 年版）四部通则 0211 药材和饮片取样法中规定：从同批药材和饮片包件中抽取供检验用样品的原则：

总包件数不足 5 件的，逐件取样；

5~99 件，随机抽 5 件取样；

100~1000 件，按 5% 比例取样；

超过 1000 件的，超过部分按 1% 比例取样；

贵重药材和饮片，不论包件多少均逐件取样。

GMP 附录 9 取样对取样操作的一般原则做出如下规定：被抽检的物料与产品是均匀的，且来源可靠，应按批取样。若总件数为 n，则当 n≤3 时，每件取样；当 3＜n≤300 时，按 $\sqrt{n}+1$ 件随机取样；当 n＞300 时，按 $\sqrt{n}/2+1$ 件随机取样。

GMP 附录 9 取样、《中国药典》（2020 年版）四部通则 0211 及 GB/T 6378.1—2008 三者对比，在抽样方案设计和样本数量上是有差别的。

2.3.1.5　取样量

（1）中药材、饮片和贵细药材：每一包件的取样量：一般药材和饮片抽取 100~500g；粉末状药材和饮片抽取 25~50g；贵重药材和饮片抽取 5~10g。最终抽取的供检验用样品量，一般不得少于检验所需用量的 3 倍，即 1/3 供实验室分析用，另 1/3 供复核用，其余 1/3 留样保存。

（2）原辅料：取样量原则上与《中国药典》（2020 年版）四部通则 0211 规定的中药材取样量相同。无菌物料的取样应充分考虑取样对于物料的影响，取样过程应严格遵循无菌操作的要求进行，可参考 GMP 附录 9 取样　第七章取样操作的一般原则"被抽检的物料与产品是均匀的，且来源可靠，应按批取样。若总件数为 n，则当 n≤3 时，每件取样；当 3＜n≤300 时，按 $\sqrt{n}+1$ 件随机取样；当 n＞300 时，按 $\sqrt{n}/2+1$ 件随机取样。"对于无菌检查样品的取样，取样件数应按照本规范无菌药品附录第八十条的规定，结合《中国药典》附录无菌检查法中批出厂产品最少检验数量的要求计算。

（3）中间产品和待包装产品：按批号每批抽取，因无留样需要，故取样量为供两次全检用量。

（4）成品：成品的取样应考虑生产过程中的偏差和风险。成品按批取样，以包装单位为箱、袋、盒、桶等，在已包装好的包装件中按上述规定随机抽取。

2.3.1.6　取样方法

（1）采用 GB/T 6378.1—2008 方案取样法：取样前应先核对被取样品的品名、规格、批号、编号、数量等是否与请检单相符，包装是否完好无损，标志及其内容是否齐全。确认无误后，对批量产品样本按自然数"1"开始顺序编号，按抽样方案采用附带随机数计算模式的电子计算器、随机数骰子法、随机数表法、伪随机数法、扑克牌法取样。

（2）采用 GMP 附录 9 取样法

①一般原辅料：若一次接收的同一批号原辅料是均匀的，则可从此批原辅料的任一部分进行取样；若原辅料不具有物理均匀性，则需要使用特殊的取样方法取出有代表性的样品；

②无菌物料：取样过程应严格遵循无菌操作的要求进行，取样人员应经严格的培训；

③血浆：按《中国药典》（2020 年版）三部"血液制品生产人用血浆"的要求对每袋血浆进行取样；

④中药材、中药饮片：按《中国药典》（2020 年版）四部通则 0211 中药材取样法的要求进行；

⑤印刷包装材料：可参考 GBT2828.1—2012/ISO2859-1：1999 要求计算取样；

⑥中间产品：选择相应的生产时段和取样位置进行取样操作，非在线取样，按照 GMP 附录 9 取样法的要求进行计算取样。

按上述规定随机抽取，对于无菌检查样品的取样，取样件数应按照 GMP 附录无菌药品中的规定，结合《中国药典》（2020 年版）四部通则无菌检查法中单批次放行产品最少检验数量的要求计算取样。

样品的容器应当贴有标签，注明样品名称、批号、取样日期、取自哪一包装容器、取样人等信息，样品应当按照规定的储存要求保存。

取样后应分别进行样品的外观检查，必要时进行鉴别检查。若每个样品的结果一致，则可将其合并为一份样品，并分装为检验样品、留样样品，检验样品作为实验室全检样品。

2.3.1.7　分样方法

将抽取的样品混匀，即为抽取样品总量。若抽取固体样品总量超过检验用量数倍时，参照《中国药典》（2020 年版）四部通则 0211 方法，可采用四分法再取样，即将所有样品摊成正方形，依对角线画"×"，分为四等份，取用对角两份；再如上操作，反复数次，直至最后剩余量能满足供检验用样品量。

表 14   样本量字码和检验水平

产品批量范围	特殊检验水平				一般检验水平		
	S-1	S-2	S-3	S-4	I	II	III
2～8	B	B	B	B	B	B	B
9～15	B	B	B	B	B	B	C
16～25	B	B	B	B	B	C	D
26～50	B	B	B	C	C	D	E
51～90	B	B	C	C	C	E	F
91～150	B	B	C	D	D	F	G
151～280	B	C	D	E	F	G	H
281～500	B	C	D	E	F	H	J
501～1200	C	C	E	F	G	J	K
1201～3200	C	D	E	G	H	K	L
3201～10 000	C	D	F	G	J	L	M
10 001～35 000	C	D	F	H	K	M	N
35 001～150 000	D	E	G	J	L	N	P
150 001～500 000	D	E	G	J	M	P	Q
500 001 及以上	D	E	H	K	N	Q	R

注：1. 产品批量：指批中单位产品的数量
　　2. 样本量：指样本中单位产品的数量

表 15   样本量字码与检验方法对应的抽取样本量

样本量字码	S 法		α 法		GB/T 2828.1 等效计数抽样方案	
	正常和加严检验	放宽检验	正常和加严检验	放宽检验	正常和加严检验	放宽检验
B	3	3	2	2	3	2
C	4	3	3	2	5	2
D	6	3	4	2	8	3
E	9	4	6	3	13	5
F	13	6	8	4	20	8
G	18	9	10	6	32	13
H	25	13	12	8	50	20
J	35	18	15	10	80	32
K	50	25	18	12	125	50
L	70	35	21	15	200	80
M	95	50	25	18	315	125
N	125	70	32	21	500	200
P	160	95	40	25	800	315
Q	200	125	50	32	1250	500
R	250	160	65	40	2000	800

注：GB/T 6378.1 中给出的标本量字码和检验水平与 GB/T 2828.1 给出的相对应。

2.4 检验

2.4.1 药品检验

药品检验是指依据药品质量标准规定的各项指标，运用一定的检验方法和技术对药品质量进行综合评定，又称药品质量检验。

药品生产过程中，原辅料、中间产品、成品均需经过检验，其检验结果是产品质量评价的重要依据，因此，企业应当按照注册批准的方法对其生产的药品进行全项检验，且确保检验结果应准确可靠。检验过程中需注意人、机、料、法、环五个环节。

2.4.1.1 人

指检验人员。只有经过培训和通过考核的检验人员方可独立进行实验。对于中间产品或待包装产品，其检验可由生产人员进行，也可由中间控制实验室或质量控制实验室进行。具体可由企业自己规定，但必须在相关文件中明确规定。

2.4.1.2 机

指仪器和设备。只有通过确认和校准且在校准有效期内的仪器和设备方可使用。分析用的玻璃容器应经过校准且合格，玻璃容器在使用前应仔细检查，确保完好、无裂纹。

2.4.1.3 料

指试剂、试液、标准品或对照品、培养基以及检定菌等。在实验过程中应严格遵守相应要求，并有明确的标示以便于追溯。

2.4.1.4 法

指质量标准、检验方法和检验操作规程。原辅料、包装材料、中间产品、待包装产品和成品必须符合经注册批准的要求和质量标准，检验方法必须是批准的现行文本。检验操作规程的内容应与经确认或验证的检验方法一致。

2.4.1.5 环

指环境。在实验过程中应严格遵守操作规程中的要求，如在天平使用过程中应关闭防风罩避免气流的影响。

2.4.2 检验方法的验证

在进行检验前应对实验室所使用的检验方法进行验证或确认。从本质上讲，检验方法验证就是根据检测项目的要求，预先设置一定的验证内容，并通过设计合理的试验来验证所采用的分析方法能否符合检测项目的要求，其目的是判断目前所采用的检验方法是否科学、合理，是否能够有效地控制产品的内在质量，同时确保物料、成品的检验方法与注册批准项目、方法一致，为检验结果的准确及可靠提供保障。

符合下列情形之一的，应当按照现行版《中华人民共和国药典》药品质量标准分析方法验证指导原则的要求对所采用的检验方法进行验证。

（1）采用新的检验方法；

（2）检验方法需变更的；

（3）采用现行版《中华人民共和国药典》及其他法定标准未收载的检验方法；

（4）法规规定的其他要验证的检验方法。

需验证的项目包括鉴别试验、杂质定量检查或限度检查、原料药或制剂中有效成分含量测定、制剂中其他成分（如防腐剂等）的测定。此外，还应对药品溶出度、释放度等检查的溶出量等的测试方法做必要的验证。企业应根据验证项目制定相应的验证方案，方案内容包括规程和所有方面的可接受标准，并最终形成验证报告，汇总试验记录、图谱等。

对不需要进行验证的检验方法，企业应当对检验方法进行确认，以确保检验数据准确可靠。

如需变更成品检验方法，应按照变更控制规程进行验证、申报。

2.4.3　检验记录及记录复核

检验应当有可追溯的记录并应当复核，确保结果与记录一致。每批药品的检验记录应当包括中间产品、待包装产品和成品的质量检验记录，可追溯该批药品所有相关的质量检验情况。

检验记录具体应包括以下内容：

（1）产品或物料的名称、剂型、规格、批号或供货批号，必要时注明供应商和生产商（如不同）的名称或来源；

（2）依据的质量标准和检验操作规程；

（3）检验所用的仪器或设备的型号和编号；

（4）检验所用的试液和培养基的配制批号、对照品或标准品的来源和批号；

（5）检验所用动物的相关信息；

（6）检验过程包括对照品溶液的配制、各项具体的检验操作、必要的环境温湿度；

（7）检验结果，包括观察情况、计算和图谱或曲线图，以及依据的检验报告编号；

（8）检验日期；

（9）检验人员的签名和日期；

（10）检验、计算复核人员的签名和日期。

检验人员出具检验结果后，与质量标准中规定的接受标准进行比对，并作出该检验项目合格或不合格的评定。实验结束后，检验记录由有资质的第二个人进行复核，确保结果与记录一致。如检验结果异常，应立即对该结果展开调查。

2.4.4　检验结果超标的处理

检验结果超标（OOS）是指检验结果超出法定标准及企业制定标准的所有情形。

质量控制实验室应当建立 OOS 调查的操作规程，任何 OOS 都必须按照操作规程进行完整的调查，并有相应的记录。

调查的原则包括：

（1）检验数据或结果应默认为有效（无论它是否符合质量标准），不能随意丢弃；

（2）一旦出现 OOS 结果，即使已根据该结果判定产品为不合格，也必须对其进行调查；

（3）OOS 调查应规定时限要求。

（4）OOS 调查内容主要包括：实验室调查，确认 OOS 结果是否源于检验过程出现的偏差；全面调查，即确认 OOS 结果产生的根本原因，采取相应的纠正预防措施。

2.4.5　检验报告书

当全部检验项目完成后，根据检验结果出具检验报告书。

如果检验对象是物料，质量控制部门可依据物料生产商的检验报告、物料包装完整性、密封性的检查情况和检验结果出具检验报告书，并标明"符合要求"或"不符合要求"的结论。经质量管理负责人或质量控制负责人及质量受权人签名批准放行后，物料可被放行使用。物料检验报告书是物料放行或否决的重要依据。

如果检验对象是中间产品或待包装产品，是否出具检验报告书可由企业根据自身管理模式管理，并在相应规程中明确规定。

如果检验对象是成品，其检验报告书经过质量控制部门负责人或质量受权人审核批准后，交给负责产品放行的部门。

2.4.6　委托检验

企业通常不得进行委托检验，确需委托检验的，应当执行委托检验相关规定。委托外部实验室进行检验，应当在检验报告中予以说明。

2.5   物料及产品的放行

物料和产品放行是质量保证的一个重要环节，实施物料和产品放行的主要目的就是保证产品物料、产品及生产过程符合相应的法规要求和质量标准（如注册要求和GMP 等）。放行对象为物料和产品。其中，物料包括原料、辅料和包装材料；产品包括产品、待包装产品和中间产品。

2.5.1   放行的职责

GMP（2010 年修订）规定："物料应当由指定人员签名批准放行""每批药品均应当由质量受权人签名批准放行"。因此，产品最终放行的决策者必须是质量受权人，而物料最终放行的决策者可以是质量受权人也可以是企业指定的其他关键人员（质量控制人员、质量保证人员）。

物料和产品的放行需要对物料和产品及其生产和检测的全过程进行评价，因此，仅仅依靠放行决策者个人精通生产和检测的所有细节并完成相应的评价是不现实的，这就要求物料和产品质量评价的相关部门（质量管理部门和生产部门等）必须承担起相应的职责，将正确可信的信息、决议和评价传递给放行决策者，以保证放行决策者能够正确的实施放行决策。所以，质量受权人、质量管理部门和生产管理部门都是物料和产品放行职责的主要承担者。

2.5.1.1   质量受权人需要承担的责任

（1）保证产品符合注册要求；

（2）保证产品的生产符合 GMP 的要求；

（3）保证产品符合相应的质量标准；

（4）签署证书或证明文件；

（5）保证产品相关的所有偏差、变更和 OOS 都经过相应的调查和处理；

（6）保证需要经药品监督管理部门批准的重大变更已经上报并得到批准；

（7）保证完成所有的必要检验；

（8）保证所有的必要生产和检验文件已经完成，并被批准；

（9）判断与评价生产和检验文件的结果；

（10）考虑其他可能影响产品质量的因素；

（11）决策产品放行或拒收。

2.5.1.2   质量管理部门需承担的责任

（1）保证物料符合相应的放行标准；

（2）决策物料放行或拒收；

（3）审核和批准批检验记录；

（4）批准质量标准、取样操作规程和检验操作规程；

（5）保证所有的检验按照批准的规程完成；

（6）保证 OOS 经过评估；

（7）按规定进行物料和产品留样。

2.5.1.3　生产管理部门需承担的责任

（1）保证生产过程符合 GMP 的要求；

（2）保证批相关的偏差和变更均有记录并完成调查、评估和处理；

（3）保证批生产记录在交付质量管理部门前均经过了评估和批准。

2.5.1.4　质量管理部门和生产管理部门的共同责任

（1）批生产文件的评价和批准；

（2）对生产环境进行监测和控制；

（3）执行和评估中间过程控制。

质量受权人、质量管理部门和生产管理部门针对不同类型的物料和产品放行时所承担的主要职责参见表 16。

表 16　不同部门的放行职责

项目	质量受权人	质量管理部门	生产管理部门
物料：原料、辅料、包装材料 *	/	批检验文件的评价和批准放行	/
商业用途的制剂产品和待包装产品	批准放行	批生产文件的评价和批准 批检验文件的评价和批准	批生产文件的评价和批准
制剂产品的最终成品	批准放行	批生产文件的评价和批准 批检验文件的评价和批准	批生产文件的评价和批准
商业用途的原料药产品的中间品	批准放行	批生产文件的评价和批准 批检验文件的评价和批准	批生产文件的评价和批准
内部使用的原料药产品的中间品	/	批准放行	/
原料药产品的最终成品	批准放行	批生产文件的评价和批准 批检验文件的评价和批准	批生产文件的评价和批准

注：* 表示物料的放行人员也可以是质量受权人

2.5.2　放行的流程

物料和产品放行的主要流程包括质量评价和批准放行两部分（图 13）。

项目	质量部门	生产部门

物料
* 原料
* 辅料
* 包装材料
→ 检验

质量评价
* 批检验记录审核
* 供应商检验报告审核

确认物料符合相应的质量标准

批生产 ← 放行

产品
* 中间产品
* 待包装产品
* 成品

检验

批检验记录审核

保证检验符合书面规程，产品符合质量标准

批生产记录审核（生产和质量部门）

保证生产符合注册文件和 GMP 要求

放行 —拒收→ 返工 重新加工 销毁

放行

签署证书（质量受权人）

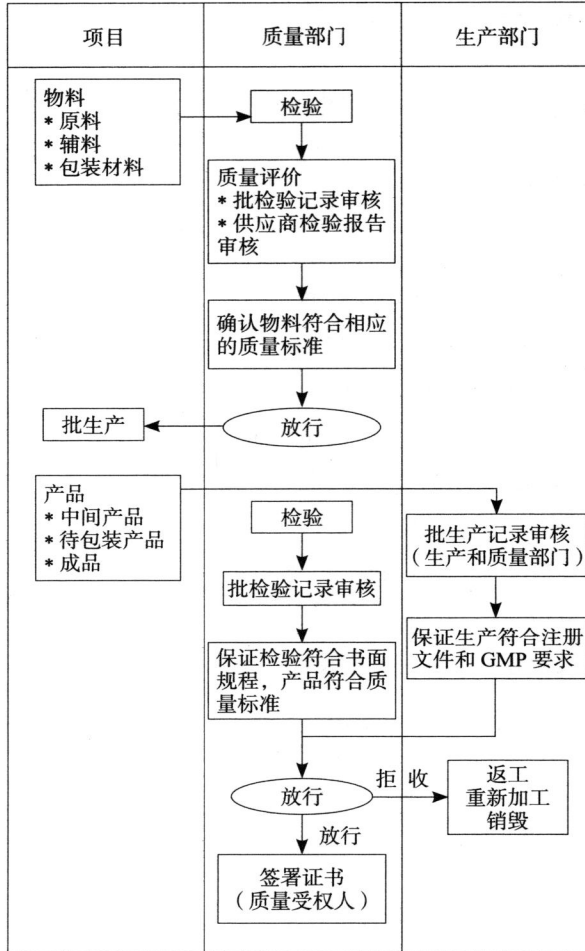

图 13　放行流程图

2.5.2.1　质量评价

质量评价就是对物料和产品所有相关的原始数据进行评估和批准的过程，也就是判断物料、工艺和过程是否符合质量标准、注册标准和 GMP。

物料放行的质量评价主要包括对生产商的检验报告和质量管理部门检验报告的评价。产品放行的质量评价主要包括对批生产记录和批检验记录的审核，另外，评价时还需要考虑环境检测和中间过程控制的数据。因此，物料和产品放行的质量评价的关键是批生产记录和批检验记录的审核。

（1）批生产记录审核：通过对批生产记录的审核来证明产品的生产符合预先建立和批准的书面规程。批生产记录的审核应当是对合成、加工、包装等生产全过程的审核。

批生产记录审核的要点包括：

①批生产过程符合原版空白的批生产记录（基准批记录）的要求。

②所有的数据真实、完整、可以追溯；

③数据符合相应的限度（如中间过程控制的限度、工艺控制的限度），适当条件下还需考虑环境监测的数据；

④偏差、变更和检验结果超标等情况要有充分的说明；

⑤使用的物料要符合质量标准，并经过质量管理部门放行；

⑥确认所使用的设备和仪器的状态（如洁净的、可使用的等）；

⑦如果存在返工或重新加工，则应确认经过了必要的批准。

（2）批检验记录审核：批检验记录审核是对物料或产品的检验过程的审核，是为了证明相应的检验和控制符合预先建立和批准的书面规程。

批检验记录审核的要点包括：

①按照质量标准完成了所用的检验；

②所有的数据真实、完整、可以追溯；

③所有的检验仪器和设备均经过了确认和校准；

④偏差变更和检验结果超标等情况要有充分的说明。

2.5.2.2　批准放行

批准放行就是放行责任人以书面形式（或在电子系统中）完成物料和产品放行决策的过程。通常批准放行的形式为签署检验报告书或合格证等。

检验报告书的主要内容包括：

①物料名称；

②规格、剂型、包装形式和批量；

③物料号；

④批号；

⑤生产日期；

⑥有效期；

⑦放行工厂的名称和地址；

⑧按规定履行的所有检验及其合格标准；

⑨检测的结果；

⑩检验符合标准的结论；

⑪ 放行人签字。

当产品存在微小偏差，放行时需要考虑：偏差是否是个例和微小的；偏差对检验结果有无影响；产品要符合质量标准；通过质量风险分析，评估偏差对产品质量、安全和效果的影响。

疫苗类制品、血液制品、用于血源筛查的体外诊断试剂以及国家药品监督管理局规定的其他生物制品放行前还应当取得批签发合格证明。

2.5.3   放行的工作要点

一般而言，产品放行的工作要点包括以下方面。

（1）建立产品放行流程操作规程

①按照 GMP 规范或企业内部工作流程要求设计流程。

②确定管理的物料或产品的范围，涉及生产场地的范围，是否包括委托生产厂家等。

③明确人员职责，制定质量受权人的资格和职责、质量保证部门的职责、质量控制部门的职责、生产部门的职责、物料部门的职责、其他涉及部门的职责（可能包括法规注册工程等）。

④按照 GMP 规范要求和工厂内部工作流程，确定各个实施步骤的要求。包括产品的质量控制要求和记录；产品的生产控制要求和记录；对这些记录的复核批准；质量受权人（QP）或指定人员如何批准放行；放行之后如何处置物料和产品；如果遇到不符合的状况如何处置等内容。

（2）实际操作

①物料进入接收流程，进行质量检验控制：包括采样、按质量标准进行测试、结果比较、结论等步骤。产品进入生产加工流程，进行工艺流程控制和中间过程的质量检验控制，工艺控制包括对于生产设备、物料、操作参数、质量控制参数、收率等方面的控制。

②物料完成检验，产品完成生产流程，同时也完成成品检验流程。

③放行前的文件和记录审核，也就是通常所说的批记录审核。包括：批生产记录（包括包装过程），批检验记录，涉及的变更、偏差、稳定性、历史趋势等数据。审核过程中需要对照质量标准、工艺规程、批记录模板、变更文件、偏差记录（可能涉及原因查找，涉及物料或产品范围，整改措施落实等方面，也可能涉及重新加工或返工批放行或使用的情况）。可能涉及验证批产品或有疑问的产品批的稳定性数据，可能来自年度质量回顾数据系统，针对需要进行趋势变化控制的物料或产品等的历史数据。

④按照 GMP 规范要求进行审核批准。

⑤贮存管理。包括：通知系统（从质量管理部门如何传达至相关部门：物料、销

售、生产等）、状态变化流程（标签、台账记录、系统内变化等）、储存要求（环境、区域位置、面积、防护等）。

⑥放行发运，是一次性发运还是多次发运。

⑦相关放行文件记录保存（哪些需要存放、存放地点、负责保管人、时限等要求），一般由 QA 指定人员负责保存，时限为有效期后一年。

放行中文件审核（批准）流程是产品质量实现的关键一环，需要有指定人员根据审核结果对物料或产品作出结论性意见，是合格放行还是不合格拒收或其他决定。

产品或物料批准放行（包括合格放行、拒收、退货等）后，状态需要立刻进行改变，公司内部程序需要规定多长时间内完成状态变化。比如，如果是人工操作系统的话，收到书面知后，1 小时内完成，同时在状态改变完成前，该批不进行其他操作；如果是计算机化操作系统的话，状态改变是在系统放行命令发出后，系统自动变化。无论是人工操作或计算机操作，都必须保证做到产品和物料的实际状态可以在任何时间和任何授权人员在贮存现场书面或电子化台账系统内进行检查核对，现场和台账系统的状态信息和其他相关信息必须相符。

（3）放行审计要点

①放行流程中需要关注的质量标准。质量标准是质量评价的基础，需要参考 GMP 规范要求、注册要求、生产工艺要求、《中国药典》要求、实验技术要求等方面来建立。在更新过程中需要特别关注工艺变化、《中国药典》内容更新等对标准有法规符合性影响的变化。

②放行流程中涉及的质量控制要求。质量控制是质量评价的重要依据，为包括工艺运行信息、物料变化、产品质量特性波动趋势和相关调查提供数据支持。理解不同阶段质量控制的关注点和原则的不同，中间控制需要和工艺步骤结合，平衡快速和准确之间的关系。成品检查强调可靠准确。

③对放行流程而言，首先关注批准人员的确定和培训，特别是委托生产和物料，一个涉及委托和被委托方协议，以及对 GMP 规范的符合性；另一个需要体现工厂在处理非成品放行时结合规范要求和内部流程的灵活性，强调了质量受权人不是批准所有放行的。其次需要按照质量控制和生产控制的文件或记录要求的要点，建立放行审核的检查列表来文件审核操作，避免重复和遗漏。最后，需要关注放行后产品或物料状态变化和库位变化的及时和准确，保证贮存现场和台账信息的一致性，监控贮存条件和发运条件符合保证有效期的储藏条件。

2.6   质量事故管理

2.6.1   质量事故的概念

质量事故是指生产的产品的质量达不到质量标准的规定或包装不良而变质的，生产出的产品收率极低，产生了大量的废品。

2.6.2   质量事故的处理

质量管理部门负责质量事故的处理，企业应制定质量事故处理管理规程。

发生质量事故时应会同技术、生产部门分析质量事故原因，提出解决办法，并采取适当的纠正措施以避免此类事故的再次发生。重大质量事故应及时报告当地药品监督管理部门。在未找到原因及解决办法前应暂停生产。

所有的分析、质量事故调查的结果、建议及付诸实施的计划都应该是书面的。如果以后再发生同类质量事故，则要考虑是否要对工艺过程进行重新验证。

质量事故处理应遵循"四不放过"原则，即事故原因不清不放过、事故责任者和员工没有受到教育不放过、没有制定防范措施不放过、事故未经处理不放过。质量管理部门及相关部门应及时、慎重、有效地处理好质量事故，通报其他各部门引以为戒。

2.6.3   质量事故报告

所有质量事故的处理都应有书面记录和处理报告。内容应包括分析、调查发生的原因，即所产生的质量事故的产品与预期的质量差异何在，对可能引起问题的工艺过程或操作人员技术的审查结果，对质量事故所采取的纠正措施和解决办法，为防止此类质量事故再次发生而采取的措施，生产、技术、质量管理部门的意见，有关生产技术、质量管理人员的签名和日期。

3

第 3 部分

质量保证

欧盟和 WHO 认为 GMP 的核心就是质量保证，因此所有的 GMP 条款都可以看成是为了建立可靠的质量保证体系。优良的质量保证体系至少应当具备以下几点。

（1）要有一个独立的、对产品质量负总责的质量负责人和质量管理部门；

（2）在风险评估的基础上对所有可能影响药品质量和药品稳定性的因素进行排查，要在科学验证的基础上建立每一个影响因素的控制标准，形成完整的标准体系；

（3）每一个 GMP 参与人员的知识和经验都能够满足 GMP 管理的要求；

（4）要有负责质量保证的部门（QA），并能够独立地对药品生产和检验的全过程行使监督职责；

（5）对药品生产的所有物料都要进行质量控制，建立供应商档案，对关键物料要定期进行供应商现场审计；

（6）要有完善的 GMP 文件体系，保证从原料采购、药品生产到药品放行和销售的全过程所有数据和资料的一致性和可追溯性；

（7）要建立定期的自检（内部审计）和产品质量回顾制度；

（8）在药品生产中出现的所有超出控制范围的偏差都应开展调查，提出解决方案和预防纠正措施；

（9）药品生产工艺应与注册批准的工艺相符合，贯彻"质量源于设计"的理念。

3.1　留样管理

留样是指企业按规定保存的、用于药品质量追溯或调查的物料和产品样品。

3.1.1　留样的要求

（1）每批成品均应当有留样。如果一批药品分成数次进行包装，则每次包装至少应当保留一件最小市售包装的成品。制剂生产用每批原辅料及与药品直接接触的包装材料均应当有留样。与药品直接接触的包装材料，如成品已有留样，可不必单独留样。

（2）留样应当能够代表被取样批次的物料或产品。留样的包装形式应当与原料到货时的市场包装相同或模拟市售包装形式。固体辅料的留样可密封在聚乙烯袋中并且外用铝箔包装。液体样品必须依据其特性保存在合适容器中。易挥发和危险的液体样品可以不留样。所有存放留样的容器必须贴有规定的标签，标签的内容至少包含产品名称、产品批号、取样日期、储存条件、储存期限。物料的留样应当按照规定的条件储存，必要时还应当适当包装密封，物料的留样量应当至少满足鉴别的需要。

（3）每批成品的留样数量一般至少应当能够确保按照注册批准的质量标准完成两次全检（无菌检查和热原检查等除外）。成品的留样必须使用其商业包装，依据产品注册批准的储藏条件储存在相应的区域，留样应有标签，标签内容至少包含产品名称、产品批号、取样日期、生产日期、有效期及留样的保存时间。

（4）成品留样如果不影响留样的包装完整性，保存期内至少应当每年对留样进行一次目检观察，应制定相应的规程对产品留样进行外观检查。其中应规定目检观察的留样数量、频次、判定标准及有相应的记录，如有异常，应当进行彻底调查并采取相应的处理措施。各企业应该在每年年初制定出留样目检观察计划，并遵照执行，留样目检观察的结果可以在年度产品质量回顾报告中体现。

成品留样应当按照注册批准的储存条件至少保存至药品有效期后一年；除稳定性较差的原辅料外，用于制剂生产的原辅料（不包括生产过程中使用的溶剂、气体或制药用水）和与药品直接接触的包装材料的留样应当至少保存至产品放行后两年。如果物料的有效期较短，则留样时间可相应缩短。

（5）如企业终止药品生产或关闭的，应当将留样转交授权单位保存，并告知当地药品监督管理部门，以便在必要时可随时取得留样。

（6）留样观察应当有记录，留样记录应包含产品名称、批号、数量、取样时间、失效日期、储存条件、储存地点、储存时间、留样人签名等内容。

（7）一般情况下，留样仅在有特殊目的时才能使用，例如调查投诉。如留样用于其他用途应经过质量管理负责人批准。

（8）产品（物料）已按照以上规定保存并超过保存期后需要进入报废程序。留样的报废可规定每半年报废一次，报废时根据各公司规定的药品报废流程进行，并对所有报废进行存档。

留样超过保存期后应进行报废，报废应填写报废申请单，经质量管理部门负责人批准后方可销毁。

（9）印字包材和初级包材的留样：印字包材和直接接触药品的初级包材可以附在相应的实验记录后面，与实验记录一起保存，保存时间亦同实验记录一致。

3.2　持续稳定性考察

3.2.1　持续稳定性考察对象

由于在产品研发阶段获取的药品稳定性数据存在局限性，因此，在产品进行商业化生产后需要继续证明其在有效期内的稳定性。持续稳定性考察是针对上市产品的稳定性研究，主要针对市售包装药品，同时兼顾待包装产品。

例如，当待包装产品在完成包装前，或从生产厂运输到包装厂，还需要长期贮存时，应当在相应的环境条件下，评估其对包装后产品稳定性的影响。此外，还应当考虑对贮存时间较长的中间产品进行考察。

3.2.2　目的

持续稳定性考察的目的是在有效期内监控已上市药品的质量，以发现药品与生产相关的稳定性问题（如杂质含量或溶出度特性的变化），并确定药品能够在标示的贮存条件下，符合质量标准的各项要求。

3.2.3　考察方案

持续稳定性考察应当有考察方案和报告，GMP（2010年修订）规范中所指的考察方案应以某一种处方药品的不同规格和生产批量为考察对象，也可以以持续稳定性考察年度计划的形式进行，统筹产品类别、品种、批量、批数、取样计划等内容。具体应包括：

①每种规格、每个生产批量药品的考察批次数；

②相关的物理、化学、微生物和生物学检验方法，可考虑采用稳定性考察专属的检验方法；

③检验方法依据；

④合格标准；

⑤容器密封系统的描述；

⑥试验间隔时间（测试时间点）；

⑦贮存条件：应当采用与药品标示储存条件相对应的《中华人民共和国药典》规定的长期稳定性试验标准条件；

⑧检验项目：如检验项目少于成品质量标准所包含的项目，应当说明理由。

考察批次数和检验频次应当能够获得足够的数据，以供趋势分析。通常情况下，每种规格、每种内包装形式的药品，至少每年应当考察一个批次，除非当年没有生产。某些情况下，持续稳定性考察中应当额外增加批次数，如有重大变更或生产和包装有重大偏差的药品应当列入稳定性考察。此外，重新加工、返工或回收的批次，也应当考虑列入考察，除非已经过验证和稳定性考察。

3.2.4　考察结果

关键人员，尤其是质量受权人，应当了解持续稳定性考察的结果。当持续稳定性考察不在待包装产品和成品的生产企业进行时，则相关各方之间应当有书面协议，且均应当保存持续稳定性考察的结果以供药品监督管理部门审查。

应当对不符合质量标准的结果或重要的异常趋势进行调查。对任何已确认的不符合质量标准的结果或重大不良趋势，企业都应当考虑是否可能对已上市药品造成影响，必要时应当实施召回，调查结果以及采取的措施应当报告当地药品监督管理部门。

应当根据所获得的全部数据资料，包括考察的阶段性结论，撰写总结报告并保存，定期审核总结报告。

3.2.5　与留样和稳定性考察的区别（表17）

表17　持续稳定性考察与留样、稳定性考察的对比

项目	留样	稳定性考察	持续稳定性考察
考察目的	用于药品质量追溯或调查物料、产品	考察原料药或药物制剂在温度、湿度、光线的影响下随时间变化的规律，为药品的生产、包装、贮存、运输条件提供科学依据，同时通过试验建立药品的有效期	在有效期内监控已上市药品的质量，以发现药品与生产相关的稳定性问题（如杂质含量或溶出度特性的变化）并确定药品能够在标示的贮存条件下，符合质量标准的要求
考察对象	主要针对每批生产的市售产品和工艺中涉及的物料	产品研发阶段需要进行影响因素试验（无包装）、加速试验（市售包装）、长期稳定性研究试验（市售包装）；产品标准上市后首次投产前三批进行长期稳定性试验；产品生产过程中如发生重大变更或生产工艺、包装材料发生变更时需要进行稳定性考察；重新加工、返工或回收工艺考察时应进行稳定性考察；需要对中间产品的稳定性进行考察，确定中间产品的贮存期限、贮存条件	主要针对市售包装产品，也需项目兼顾待包装产品；按照产品规格、批量、包装形式不同分别进行持续性考察
考察环境	与产品标签上贮存条件一致	影响因素试验（高温、高湿、强光照射）；加速试验（隔水式电热恒温培养箱）；长期稳定性考察试验接近药物的实际贮存条件进行，应考虑药物销售不同地区温湿度对产品的影响	贮存条件应采用与药品标示贮存条件相对应的《中国药典》规定的长期稳定性试验标准条件
考察批次	产品及用于制剂生产的原辅料每批均需有留样	除影响因素试验为一批产品外，其他考察均需要进行三批产品的稳定性考察	至少每年应考察一个批次，除非当年没有生产

续表

项目	留样	稳定性考察	持续稳定性考察
考察项目	目检观察或对物料进行鉴别	对质量标准中的重点项目进行考察，与质量标准的项目可以不完全一致，参照现行《中国药典》稳定性考察的内容	与稳定性考察选择的考察项目类似
考察频次	每年一次，成品留样时间为药品有效期后一年；原辅料留样时间为产品放行后两年	按现行《中国药典》要求执行；加速试验考察时间为第1个月、2个月、3个月、6个月末。长期稳定性考察为0个月与3个月、6个月、9个月、12个月、18个月、24个月、36个月比较来确定药品有效期	与长期稳定性考察频次类似
考察需量	全检两倍量（无菌检查和热原检查除外）	按照取样频次、考察项目所需的检验量、产品批准上市前预先确定的产品有效期确定稳定性考察所需供试品量	与长期稳定性考察类似

注：在加速试验室、长期留样室、稳定性考查室、培养室装置中，恒温恒湿的控制至关重要，即使是温湿度控制要求在40℃和75%的高温高湿环境下，也可以将恒温恒湿效果控制在温度±2℃，湿度±5%RH之内。

3.3　变更控制

3.3.1　定义

欧盟GMP指南中关于变更控制的定义如下：变更控制是由合格专业人员对可能影响厂房、系统、设备或工艺验证状态的变更提议或对实际变更进行审核的一个正式系统。变更控制的目的是为了防止变更对产品质量产生不利影响，保持产品质量的持续稳定。

3.3.2　适用范围

任何可能影响产品质量或重现性的变更都必须得到有效控制，变更控制的范围如下。

（1）新产品的上市；

（2）现有产品的撤市，即将现有产品品种、现有剂量的产品或现有包装规格的产品从市场上撤回；

（3）厂房的变更：包括厂房原设计功能的改变、间隔的改变、洁净装修材料或形式的改变、对墙体或地面造成破坏性的改变等；

（4）设备、设施的变更：包括改变送、回风管路和送、回排风尺寸、位置，空气处理机组或消毒系统，温湿度控制设施，气流组织，洁净区内地漏，纯化水制水设备、贮水设施材质，纯化水管管路及用水点，净化空调系统空调过滤器型号，高效、亚高效过滤器供应商，直接接触药品的气体过滤器，洁净区内运输形式等；

（5）检验方法的变更：包括取样方法、条件的变化，样品制备和处理方法的变化，对照品配备方法的变化，检验仪器型号的变化等；

（6）质量标准的变更：包括原辅料、包装材料、中间产品、成品质量标准项目的改变，有效期或贮存期的改变，贮藏条件的改变，中间产品项目监控点的改变等；

（7）在药品监督管理部门注册、备案的技术文件的变更；

（8）生产工艺的变更：包括辅料品种或数量（数量范围）、溶媒浓度、用量的改变，生产方法的改变，批量调整，药材炮制方法的改变等；

（9）物料供应商的变更：包括化学原料药的生产商，化学合成辅料、中药饮片的生产商以及其他原料、辅料和包装材料的供应商；

（10）直接接触药品的包装材料的变更；

（11）文件、记录的变更；

（12）其他可能影响产品质量的变更：比如用作手的消毒剂和用于生产环境的消毒剂的改变，工作服材质的重大变化，产品关键监控点或监控方法的改变，生产地点的改变，与生产、质量控制相关的计算机软件的变更，包装材料设计样稿和内容的变更，产品外观的变化等。

3.3.3 分类

企业可以根据变更的性质、范围、对产品质量潜在影响的程度将变更分类，变更可以有不同的分类方法，公司可根据自身实际情况选择适当的分类方法。通常的分类方法有以下几种。

（1）重大变更、中等变更、微小变更。重大变更是指对药品的安全性、有效性或质量可控性具有重大潜在不利影响的变更。中等变更是指对药品安全性、有效性或质量可控性具有中度潜在不利影响的变更。微小变更是指对药品的安全性、有效性或质量可控性具有微小潜在不利影响的变更。

（2）涉及注册的变更与不涉及注册的内部变更。

涉及注册的变更，即在《药品上市后变更管理办法》规定的变更范围内，需要向药品监督管理部门报送资料，注册变更管理类别根据法律法规要求和变更对药品安全、有效和质量可控性可能产生影响的风险程度，分为审批类变更、备案类变更和报告类变更，分别按照《药品注册管理办法》《药品生产监督管理办法》的有关规定经批准、备案后实施或报告。

不涉及注册的内部变更，即注册文件中无描述或在注册文件描述的范围内，无须报送药品监督管理部门批准、备案或报告的变更，只需企业内部进行审核审批就可以执行的变更。

（3）永久变更与临时变更。永久变更，即批准后将长期执行的变更；临时变更，即因某种原因而作出的临时性的改变，但随后将恢复到现有状态。

3.3.4 药品上市后变更情形

3.3.4.1 持有人变更管理

（1）申请变更药品持有人的，药品的生产场地、处方、生产工艺、质量标准等应当与原药品一致；发生变更的，可在持有人变更获得批准后，由变更后的持有人进行充分研究、评估和必要的验证，并按规定经批准、备案后实施或报告。

（2）申请变更境内生产药品的持有人，受让方应当在取得相应生产范围的药品生产许可证后，向国家药品监督管理局药品审评中心（以下简称药审中心）提出补充申请。其中，申请变更麻醉药品和精神药品的持有人，受让方还应当符合国家药品监督管理局确定的麻醉药品和精神药品定点生产企业的数量和布局要求。

药审中心应当在规定时限内作出是否同意变更的决定，同意变更的，核发药品补充申请通知书，药品批准文号和证书有效期不变，并抄送转让方、受让方和生产企业所在地省级药品监督管理部门。

变更后的持有人应当具备符合药品生产质量管理规范要求的生产质量管理体系，承担药品全生命周期管理义务，完成该药品的持续研究工作，确保药品生产上市后符合现行技术要求，并在首次年度报告中重点说明转让的药品情况。

转让的药品在通过药品生产质量管理规范符合性检查后，符合产品放行要求的，可以上市销售。

受让方所在地省级药品监督管理部门应当重点加强对转让药品的监督检查，及时纳入日常监管计划。

（3）境外持有人之间变更的，由变更后持有人向药审中心提出补充申请。

药审中心应当在规定时限内作出是否同意变更的决定，同意变更的，核发药品补充申请通知书，药品批准文号和证书有效期不变。

（4）已在境内上市的境外生产药品转移至境内生产的，应当由境内申请人按照药品上市注册申请的要求和程序提出申请，相关药学、非临床研究和临床研究资料（适用时）可提交境外生产药品的原注册申报资料，符合要求的可申请成为参比制剂。具体申报资料要求由药审中心另行制定。

（5）持有人名称、生产企业名称、生产地址名称等变更，应当完成药品生产许可证相应事项变更后，向所在地省级药品监督管理部门就药品批准证明文件相应管理信息变更进行备案。

境外生产药品上述信息的变更向药审中心提出备案。

3.3.4.2　药品生产场地变更管理

（1）药品生产场地包括持有人自有的生产场地或其委托生产企业相应的生产场地。药品生产场地变更是指生产地址的改变或新增，或同一生产地址内的生产场地的新建、改建、扩建。生产场地信息应当在持有人《药品生产许可证》、药品批准证明文件中载明。

（2）变更药品生产场地的，药品的处方、生产工艺、质量标准等应当与原药品一致，持有人应当确保能够持续稳定生产出与原药品质量和疗效一致的产品。

药品的处方、生产工艺、质量标准等发生变更的，持有人应当进行充分研究、评估和必要的验证，并按规定经批准、备案后实施或报告。

（3）境内持有人或药品生产企业内部变更生产场地、境内持有人变更生产企业（包括变更受托生产企业、增加受托生产企业、持有人自行生产变更为委托生产、委托生产变更为自行生产）的，持有人（药品生产企业）应当按照《药品生产监督管理办法》及相关变更技术指导原则要求进行研究、评估和必要的验证，向所在地省级药品监督管理部门提出变更《药品生产许可证》申请并提交相关资料。

省级药品监督管理部门按照《药品生产监督管理办法》《药品注册管理办法》及相关变更技术指导原则要求开展现场检查和技术审评，符合要求的，对其《药品生产许可证》相关信息予以变更。完成《药品生产许可证》变更后，省级药品监督管理部门凭变更后的《药品生产许可证》在药品注册备案变更系统中对持有人药品注册批准证明文件及其附件载明的生产场地或生产企业的变更信息进行更新，生物制品变更中涉及需要向药审中心提出补充申请事项的，持有人按照本办法提出补充申请。

（4）境外持有人变更药品生产场地且变更后生产场地仍在境外的，应按照相关技术指导原则进行研究、评估和必要的验证，向药审中心提出补充申请或备案。

（5）生物制品变更药品生产场地的，持有人应当在《药品生产许可证》变更获得批准后，按照相关规范性文件和变更技术指导原则要求进行研究验证，属于重大变更的，报药审中心批准后实施。

3.3.4.3　其他药品注册管理事项变更

（1）生产设备、原辅料及包材来源和种类、生产环节技术参数、质量标准等生产过程变更的，持有人应当充分评估该变更可能对药品安全性、有效性和质量可控性影响的风险程度，确定变更管理类别，按照有关技术指导原则和《药品生产质量管理规范》进行充分研究、评估和必要的验证，经批准、备案后实施或报告。

（2）药品说明书和标签的变更管理按照相关规定和技术要求进行。

（3）已经通过审评审批的原料药发生变更的，原料药登记人应当按照现行《药品注册管理办法》有关规定、《药品生产质量管理规范》、技术指导原则及本办法确定变更管理类别，经批准、备案后实施或报告。原料药登记人应当及时在登记平台更新变更信息。

变更实施前，原料药登记人应当将有关情况及时通知相关制剂持有人。制剂持有人接到上述通知后应当及时就相应变更对影响药品制剂质量的风险情况进行评估或研究，根据有关规定提出补充申请、备案或报告。

未通过审评审批，且尚未进入审评程序的原料药发生变更的，原料药登记人可以通过药审中心网站登记平台随时更新相关资料。

3.3.5 变更管理类别确认及调整

3.3.5.1 变更情形

在法律、法规或技术指导原则中已明确变更管理类别的，持有人一般应当根据有关规定确定变更管理类别。在法律、法规或技术指导原则中未明确变更管理类别的，持有人应当根据内部变更分类原则、工作程序和风险管理标准，结合产品特点，参考有关技术指导原则，在充分研究、评估和必要验证的基础上确定变更管理类别。

3.3.5.2 变更管理类别确认

境内持有人在充分研究、评估和必要的验证基础上无法确定变更管理类别的，可以与省级药品监督管理部门进行沟通，省级药品监督管理部门应当在 20 日内书面答复，意见一致的按规定实施；对是否属于审批类变更意见不一致的，持有人应当按照审批类变更，向药审中心提出补充申请；对属于备案类变更和报告类变更意见不一致的，持有人应当按照备案类变更，向省级药品监督管理部门备案。具体沟通程序由各省级药品监督管理部门自行制定。

境外持有人在充分研究、评估和必要的验证的基础上，无法确认变更管理类别的，可以与药审中心沟通，具体沟通程序按照药品注册沟通交流的有关程序进行。

3.3.5.3 变更管理类别调整

持有人可以根据管理和生产技术变化对变更管理类别进行调整，并按照调整后的变更管理类别经批准、备案后实施或报告。

其中，降低技术指导原则中明确的变更管理类别，或降低持有人变更清单中的变更管理类别，境内持有人应当在充分研究、评估和必要验证的基础上与省级药品监督管理部门沟通，省级药品监督管理部门应当在 20 日内书面答复，意见一致的按规定执行，意见不一致的不得降低变更管理类别。具体沟通程序由各省级药品监督管理部门自行制定。

降低境外生产药品变更管理类别的，持有人应当在充分研究、评估和必要的验证的基础上与药审中心沟通并达成一致后执行，意见不一致的不得降低变更管理类别。具体沟通程序按照药品注册沟通交流的有关程序进行。

3.3.6　实施流程

变更控制可能涉及药品生产企业内部的所有部门，包括生产部、质量管理部、工程部、研发部、注册部、物流部、市场部和销售部等。

3.3.6.1　变更申请

变更申请可能由上述部门的任何一位员工提出。变更申请人应详细说明变更的理由，本部门负责人同意后交质量管理部门的变更控制专人。

3.3.6.2　变更控制申请的编号

质量管理部门在接到变更申请后，由指定的变更控制专人对申请的变更根据企业变更管理规程规定的分类方法进行变更分类界定，没有明确规定的变更需要组织专业技术人员进行评估，并和省级药品监督管理部门进行沟通后确定变更类别；最后由变更控制专人并给出变更编号。

3.3.6.3　变更申请的评估和审核

一般由提出变更申请的部门负责人负责召集受影响的各部门负责人进行评估、审核，质量管理部必须派人参与评估和审核。评估和审核的内容至少应包括：

①对申请的客观评价，包括同意或不同意变更申请；

②本部门的实施计划，因实施该变更而产生的费用、产品成本的增加或降低；

③注册部门特别要说明该变更是否在启用前需要药品监督管理部门的备案或批准。

必要时由质量管理部门组织专家和部门负责人对变更项目的必要性和可能导致的风险、效果进行评估，对评估无变更价值或变更后更不利于产品质量的项目进行否决，并由质量管理部把否决意见反馈到申请部门；对于有必要变更的项目根据变更的类型、范围和要求提出具体要求，如变更属于主要变更应按照相关法规和相应的技术指导原则的要求进行变更前的研究、准备工作，制定实施计划，包括分工、负责人和完成时间。

3.3.6.4　变更申请的批准

在各相关部门评估、审核后，质量负责人给出审核评估意见，对无异议的变更申请进行批准；对有异议的变更申请进行综合评估，必要时再次召开评估、审核会议，最终由质量负责人作出是否批准的结论。不批准的变更申请由变更控制专人归档，同时将不批准的意见反馈给申请部门或申请人。

3.3.6.5   变更实施前的准备、研究工作

对于质量负责人批准的变更项目，各相关部门按照实施计划进行准备工作。

典型的准备工作可能有：

①对变更前、后的产品进行研究，证明变更后产品的重要理化性质和指标是否与变更前一致；

②药学、非临床研究和临床研究；

③工艺验证研究；

④进行变更后产品的加速稳定性试验研究，包括与变更前的产品稳定性作出比较；

⑤进行变更后产品的长期稳定性考察；

⑥制定新的管理制度；

⑦修订现有的管理制度；

⑧对员工进行培训。

3.3.6.6   变更的备案和批准

3.3.6.6.1   企业内部的批准

与产品质量有关的变更由申请部门提出后，应当经评估、制定实施计划并明确实施职责，最终由质量管理部门审核批准。变更实施应当有相应的完整记录。

3.3.6.6.2   药品监督管理部门的备案或批准

（1）审批类变更应当由持有人向药审中心提出补充申请，按照有关规定和变更技术指导原则提交研究资料，经批准后实施。具体工作时限按照《药品注册管理办法》有关规定执行。

（2）持有人应当在提出变更的补充申请时承诺变更获得批准后的实施时间，实施时间原则上最长不得超过自变更获批之日起 6 个月，涉及药品安全性变更的事项除外，具体以药品补充申请通知书载明的实施日期为准。

（3）备案类变更应当由持有人向药审中心或省级药品监督管理部门备案。备案部门应当自备案完成之日起 5 日内公示有关信息。

省级药品监督管理部门应当加强监管，根据备案变更事项的风险特点和安全信用情况，自备案完成之日起 30 日内完成对备案资料的审查，必要时可实施检查与检验。

省级药品监督管理部门可根据本办法和其他相关规定细化有关备案审查要求，制定本省注册管理事项变更备案管理的具体工作程序和要求。

（4）报告类变更应当由持有人按照变更管理的有关要求进行管理，在年度报告中载明。

（5）药审中心和省级药品监督管理部门接收变更补充申请和备案时，认为申请人申请的变更不属于本单位职能的，应当出具加盖公章的文件书面告知理由，并告知申请人向有关部门申请。

（6）国家药品监督管理局建立变更申报系统，对备案类变更、年度报告类变更实行全程网上办理。

（7）药品监督管理部门应当将药品上市后变更的批准和备案情况及时纳入药品品种档案；持有人应当在年度报告中对本年度所有药品变更情况进行总结分析。

（8）持有人和受托生产企业所在地省级药品监督管理部门应当按照药品生产监管的有关规定，加强对药品上市后变更的监督管理，对持有人变更控制体系进行监督检查，督促其履行变更管理的责任。

法律、法规、指导原则中明确为重大变更或持有人确定为重大变更的，应当按照有关规定批准后实施。与药品监督管理部门沟通并达成一致后降低变更管理类别的变更，应当按照达成一致的变更管理类别申报备案或报告。法律、法规、技术指导原则中明确为备案、报告管理的变更或持有人确定为备案、报告管理的变更，应当按照有关规定提出备案或报告。

（9）药品监督管理部门发现持有人已实施的备案或报告类变更的研究和验证结果不足以证明该变更科学、合理、风险可控，或者变更管理类别分类不当的，应当要求持有人改正并按照改正后的管理类别重新提出申请，同时对已生产上市的药品开展风险评估，采取相应风险控制措施。

未经批准在药品生产过程中进行重大变更、未按照规定对药品生产过程中的变更进行备案或报告的，按照《中华人民共和国药品管理法》相关规定依法处理。

3.3.6.7　变更跟踪、评价和实施

（1）变更控制专人对各部门实施计划的完成情况进行追踪，各部门的实施计划完成后应将其书面报告提交给质量管理部门。

（2）实施计划完成后由质量管理部门负责人评价是否达到预期效果，并对产品质量或质量管理体系产生的影响作出评价。

（3）不需经药品监督管理部门备案或审批的报告类变更，质量负责人根据质量管理部门对实施效果的评价决定批准或否决变更。在得到质量负责人的批准后，在企业内部才可以实施变更。

（4）对于需经药品监督管理部门审批或备案的变更，在企业完成相应的研究工作并在备案工作完成后或药品监督管理部门批准后，经质量负责人的确认后，在企业内部方可实施变更。

3.3.6.8　变更的反馈与评估

变更控制专人应将变更的申请、批准和实施情况及时反馈给相关部门和人员。变更效果的评估方式有很多种，常见的有：回顾周期内有无因变更而导致 OOS；大型的变更项目经验分享与回顾；对比变更实际成本与变更后的收效。

3.3.6.9　变更的归档

所有被批准实施的、被否决的变更文件以及相关资料均由变更控制专人归档。

3.4　偏差处理

3.4.1　偏差定义

偏差（deviation）是指对批准的指令（生产工艺规程、岗位操作法和标准操作规程等）或规定的标准的偏离（ICH Q7a）。

偏差管理（deviation management）是指对生产或检验过程中出现的或怀疑存在的可能会影响产品质量的偏差的处理程序。换句话说，就是依据现场、现物、现实发现问题，查找原因，制定纠正和预防措施，并通过 PDCA 循环，即计划（plan）——执行（do）——检验（check）——处理（act）来进行改进和创新，从而促进组织的整合能力和应变能力。

3.4.2　分类

根据偏差管理的范围，可将偏差分为实验室偏差和生产偏差（非实验室偏差）；根据偏差对药品质量影响程度的大小，可将偏差分为重大偏差、主要偏差和次要偏差，具体见表 18。

表 18　偏差的分类

分类	重大偏差	主要偏差	微小偏差
含义	可能对产品的质量、安全性或有效性产生严重的后果或可能导致产品报废的偏差	属于较重大的偏差，可能对产品的质量产生实际或潜在影响的偏差	对产品关键质量属性特性不大可能产生影响，亦不会使生产工艺发生漂移，不足以影响产品质量
处理措施	必须按规定的程序进行深入调查，查明原因。除必须建立纠正外，还必须建立长期的预防性措施	必须进行深入的调查，查明原因，采取纠正措施进行整改	无需进行深入的调查，但必须立刻采取纠正措施，并立即记录在批生产记录或其他GMP 受控文件中

如果企业生产工艺较简单，偏差类别较低且偏差一般能及时发现，可借助失效模式效应分析模型对偏差可能带来的风险进行评估分类，并采取相应的纠正和预防措施。在模型中，一般认为风险具备三个要素：风险发生的可能性（probability，P）、风险的严重性（severity，S）、风险的可检测性（detectability，D）。企业可以将偏差按照这三个要素定义为三个级别，见表 19。

表 19　偏差风险评估

级别	分值	可能性	严重性	可检测性
重大偏差（高风险）	3	经常发生（多于每月1次）	导致产品致命缺陷，如发生，会导致产品召回或政府的行政措施	风险不容易被发现或通过取样方能发现
主要偏差（中风险）	2	可能会发生（少于每月1次）	如发生，会导致产品质量风险	定期检查可以发现
微小偏差（低风险）	1	偶然发生（少于每年1次）	如发生，可能导致产品质量风险	能够很快发现，或有报警、在线监测，可以随时发现

偏差的风险等级划分是根据以上三要素综合考虑的结果。可通过风险优先数（risk priority number，RPN）计算：RPN=P×S×D。其中，RPN（最高）=27，RPN（中）=8，RPN（最低）=1。根据 RPN 值及出现的概率可规定：RPN ≤ 3 为低风险；4 ≤ RPN ≤ 9 时为中风险；RPN 大于 9 时为高风险，必须有完善的调查、纠正和预防措施。

在发生偏差时，可通过查看往批的生产记录确定其发生的可能性、对产品质量影响的评估以及现有风险和控制的方法，计算 RPN 值，对偏差进行分级。针对分级适用不同的偏差处理方案，采取不同的纠正和预防措施，以达到预期的效果。

出现偏差并不意味着产品要立即报废或返工，而是要对偏差进行调查，查明原因，判断偏差的严重程度、是否会影响产品质量、影响程度如何，然后再作出产品的处理决定。重要的是要在此基础上提出整改及预防措施，以避免再出现同样的错误。

3.4.3　偏差的预防

没有任何偏差发生的企业是不正常的，防止偏差发生最有效的方法是提高文件的规范性和可操作性，对相关人员进行有效的培训，避免一线操作人员违反文件规定随意操作。各部门负责人应当确保所有人员正确执行生产工艺、质量标准、检验方法和操作规程，防止偏差的产生。此外，企业还应针对发生过的偏差采取预防措施，有效防止偏差的再次发生。

3.4.4　偏差的产生范围

偏差的产生一般来自以下几个方面：

· 文件的制定及执行方面；

· 物料接收、取样、储存、发放方面；

· 生产、检验过程控制方面；

· 环境控制方面；

· 仪器设备校准方面；

· 清洁方面；

· 设施、设备、计算机及系统方面；

· 生产过程数据处理方面；

· 验证方面等。

3.4.5　实施流程

偏差的处理需经历以下六个阶段。

3.4.5.1　对事件的报告

偏差发现的人以口头、书面汇报方式在规定时间（24小时）内向其直接领导报告偏差情况，由主管或相关人员随后撰写生产偏差事件报告。部门内部进行最初的风险评估并立即采取纠正措施，确定唯一的生产偏差的跟踪编号。

3.4.5.2　偏差事件报告的评估

偏差事件发生部门负责人上报给质量保证人员，质量保证人员通过与发生偏差的部门经理及相关人员沟通后进行偏差确认，评估和批准最初的风险评估及采取的应急处理措施；确认偏差涉及的物料或产品的隔离方式，避免发生偏差的物料或产品发生混淆或误用；对偏差进行进一步确认。质量管理部门需评估过去一个月中是否发生过类似事件。如发生过，过去事件的事件报告号需记录。如果当前事件在一定时间内多次发生，应对该事件进行评估以确认是否需要深入调查。

3.4.5.3　偏差事件报告的批准

质量管理部门负责人作为事件报告的批准人，利用质量分析工具审核并评估时间报告，以确认以下事实：

①偏差问题得到了充分和适当的评估；

②结论合乎逻辑并有调查资料支持；

③建议的行动得到落实，确定了根本原因。

质量管理部门将事件报告分类，并在规定的工作日内完成事件报告的评估和批准。

3.4.5.4　主要偏差和重大偏差的调查

偏差调查组通常由技术部门、工程部门、生产部门和质量管理部门组成，调查组织应拥有足够的知识实施调查。重大偏差应当由质量管理部门会同其他部门进行彻底调查，并有调查报告。偏差调查报告应当由质量管理部门的指定人员审核并签字。

偏差调查是确定产生偏差根本原因的过程，应紧密围绕人、机、料、法、环五个关键要素以鱼骨图方式及 5Why 方法等为调查工具进行逐一排查。

3.4.5.5　根本原因分析及纠正预防措施的制定

首先需要对相关的文件进行回顾，其中包括取样记录、批记录、清洁记录、设备或仪器的维护记录，涉及的产品、物料、留样，评价对比此前（后续）批号潜在的影响，相关 SOP、质量标准、分析方法、验证报告、产品年度质量回顾报告、设备校准记录、预防维修计划、变更控制，稳定性考察结果趋势、曾经发生过的类似的不符合事件趋势，必要时应对相关供应商进行审计等。通过排查确定不可能原因并给出充分的理由，逐步缩小范围，找出并记录最可能的根本原因，提出解决方案和预防纠正措施。附上确定和排除某些原因相应的文件和收集资料；如果原因不确定，需要记录所有可能的原因并进行趋势分析。

3.4.5.6　调查报告的审阅和批准及采取措施有效性的评估

相关部门负责人应审阅调查报告；质量管理部门应指定人员审核并签字；质量负责人负责主要偏差和重大偏差的最后审阅和批准。各类人员职责详见表 20。

表 20　偏差处理过程中各人员职责

人员	职责
所有职员	接受偏差调查程序相关的培训课程；按照偏差调查程序规定时限上报直接主管、技术支持部门或质量管理部门人员、质量受权人，不得私自隐瞒偏差或对偏差进行处理
调查小组	整理收集适用于调查的支持性文件及记录；对有偏差的批次、设备、仪器或工艺进行影响性分析并提出可行性方案
质量管理部门	管理偏差报告和调查系统；负责质量偏差管理文件，制定不同类型偏差的处理规程和时限；在调查过程中与调查组长协作；协助调查组对调查的范围和对产品的影响进行再评估；批准采取的纠正措施，确保纠正措施符合法律法规的要求；批准调查报告；审阅、评估调查延期完成的合理性；对产品、系统、仪器设备的处置作出决定；审核并批准跟踪及预防措施报告
管理层	确保需立即采取的措施的有效完成，包括隔离整批或部分批次的产品、停止生产操作；为调查和措施跟踪提供足够的、合格的资源，包括调查人员和调查团队

偏差调查的结果有两种可能：一种是偏差调查发现明确的原因，另一种是发现可能的原因。对于明确的原因要采取纠正与预防措施，对于可能的原因也应采取纠正与预防措施并在后期的质量管理中予以回顾评估。

3.4.6　实验室偏差管理

一般来说，必须假定在生产过程中质量保证系统能够确保一个给定产品（验证过的生产程序）的质量。质量控制部门按照设定的（申报的）标准来对产品的质量进行检验。检验的结果会导致产品批准或返工或拒收等。检验结果超标调查所讨论的检验不仅仅针对成品，还涵盖原料、辅料、包装材料、生产过程控制、中间体及环境监测（如洁净区、工艺用水监测等）和稳定性考察样品等一切和药品质量有关联的检验。

对实验室分析结果调查是判断产品是否放行于市场或从市场中可能召回的依据之一，即使最终判断为非产品原因，亦可以指导实验室发现实验过程缺陷，进行整改并采取相应的预防措施。

企业应进行检验结果超标（out of specification，OOS）调查和相应改进措施的有效性评估和趋势分析，并及时向公司管理层报告和在企业内部进行沟通，推动公司质量管理体系的持续改进。

实验室异常的检验结果包括 OOS 和 OOE（out of expectation，非期望结果），而 OOT（out of trend，超出趋势的实验结果）为 OOE 的一种。

①超出质量标准的实验结果 OOS 是指结果超出设定质量标准（超标）。其中包括注册标准以及企业内控标准。OOS 来源包括分析错误、产品错误、样品错误、未知错误。

②超出趋势的实验结果 OOT 是指结果虽在质量标准之内，但是仍然比较反常，与长时期观察到的趋势或者预期结果不一致。

③异常数（AD）是指超出标准及超趋势以外的异常数据或来自异常测试过程的数据或事件。例如：仪器设备停机，人为差错，系统适用性不合格，样品或样品溶液异常等产生的数据或事件。

④非期望结果 OOE 是指实验结果超过历史的、预期的或先前趋势的一个或一系列结果。这类结果并未超标。

以下类别的结果均称为非期望结果：对于同一制备的样品重复测定结果或重复制备的样品的结果显示不良的精密度，即精密度不符合规定的可接受限或基于对实验物料、实验室样品或实验规程的了解，该精密度不能满足要求（包括该结果符合质量标准，但不是正常的值）。

3.4.6.1　实验室偏差处理程序

以超标结果 OOS 调查为例，介绍实验室偏差处理程序。

（1）实验室结果的鉴定：确认 OOS 结果是否源于检验过程出现的偏差。调查应该包括对实验室分析数据准确性的初始评估，分析过程中是否存在明显错误就是其中的一部分。

实验者对于每一个分析结果都须对照相应的质量标准和历史趋势进行评判，以断定是否为超标或超出趋势结果。如有异常数据发现，需立即报告相关责任人，并保留所有样品、标准品、玻璃仪器、试剂和样品溶液直到实验室调查批准总结为止。

（2）实验室调查：实验室通过调查，以证明是否为明显的分析错误。

①计算错误：重新进行计算，以确定是否为计算错误。如必要，重新进行计算公式验证。如确定为分析错误，必须在分析文件中改正，改正后的结果为最终结果。

②样品调查：检查原始样品（包括外观、标签及包装、储存条件，并与同时检测的其他批次的样品比较），同时对取样过程进行调查（包括取样环境、取样方法、取样工具和取样人员的操作过程等），以确定原始样品是否具有代表性。如确定为样品问题，则初始结果及原始样品判为无效，需重新取样测定。如果根本原因可以清晰地确定不是来自原始样品，取样部分的调查可以取消。

③实验室分析过程及相关调查：复核实验文件，确认实验过程及方法是否正确，确认实验是在现行版实验方法规定的条件下进行，且系统适用性在有要求的情况下符合要求；检查色谱和光谱等原始数据是否有异常或可疑的信息；确认使用仪器已经过校准且操作正确，包括可能会对结果有影响的仪器软件的核实；确认正确的操作参数或设定；确认试剂、溶剂和标准品使用正确，且在效期内；溶液正确制备；检查玻璃容器中剩余溶液的性质和体积，并检查所用容器是否使用正确并没有可见的污染；评估实验者的培训历史和经验；复测包括原始制备的溶液或进样溶液（如果调查需要），或者是新制备的溶液或进样溶液（如果原始溶液不再有效）；评估与 OOS 或异常数据同时检测的所有批次。收集该产品的历史数据（一般推荐该批次附近的 10 个连续批次的数据或两年的历史数据）并评估，以确认是否有趋势或相关的问题。

经过以上初始调查，应得到明确的结论证明 OOS 是否为明显的实验室错误引进，否则需进行下一步的调查。

（3）实验室进一步调查：以证明异常结果是否为实验室原因或者是产品缺陷。多倍量样品的复检一般应用于此阶段调查，推荐 3 倍量，应提前在文件中规定。此复检应有专人复核，适当的话可使用同一仪器设备进行复检。所用样品必须是初始样品（如不能证明初始样品无效）。除中间控制实验室为生产程序需要立即进行复检外，其他复检必须由相关责任人批准后进行。

①原样复检，对部分数量的初始样品进行复检：对最初所用的相同的样品进行复检，并重复对样品的处理过程（初始称量），但应由另一检验员来执行。一旦 OOS 结果被证实，那么这一批次的产品须被判为缺陷产品。但如果 OOS 结果未被证明，那么可以认为第一次的结果是无效的，并由新的数据来取代。

②再取样，对本批新样品进行检测：当第一次的复检结果显示与原检测结果的差异很大，则在这种特殊情况下，可能会需要重复取样，其测试方案也应该同样提前得到批准。

③对新数据进行计算：复检时每个样品的检验结果应分别评估，不能平均，以便找到 OOS 的可能原因。只有在特殊情况下才可以求平均值，如生物学检测。当检测混合物时，不允许进行求平均值来处理数据。对同一样品溶液的多次进样结果的平均值可以作为一个结果数据。如果多次测定所获得的结果有符合标准的也有不符合标准的，那么即使平均值符合标准也应对 OOS 结果进行调查来澄清原因。

④结果评估与结论：实验室调查中所有结果的状态都必须记录和评估并为最终的产品放行或否决提供一部分依据。批产品质量的评估是基于调查结果和是否通过批准。如果发现 OOS 数据的某个原因会导致该数据无效，那么它将不能够用于批次评估。如果 OOS 结果显示产品质量是受损的（即 OOS 被证实），那么在做出放行决定时就必须仔细考虑。一个被证实的 OOS 结果必将导致批次产品被拒绝或销毁。

当确认不是实验室的检验失误造成 OOS，确实是产品的质量 OOS 后，应立即报告上级将 OOS 的调查阶段移交给生产部门并详细、全面地填写调查报告，关注检验中的异常现象和数据，积极地为其他部门的调查提供依据和线索，协助生产部门进行深入调查，查明产生 OOS 的真实原因。

⑤纠正和预防措施：预防措施必须基于调查的结果而采取，从而防止更多 OOS 结果的发生。当确认是实验室的检验失误造成的 OOS 后，应立即报告并填写调查报告和立即启动纠正和预防措施程序，重新出具正确的检验报告。

⑥趋势追踪：企业应当保留 OOS 事件调查的完整记录，所有调查过程中产生的任何原始记录和数据都必须与调查报告同时保留。对 OOS 结果的追踪活动之一就是定期对有关案例进行回顾，推荐至少每年进行回顾和统计。

案例分析

【案例 1】

偏差事件举例

1　偏差事件描述

我公司于××××年××月××日上午××:××突发停电状况,受影响部门包括:注射剂工程部、注射剂生产车间、QC 实验室、仓库。在停电过程中,注射剂生产车间、注射剂工程部、QC 实验室,立即对相应的设备及受影响的物料和产品采取了应急措施。

1.1　受影响的物料/产品/设备

1.1.1　注射剂工程部

空调系统:A 级区空调机组(编号:××××-1/4)、B 级区空调机组(编号:×××-2/4 和×××-3/4)、C 级区空调机组(编号:×××-4/4),以上空调机组用于控制注射剂生产车间的洁净区;C/D 级区空调机组(编号:××××-1/1),用于控制 QC 微生物实验室的洁净区。

公用介质系统:纯化水、注射用水、纯蒸汽、洁净压缩空气的制备和循环系统,它们为全厂区各个使用部门提供相应介质。

1.1.2　注射剂生产车间

车间所有设备停止运行时,车间正在进行批号为×××××××的产品灌装,此刻灌装部件已安装完成,正在进行生产前 100% 称重的校准,校准过程中灌装了 20 瓶合格产品,合格产品为全压塞状态,且处于灌装机输送轨道上。同时,车间其他岗位无活动。

1.1.3　QC 实验室

QC 理化实验室:稳定性试验箱(编号:QC-×××、QC-×××)、GC(编号:QC-×××)、HPLC(编号:QC-×××)。

QC 微生物实验室:微生物实验室正在对无菌检测用隔离器(编号:QC-×××)进行 VHP 灭菌(隔离器内放置批号为×××××××的产品)。此时,VHP 灭菌程序已运行到最后一个排风阶段。同时,其他房间未进行检测活动。

1.1.4　仓库

常温库/阴凉库中存储的物料。

1.2　应急处理措施

1.2.1　注射剂工程部

立即通知各部门做好停电安全排查工作。工程部门立即组织人员检查停电原因,检查内部供电系统是否存在异常，同时打电话咨询当地供电局查询供电情况。经确认，停电原因是旁边公司在扩建施工过程中，施工方在施工安装配电箱接地极时，不慎将埋地供电电缆穿爆，造成电缆短路，引起断路器跳闸，致使附近片区全部停电，抢修线路所需时间暂不确定。

空调系统：关闭相应的阀门，切断空调系统电源，防止来电后未经确认即启动。

公用介质系统：关闭所有阀门，切断系统电源。

1.2.2　注射剂生产车间

人员立即停止所有生产操作，关闭所有设备，防止来电后未经确认即启动。之后，人员退出洁净区，注意关好相应的门。

1.2.3　QC实验室

立即统计停电发生时QC实验室正在进行的试验情况，具体如表1所示。

表1　停电发生时QC实验室正在进行的试验

部门	采取的应急措施
QC理化实验室	（1）GC（编号：QC-×××）、HPLC（编号：QC-×××）：均配有UPS电源，UPS电源能额外供电约1小时。立即要求：试验人员按照SOP中规定的异常情况处理措施进行关机准备，立即停止所有的运行序列，对色谱仪和色谱柱进行初步冲洗后关机，同时做好相应的记录；统一废弃停电发生后未进样或未完成进样的样品，并在仪器使用记录上备注原因 （2）稳定性试验箱（编号：QC×××-01）：正在进行批号为×××××××产品的加速试验，加速试验条件为（40±2.0）℃、（75%±5%）RH；稳定性试验箱（编号：QC×××-02）：正在进行批号为×××××××产品的长期稳定性试验，长期试验条件为（25±2.0）℃、（60%±5%）RH。虽然这些试验箱无UPS电源，但是每台试验箱内部放置了作为日常检测用的第三方的无线温湿度探头（该无线探头自带数据存储功能，能够存储10 000组数据） （3）2~8℃冰箱（编号：QC-×××）：虽然无UPS电源，但是每台试验箱内部放置了作为日常检测用的第三方的无线温湿度探头（该无线探头自带数据存储功能，能够存储10 000组数据） （4）其他仪器：统一关闭电源，并拔掉插头
QC微生物实验室	正在进行无菌检测用隔离器（编号：QC-×××）的VHP灭菌（隔离器内放置批号为××××的产品），VHP灭菌失败。之后，人员退出洁净区，注意关好相应的门

1.2.4　仓库

仓库所存储的原料（辅料）储存在阴凉库中，包材存放在常温库中。发生停电时，仓库日常监控位置放置了温度记录器（自带电池，可供长时间使用，并且可存储数据10 000组）。停电发生后，由两个仓库人员分别在阴凉库和常温库中确认每个检测点的温度记录器是否正常工作，对不能正常工作的温度记录器，及时更换为校验合格的备用温度记录器。

2　偏差调查报告

我公司于××××年××月××日上午××：××突发停电，经调查确定原因：旁边公司在扩建施工过程中，施工方在施工安装配电箱接地极时，不慎将埋地供电电缆穿爆，造成电缆短路，引起断路器跳闸，致使附近的片区全部停电。经抢修，于××月××日上午××：××恢复供电，停电时间共计 1.5 小时。停电对我公司的注射剂工程部、注射剂生产车间、QC 实验室、仓库均造成了一定的影响。同时，停电发生后，我公司各部门立即采取了必要的应急措施。

2.1　偏差影响及风险评估

2.1.1　注射剂工程部

2.1.1.1　空调系统

空调系统没有正常运行，无法维持洁净区的环境，由于停电发生时注射剂生产车间正在进行生产，因此，造成该批产品无法进行再生产。同时，洁净区环境无法维持，不能保证产品的无菌性。因此，给生产造成了严重影响。

QC 微生物实验室的洁净区正在进行无菌检测用隔离器的 VHP 灭菌，洁净区其他房间未进行样品检测。此时 VHP 灭菌程序已运行到最后一个排风阶段，停电后导致隔离器无法保持密闭，过氧化氢会泄漏至房间。

同时，空调系统无法运行，导致过氧化氢无法排除出房间，对人员安全造成严重影响。

2.1.1.2　工艺用水系统

由于停电，纯化水、注射用水和纯蒸汽的制备、循环系统均不能运行。同时，注射用水系统的温度也得不到有效维持（可能低于 70℃）。停电时间过长，可能导致水系统内微生物的滋生，进而影响到工艺用水质量，停水时间接近 2 小时，造成的风险较大。

2.1.2　注射剂生产车间

注射剂生产车间正在进行生产，灌装部件安装完成，正在进行生产前 100% 称重的校准，校准过程中灌装了 20 瓶合格产品，停电导致设备无法运行，无法维持产品生产所需的洁净环境。因此，产品的无菌性无法得到保证，对该批产品生产造成严重影响，生产终止。其他岗位无活动，故影响较小。配液罐中未灌装药液，因停电无法维持设备运行所需的条件，且停电时间较长，无法评估其对配液罐中药液造成的影响。因此，将配液罐中的药液做报废处理。

2.1.3　QC 实验室

2.1.3.1　理化实验室

2.1.3.1.1　GC（气相）/HPLC（液相）

GC（编号：QC-×××）、HPLC（编号：QC-×××），均配有 UPS 电源，UPS 电源能额外供电约 1 小时，已立即要求试验人员按照 SOP 中规定的异常情况处理措施进行关机准备，停电前已经完成的运行序列，所有结果均不受影响；统一废弃停电发生后未进样或未完成进样的样品，并在仪器使用记录上备注原因，停电发生后未进样的样品结果也不受影响。但是如果样品存放时间过长，可能会变质，如果来电后直接检测，可能影响最终测试结果的准确性。对停电发生时正在进行分析的样品，立即停止所有的运行序列，对色谱仪和色谱柱进行初步冲洗后关机，同时做好相应的记录，由于分析未完成，结果只能作废，影响较小。此外，由于 UPS 电源额外供电仅有 1 小时，色谱仪和色谱柱的冲洗可能不到位，时间长了可能导致污染物附着在色谱仪和色谱柱上，进而影响到色谱仪及色谱柱的使用寿命，因此会对色谱仪和色谱柱产生一定影响。

2.1.3.1.2　稳定性试验箱

稳定性试验箱（编号：QC×××–01）正在进行批号为 ××××××× 产品的加速试验，加速试验条件为（40±2.0）℃、（75%±5%）RH；稳定性试验箱（编号：QC×××–02）正在进行批号为 ××××××× 产品的长期稳定性试验，长期试验条件为（25±2.0）℃、（60%±5%）RH。每台试验箱内部放置了作为日常检测用的第三方的无线温湿度探头（该无线探头自带数据存储功能，能够存储 10 000 组数据）。由于无 UPS 电源，停电可能导致试验箱内的温湿度出现偏移。来电后，通过查看无线温度探头数据，发现 ××：×× ~ ××：×× 时间段内的温湿度出现了偏移，由于偏移时间较短、偏离范围较小，所以对稳定性试验结果造成的影响较小，对稳定性试验样品质量的影响较小。

2.1.3.1.3　2～8 ℃冰箱

2～8 ℃冰箱（编号：QC-×××），每台试验箱内部放置了作为日常检测用的第三方的无线温湿度探头（该无线探头自带数据存储功能，能够存储 10 000 组数据）。

由于无 UPS 电源，停电可能导致冰箱内的温湿度出现偏移。来电后，通过查看无线温度探头数据发现 ××：×× ~ ××：×× 时间段内的温度超过了 8 ℃，最高至 ×× ℃，冰箱里存放的样品，包括批号为 ××× 的含量样品、批号为 ××× 的内毒素样品，均超过了 8℃，对内毒素样品的影响较小。经查阅，发现批号为 ××× 的含量样品的稳定性较好。因此，停电对冰箱内样品造成的影响较小。

其他仪器：统一关闭电源。

2.1.3.2　微生物实验室

微生物实验室正在进行无菌检测用隔离器（编号：QC-×××）的 VHP 灭菌（隔离器内放置批号为 ×××××× 的注射用 ××× 产品）。此时 VHP 灭菌程序已运行到最后一个排风阶段，停电导致 VHP 灭菌失败，由于未进行无菌检测，因此对该批产品的无菌检测结果无影响。

其他房间未进行检测活动，亦无影响。

2.1.4　仓库

仓库所存储的原料（辅料）储存在阴凉库中，包材存放在常温库中。停电后，经仓库人员现场确认后，各日常监控温度探头正常运行。来电后，通过监控软件，查看停电期间温度记录器中检测到的数据。经确认，常温库和阴凉库的温度均未超过标准，因此对物料影响较小。

2.2　制定 CAPA（纠正与预防措施）

针对上述停电偏差调查情况，我公司制定了相应的 CAPA，具体如表 2 所示。

表 2　停电偏差的 CAPA

序号	措施	责任人 / 部门	完成时间
1	公司购买备用电源，在突发停电的情况下能迅速切换至备用电源供电	×××/注射剂工程部	×××××/××
2	来电后，开启空调	×××/注射剂工程部	×××××××
3	来电后，将水系统的水全部排空；重新制水后，对水系统进行消毒处理，然后排空重新制水	×××/注射剂工程部	×××××××
4	来电后，对受影响的色谱仪及色谱柱重新进行处理，使系统柱压、流速均恢复正常	×××/QC 实验室	×××××××
5	未完成的样品序列重新制备样品，在系统平衡后，进行系统适应性试验，符合要求后再进样检测	×××/QC 实验室	×××××××
6	购买 UPS 电源，防止突然断电造成的影响	×××/QC 实验室	×××××××
7	恢复洁净区环境，空调系统正常运行 30 分钟以上，以保证过氧化氢排除干净，之后实验室用手持式过氧化氢浓度测试仪，确认无菌检测房间的过氧化氢残留浓度 < 10⁻⁶，实验室人员开始对洁净区进行非常规消毒	×××/QC 实验室	×××××××
8	对无菌检测用隔离器进行清洁	×××/QC 实验室	×××××××
9	对制剂车间所有水使用点及总送水口、总回水口取样进行全检	×××/QC 实验室	×××××××
10	对制剂车间所有洁净压缩空气进行取样检测	×××/QC 实验室	×××××××
11	QC 人员对非常规消毒后的洁净区进行取样	×××/QC 实验室	×××××××

续表

序号	措施	责任人 / 部门	完成时间
12	恢复洁净区环境，对洁净区进行非常规消毒	×××/ 注射剂生产车间	××××/××/××
13	拆除灌装部件，退出灌装间，进行清洗	×××/ 注射剂生产车间	××××/××/××
14	将配液罐中未灌装的药液排放至指定容器内，对所有相关管路进行 CIP/SIP	×××/ 注射剂生产车间	××××/××/××
15	将收集到的药液送至指定的废液处理中心	×××/ 注射剂生产车间	××××/××/××
16	常温库和阴凉库增加验证补充方案，增加断电实验，确定断电时间内常温库和阴凉库的影响情况	×××/ 仓库、 ×××/ 验证部	××××/××/××

由 QA 部门跟踪制定 CAPA 的完成情况，并及时汇总数据，在所有相关 CAPA 执行完成后，可以考虑再次进行风险评估，根据对应的 CAPA 完成状况及结果，证明风险整体可控。

虽然停电偏差的原因调查很简单，但是制定偏差的应急处理措施及描述各部门相关仪器、设备、人员所处状态等的工作量却很大。QA 部门在处理该偏差时，需考虑到各个部门相关仪器、设备、人员所处的状态及信息的准确描述。这样在制定 CAPA 时，就可以与之前的偏差调查形成对应，以免遗漏制定相应的 CAPA。

【案例 2】

偏差处理标准管理规程

1 目的

建立偏差处理的管理规程，确保偏差得到有效的调查和评估，使偏差处理措施得到批准并实施。

2 适用范围

适用于与原料、产品、工艺过程、程序、标准、厂房设施，环境控制，计量校准，以及与质量相关的涉及 GMP 和 SOP 执行的所有偏差。

3 责任

质量管理部、生产部、物流部、工程部、行政人事部、采供部、市场管理部。

4 内容

4.1 偏差

任何与产品质量有关的异常情况，如：原料、产品检验结果超标、产品储存异常、设备故障、校验结果超标、环境监测结果超标、客户投诉等；以及与药品相关法律法规或已批准的标准、程序、指令不相符的意外（偏差事件）。

4.2　任何偏差评估其对产品质量的潜在影响

对重大偏差的评估考虑是否需要对产品进行额外的检验以及对产品有效期的影响，必要时，对涉及重大偏差的产品进行稳定性考察。

任何偏离生产工艺、物料平衡限度、质量标准、检验方法、操作规程等的情况均有记录，并立即报告主管人员及质量管理部门，有清楚的说明，重大偏差由质量管理部门会同其他部门进行彻底调查，并有调查报告。偏差调查报告由质量管理部门的指定人员审核并签字。

4.3　偏差分类

4.3.1　根据偏差管理的范围分类

根据偏差管理的范围可将偏差分为实验室偏差和生产偏差两类。

4.3.2　实验室偏差

指与检验过程相关的因素所引起的检验结果偏差。包括取样、样品容器、存放条件、检验操作、计算过程等问题引起的偏差。

OOS（out of specification）：超标结果，是指实验结果不符合法定质量标准或企业内控标准的结果，包括稳定性研究中产品在有效期内不符合质量标准的结果。同一制备样品的重复检验结果或重复制备样品的检验结果显示不良的精密度。基于对检验仪器、检验样品或检验方法的认识，实验结果超出正常的范围。

4.3.3　非实验室偏差

指在排除实验室偏差以外的由于其他任何因素所引起的对产品质量产生实际或潜在的影响的偏差。

非实验室偏差又可分为：非生产工艺和生产工艺偏差。

非生产工艺偏差：是指因操作工未按程序操作，设备故障，生产环境或错误投料等原因所引起的对产品质量产生实际或潜在的影响的偏差。

生产工艺偏差：是指因工艺本身缺陷引起对产品质量产生实际或潜在的影响的偏差，即使人员操作、设备和物料完全正确也不可避免。

4.4　偏差的分级

4.4.1　重大偏差

违反质量政策或国家法规，危及产品安全及产品形象，导致或可能导致产品内（外）在质量受到某种程度的影响，以致产品整批报废或成品收回等后果。

4.4.2　主要偏差

导致或可能导致产品内（外）在质量受到某种程度的影响，造成返工等结果。

4.4.3　次要偏差

不会影响产品质量，或临时性调整。

4.5　偏差的种类（举例）

- 检（化）验结果超标：原料、中间产品、成品检（化）验结果超出标准。

- 中控项目检查超出标准要求。

- 混淆：两种不同的产品/不同版本/同种不同批号的产品，或同种（同批）而用不同的包装材料的产品混在一起。

- 异物（有形）：在原辅料、包装材料、成品或生产包装过程中发现的异物。

- 潜在的污染：如不能正确清除，可能导致产品的污染。

- 过期的物料（设备）：半成品超过程序规定的储存期限，使用了超出校验期的设备。

- 设备故障/过程中断：因设备故障导致产品缺陷或潜在威胁。

- 生产中断：因动力原因（停电、汽、水）导致流程中断。

- 环境：与药品生产相关的空调系统、厂房设施的防尘设施、防止蚊虫或其他动物进入设施、照明设施的故障，以及洁净区尘埃粒子、沉降菌检测超限，生产车间人员、空气、地面、墙面环境检测指标超限、温湿度控制超限、压差超限等偏差事件。

- 校验/预防维修：设备仪器校验不能按计划执行，或在校验过程中发现计量结果超出要求范围；预防维修未按计划准时执行或在预防维修中发现设备关键部位问题影响已生产产品质量的情况。

- 包装缺陷：包装设计缺陷。

- 客户投诉：涉及生产过程控制及产品质量的投诉。

- 文件记录缺陷：使用过期文件，记录不规范，文件丢失。

- 未按规程执行：违反批准的程序、生产指令。

- 人员失误：人为失误导致产品质量问题、未能按正常程序执行，系统录入错误等。

- 旧版包装材料、零散物料：零散物料指生产过程中发现零散不合格的包装材料。

- 其他：未列入以上的偏差。

5　偏差根本原因类别

5.1　人员/实施

违反 SMP、SOP 进行操作，未经批准修改工艺参数，记录填写（修改）不规范等导致偏差发生。

5.2 设备（设施）

由于生产（实验室）设备和设施。如动力运行故障、设备、仪器故障；或对设备／设施／系统的检测未能如期执行或检测结果超标等导致偏差发生。

5.3 产品（物料）

原辅料（包装材料）检验不合格，或虽检验合格，但在使用过程中发现异常，导致的偏差。

5.4 文件（记录）

现有的 SMP、SOP、质量标准等存在的缺陷导致的偏差。

5.5 环境

因外界环境导致的偏差。

5.6 其他

6 职责

6.1 偏差报告人员（或部门）

负责及时、如实报告偏差；协助调差偏差的原因；执行纠正及预防措施的实施。

6.2 偏差涉及的相关部门

配合调查偏差的原因；提出处理意见及纠正预防措施，并提供相应的书面支持文件。

6.3 偏差处理小组

负责讨论并制定偏差所涉及的物料或过程处置建议以及相应的纠正预防措施原因，小组一般由质量管理部、生产部、物流部、工程部相关技术人员组成。

6.4 质量管理部 QA

评估偏差的风险等级并确定其所涉及的相关部门，组织调查偏差产生的原因，跟踪纠正预防措施的实施并评估实施效果；决定偏差所涉及的物料或过程的处理方法；负责所有相关文件的编号，下发及存档，负责偏差的汇总分析汇报。

6.5 QA 主管

对次要风险等级的不符合事件的终审。

6.6 质量管理部负责人

对主要风险等级的不符合事件的终审。

7 规程

7.1 偏差的报告

7.1.1 偏差由发现人填写《偏差报告单》，详细描述偏差事件的内容

内容包括：产品、原料或机器名称，批号、设备编号、工序等，偏差发生的时间、地点、过程、种类及可能的原因等。若需采取不使情况进一步恶化的步骤，提出

应急方案，立即通知部门主管和 QA 人员，经确认后，执行相应应急措施并记录。

7.1.2　发现偏差后应立即停止生产

对偏差涉及到的物料、在线产品、半成品、成品或设备进行隔离，避免有问题的物料混淆或误用。可采用更换房间状态卡、移入待定区域等方法，部门管理人员对上述过程应进行监督。QA 人员对上述过程进行确认并签字。

8　偏差的处理

QA 偏差处理人，接到上述《偏差报告单》后首先进行编号，启用《偏差处理单》以便追踪。

8.1　编号方式

××–部门编码和流水号–年份，其中部门编码用两位字母表示，流水号从 001 开始，年份用四位数表示，例如："××–PM001–××××"表示生产部 ×××× 年度发生的第一个偏差。

8.2　偏差编号字母说明

AD：行政人事部。

QA：质量保证部。

QC：质量控制部。

EM：工程部。

MM：物流部。

PM：生产部。

MA：市场管理部。

PU：采供部。

9　偏差的调查及分析

9.1　QA 检查员确认偏差风险等级

如为次要偏差，QA 检查员对发现部门意见措施进行评价，并监督落实情况，确认后交 QA 主管批准。如为主要偏差和重大偏差，由 QA 组织相关部门技术人员组成偏差小组召开紧急会议评估对产品或过程的潜在影响，对偏差进行调查，确认偏差根本原因以及预防措施，同时调查相关批次产品（或物料）的分析，详细记录其评估过程。偏差小组人员签字。

9.2　偏差小组对该偏差的根本原因进行调查

• 与偏差发生过程中涉及的人员进行面谈。

• 围绕人、机、料、法、环等关键要素调查，主要包括：文件的制定及执行；物料的接收、取样、储存、发放；生产、检验过程的控制；环境控制、仪器设备校验、清洁、设备设施的计算机系统、生产过程数据处理等。

• 回顾相关的 SOP、质量标准、分析方法、验证报告、产品年度回顾报告、设备校验记录、预防性维修计划、变更控制等。

• 复核涉及批号的批记录、清洗记录、设备维修记录及预防性维修记录。

• 设备（设施）检查机维修记录。

• 复核相关的产品／物料／留样。

• 回顾相关的投诉趋势、稳定性考察结果趋势、曾经发生过的类似不符合事件趋势。

• 评价对此前（后续）批号潜在的质量影响。

• 若调查发现有可能与本批次前后的产品有关联时，则应立即通知质量管理负责人，停止相关批次的放行。

9.3　QA 检查员对上述各方面的调查结果进行汇总分析

确定根本原因或最可能的原因，调查时限为自发现日起 7 个工作日内，若超时需注明原因（对于某些复杂的调查，可根据情况适当延长），将产生的根本原因填好后连同调查报告一并交 QA 主管确认。

10　偏差处理的一般措施

• 确认不影响产品最终质量的前提下可继续加工或重新加工（需加强质量监控）。

• 确认不影响产品最终质量的前提下采取回收或补救措施。

• 确认可能影响产品质量或不能确认不影响最终产品质量应销毁或报废。

11　偏差的最终处理

偏差调查结束后，根据调查报告阐述的根本原因制定相应的纠正预防措施，确定措施实施的执行人和预期完成时间。偏差发生部门积极组织整改。

12　纠正及预防措施的确认

12.1　由质量负责人对偏差进行终审

12.2　纠正及预防措施的追踪及结案

• 纠正措施的实施部门在措施完成后，将实施情况及实施结果报告本部门主管，签字确认后交 QA，QA 负责对纠正措施的完成情况和实施效果进行跟踪确认。偏差批准人依照纠正措施的实施效果决定产品的处置。

• 预防措施的实施部门在措施完成后，将实施情况及实施结果报告本部门主管，签字确认后交 QA，QA 负责对预防措施的完成情况和实施效果进行跟踪确认。偏差批准人最终确认后关闭该偏差。

• QA 对未按期完成的纠正及预防措施通知责任部门和公司高层。

13　"偏差处理单"跟踪完毕

由 QA 复印下发至相关部门，原件按编号存档。

14 偏差相关资料

如调查报告、实施报告、确认总结及其他支持文件，连同偏差处理单按编号存档。

15. 偏差的管理

• 偏差的处理时限：终审原则上应自发现之日起7个工作日完成；特殊事件，则审批事件可根据需要延迟。

• QA每月将偏差进行汇总分析，并定期对偏差进行回顾评估所采取措施的有效性。

• 质量管理部负责偏差的分类，保存偏差调查、处理的文件和记录。

16 偏差处理标准管理规程流程图

17 相关文件

• 《偏差处理单》

• 《偏差报告单》

• 《偏差登记台账》

18 文件变更记录

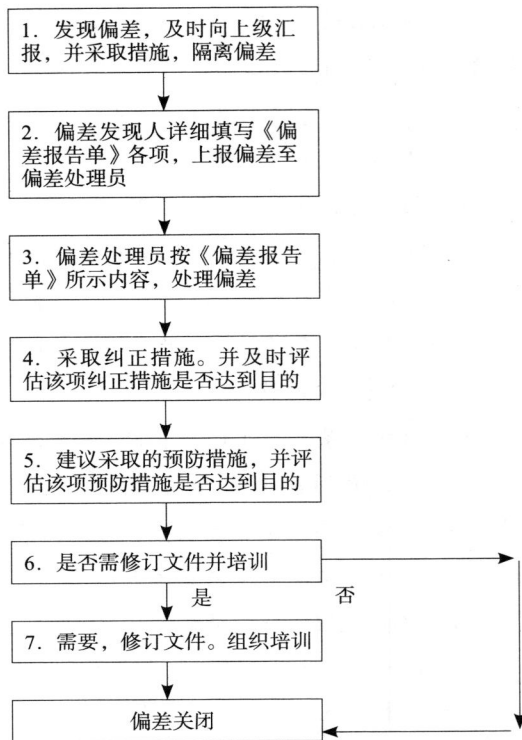

偏差处理标准管理规程流程图

版本号	生效日期	变更内容	变更情况

3.5 纠正及预防措施

3.5.1 定义

纠正措施（corrective action）是指消除已发现的不符合和不良原因所采取的措施，防止问题再次出现。

预防措施（preventive action）是指消除潜在的不符合或其他隐患所采取的措施，防止问题出现。

纠正措施与预防措施的本质区别在于：预防是用来防止事情发生的，而纠正是用来防止事情再发生的。纠正措施和预防措施（CAPA）是企业持续改进的有效工具，其内容主要包括对具体问题的补救性整改措施；通过对问题根本原因的分析，解决偏差发生的深层次原因，并采取措施预防类似问题的再次发生；对预防措施进行跟踪，评估实施效果。

3.5.2　实施流程

企业应当建立并实施的纠正和预防措施操作规程的内容应至少包括：

• 对投诉、召回、偏差、自检或外部检查结果、工艺性能和质量监测趋势以及其他来源的质量数据进行分析，确定已有和潜在的质量问题。必要时，应当采用适当的统计学方法；

• 调查与产品、工艺和质量保证系统有关的原因；

• 确定所需采取的纠正和预防措施，防止问题的再次发生；

• 评估纠正和预防措施的合理性、有效性和充分性；

• 对实施纠正和预防措施过程中所有发生的变更应当予以记录；

• 确保相关信息已传递到质量负责人和预防问题再次发生的直接负责人；

• 确保相关信息及其纠正和预防措施已通过高层管理人员的评审。

CAPA 的处理一般要经历问题识别、评估、调查和原因分析、制定计划、执行、跟踪确认、CAPA 关闭的过程。

3.5.2.1　问题识别

CAPA 的来源主要包括：偏差、召回、OOS、投诉、内部或外部审计检查的缺陷项、产品质量回顾、趋势分析等。在发现企业存在来自上述方面的问题后，由发现问题的人员记录情况，同时报告给质量保证部门。

3.5.2.2　评估、调查和原因分析

质量保证部门收到报告后，应对问题的严重程度和影响范围进行准确评估，确定责任部门并通知相关人员对问题进行调查、分析，调查的深度和形式应当与风险的级别相适应。

导致问题出现的原因可能有：

• 生产工艺能力不足；

• 工艺控制和检验问题，包括工艺控制不当，操作不符合程序规定，操作者、检

验员不具备相应技能，缺乏培训，检验规程不全面、不准确等；

• 工艺未被有效验证或是未正确执行工艺验证；

• 工艺装备、测试设备和环境问题；

• 物料及生产现场管理问题，使用未检验的物料或标识不清造成混料或错料，生产现场状态不清造成混淆等；

• 分析方法不能满足要求或是未正确执行分析方法。通过对上述原因进行深入分析，最终寻找到问题产生的原因。

3.5.2.3　计划的制定与执行

在拟定的 CAPA 计划中要明确问题、计划的总负责人、具体的相关协作人员和实施步骤，预计的完成期限以及 CAPA 执行之后所预期达到的目的。

质量保证部门及 CAPA 计划制定的相关部门将最终计划呈报给高层质量管理人员和质量负责人。高层质量管理人员和质量负责人对计划进行评估和审核，确保 CAPA 的有效性、合理性及充分性。CAPA 计划在获得企业质量负责人批准后方可实施。

3.5.2.4　跟踪确认

在 CAPA 的实施过程中和实施后，应由质量管理部门负责对其可行性、有效性、合理性、充分性和可靠性进行跟踪及确认。

对 CAPA 进行跟踪确认的目的是：

• 能够促进相关部门采取和实施有效的 CAPA，防止缺陷项目的再次发生；

• 确认 CAPA 的有效性；

• 确保消除存在的严重缺陷项目。根据缺陷项目的性质，可采取不同的跟踪确认方式，主要有文件检查、现场检查、提交 CAPA 实施方案、在下一次企业自检中复查等。

3.5.2.5　CAPA 关闭与回顾

质量管理部门对计划实施情况进行跟踪确认后，如确认这次 CAPA 是有效、可靠和充分的，在 CAPA 确认记录中填写确认结论并签字确认后，可宣布 CAPA 关闭实施。CAPA 的过程和效果都应记录，从开始发现问题时记录发生问题具体的描述，记录调查分析问题的整个过程、批准人的意见签名以及执行措施的每一步骤的过程和效果。这些记录将作为质量活动或质量管理的重要文件，以利于质量持续改进和提高。当实施 CAPA 时，如涉及质量体系和文件的变化，应遵循文件管理程序进行管理；如需要进行相关的验证活动，也要按验证管理程序进行管理并记录。

CAPA 关闭后，应定期对 CAPA 的实施进行回顾，以评估问题的发生类型，CAPA 的适宜性、有效性和完整性。有条件的企业可建立 CAPA 数据库，可以更有效地对 CAPA 实施管理。

3.6　供应商管理

供应商是指物料、设备、仪器、试剂、服务等的提供方，如生产商、经销商等。企业应建立物料供应商审计和批准的操作规程，明确供应商的资质、选择的原则、质量评估方式、质量审计内容、评估标准、质量审计人员的组成及资质，确定现场质量审计周期以及物料供应商批准的程序。供应商管理应遵循风险管理方法和生命周期模式，图14为供应商管理生命周期模式示例。

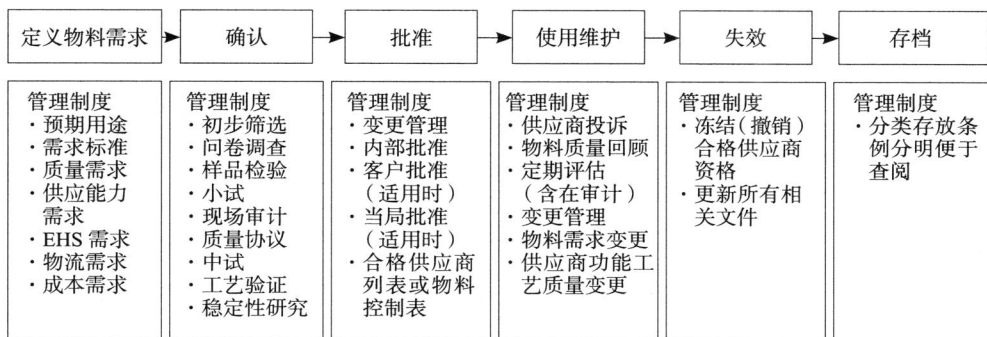

图14　供应商管理生命周期模式示例

3.6.1　供应商的分类

企业可以通过物料对产品质量的风险程度确定物料的安全等级，根据物料分类和物料需求标准决定不同类型供应的管理要求，具体管理内容如下：

- 供应商确认标准；
- 审计周期；
- 到货检验频次；
- 变更控制标准；
- 信息传递要求等。

在应用于具体供应商时，还应考虑：供应商的行业、适用法规和质量管理体系；供应商的信誉和合作历史等。

通过问卷调查、质量协议等书面资料，对供应商进行分类及确认批准前提，详见表21。

表 21   供应商分类及确认批准前提

供应商类别	确认批准前提
Ⅲ类物料 （关键物料） 供应商	供应商的调查问卷、质量协议等书面资料； 检查并对比供应商的分析报告书上的结果和自己的检验数据（例如 3 个批号 /3 批货物）； 物料小试或试生产的总结报告，必要时包括工艺验证和稳定性试验结果； 现场审计； 其他数据和资料（适用时）
Ⅱ类物料 供应商	供应商的调查问卷，质量协议等书面资料； 检查并对比供应商的分析报告书上的结果和自己的检验数据（例如 3 个批号 /3 批货物）； 物料小试或试生产的总结报告，必要时包括稳定性试验； 通常不需要进行现场审计，但当发生特定的质量事件时（例如物料有污染的风险或供应商近期的供货产品质量经常出现不合格的情况），应考虑进行现场审计其他数据和资料（适用时）
Ⅰ类物料 供应商	供应商的调查问卷，质量协议等书面资料； 检查并对比供应商的分析报告书上的结果和自己的检验数据（例如 3 个批号 /3 批货物）； 其他数据和资料（适用时）

如有可能，药品企业应尽量优先从生产商处采购，以减少供应链的复杂性对产品质量的风险。对于生产商不同于供应商的，对物料质量风险的评估应针对生产商的生产工艺和质量体系进行，除非该物料对产品质量没有影响。同时注意整个供应链的安全性、可追溯性和法规符合性（例如相关方的经营资质要求）。

3.6.2   供应商的批准和撤销

企业需要按照法规要求建立供应商的评估、批准、撤销等方面的流程，明确供应商的资质、分级标准、各级供应商的选择原则、质量评估方式、评估标准、批准及撤销程序。

供应商的批准需注意以下关键内容：

• 供应商必须经过质量管理部门批准，建立批准的合格供应商清单并定期更新；

• 供应商的资质证明文件应齐全并符合法规要求，应定期对其回顾并更新；

• 需进行现场质量审计或通过调查问卷进行评估；

• 新增供应商应进行样品的检验，如需要还应进行样品小批量的试生产、工艺验证或稳定性考察；

• 需与批准的主要物料供应商签订质量协议，质量协议内容包括但不限于对厂房、生产设备、工艺、取样方式、包装、标示方法、运输条件和变更的规定以及每个检验项目的检验方法和限度，在给供应商发出第一个正式订单前双方需批准质量标准。

3.6.3　供应商审计

审计活动的主要目的是确定供应商与相关质量要求和商务要求的符合性，以确保供应商根据必要的质量标准持续地提供服务，并及时确定哪些供应商需要整改和采取预防措施。

3.6.3.1　供应商审计的作用

通过供应商审计可以发现如下方面会带来重大的潜在负面影响，进行纠正。

（1）患者／顾客的安全；

（2）法规活动（如召回、整改措施、警告信、撤销、由于质量体系失败强制中断供应链）；

（3）供应商的生产加工引起商业风险而导致不能接受的供应链风险，以及大量的超出质量标准的产品；

（4）供应商行为准则等。

对供应商的审计（包括现场审计和书面审计）是评估供应商的质量保证能力的方式。企业应建立相关的供应商审计活动的流程，包括对审计人员的要求和任命、对审计原因及频次的规定、对审计内容和流程的规定。

3.6.3.2　供应商审计应注意的关键点

（1）并非需要对每一种物料的供应商都进行现场审计，一般是要求关键的、对产品质量有影响的或主要的（包括用量较大的）供应商需要考虑进行现场审计。如有特殊原因不能执行现场审计，可以通过书面审计的形式代替现场审计。

（2）审计人员应具有相关的法规和专业知识，经过相关的审计培训，具有足够的质量评估和现场质量审计的实践经验。

（3）当出现如下情况时，可考虑对供应商进行现场审计或书面审计。

①首次审计。新供应商、经销商；新产品；新的生产场地；新的生产线。

②原因审计。重大的质量投诉，如混批、印刷错误、涂层或胶漏涂、涂布量不够、产中发现人体毛发、严重的异物混入、微生物污染等；重大的 HSE［健康（health）、安全（safety）和环境（environmental）管理体系］事故；对某几个质量要素的重点检查。

③追踪检查。对上一次审计问题采取的整改措施的确认。

④根据常规审计频次进行的再审计。

表 22 为某企业不同类别物料供应商的审计频次举例。

表22　某企业不同类别物料供应商的审计频次举例

物料	再审计 / 年
原料药	1
辅料	3
与产品直接接触的包装材料	2
不与产品直接接触的印字包装材料	4
不与产品直接接触的非印字次级包装材料	5
非关键的生产区域消耗品	—
代理商	—

（4）每年根据供应商的常规审计频次、相关部门的审计需求以及供应商的表现制定下年的供应商审计计划，并定期回顾审计计划的执行情况。可以从以下几方面对供应商进行现场或书面的审计。

①供应商的资质证明文件的真实性。

②质量保证系统，如变更、偏差、供应商管理、纠正和预防措施管理、自检、年度质量回顾、客户投诉等。

③人员机构，如人员资质、培训、卫生等。

④厂房设施和设备，如厂房、设施和设备的验证以及再验证，设备和生产区域的清洁及消毒，环境的监测，水系统的监测，虫害控制，厂房设施和设备的维护、保养等。

⑤生产工艺流程和生产管理，如生产工艺验证、清洁验证、生产的中间过程控制、生产批记录、批生产的均一性、产品的可追溯性、母液或粗品的再利用、失败批次的处理、返工处理、废料处理等。

⑥物料管理，如库房管理、物料标识、取样、缺陷物料管理等。

⑦质量控制，如实验室设备、仪器的验证和使用记录，分析方法的验证，实验结果超标的处理，检验记录，试剂和标准品的管理，核实检验报告的真实性，核实是否具备检验条件，物料和成品的质量标准及放行系统等。对于原料药企业的供应商审计而言，因其供应商大多是化工企业，其产品基本上依据国际实行形式检验原则，核实供应商（生产商）实际放行检验的项目以及真正有能力执行的检验项目对于供应商批准后的物料检验放行管理具有特别重要的意义。

⑧文件系统，如操作规程管理系统、记录系统等。

对于现场审计发现的问题，应要求供应商限期整改并提供书面的整改报告，在确认整改报告符合要求后才可结束此次审计。

3.6.3.3 供应商确认的程序

供应商确认应遵循企业变更管理程序并符合相关政策法规的要求。供应商确认流程举例见图 15。

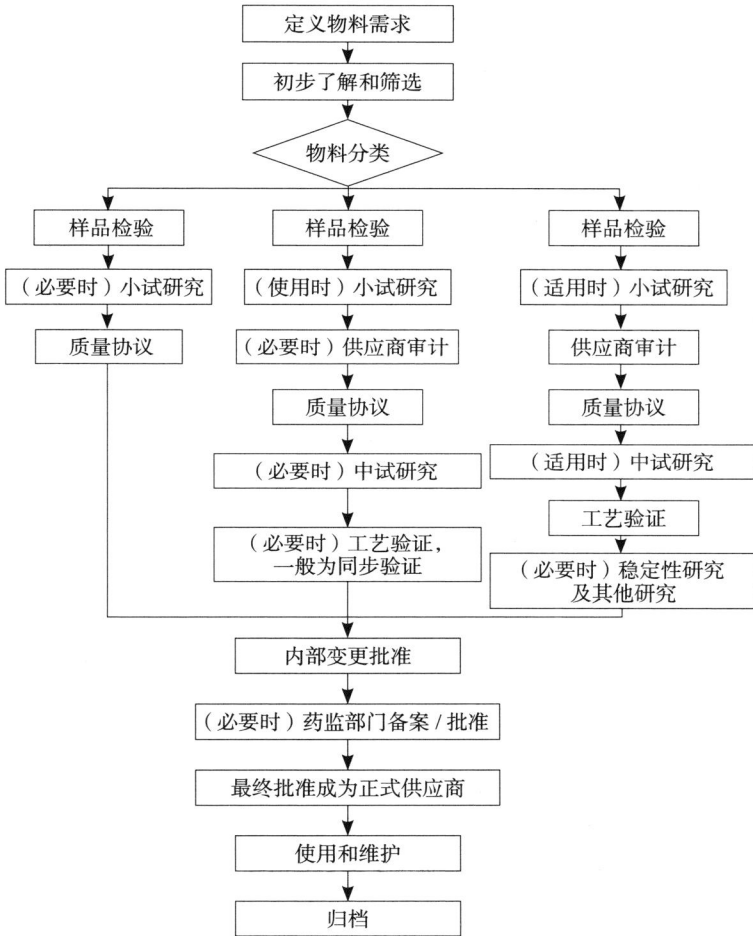

```
              ┌─────────────────┐
              │   定义物料需求    │
              └─────────────────┘
              ┌─────────────────┐
              │   初步了解和筛选   │
              └─────────────────┘
                  ◇ 物料分类 ◇

┌──────────┐    ┌──────────┐    ┌──────────┐
│  样品检验  │    │  样品检验  │    │  样品检验  │
└──────────┘    └──────────┘    └──────────┘
┌──────────┐   ┌────────────┐   ┌────────────┐
│(必要时)小试研究│ │(使用时)小试研究│ │(适用时)小试研究│
└──────────┘   └────────────┘   └────────────┘
┌──────────┐   ┌──────────────┐  ┌──────────┐
│  质量协议  │   │(必要时)供应商审计│ │  供应商审计 │
└──────────┘   └──────────────┘  └──────────┘
               ┌──────────┐      ┌──────────┐
               │  质量协议  │      │  质量协议  │
               └──────────┘      └──────────┘
               ┌────────────┐   ┌────────────┐
               │(必要时)中试研究│  │(适用时)中试研究│
               └────────────┘   └────────────┘
                                 ┌──────────┐
                                 │  工艺验证  │
                                 └──────────┘
               ┌──────────────┐ ┌──────────────┐
               │(必要时)工艺验证,│ │(必要时)稳定性研究│
               │ 一般为同步验证  │ │  及其他研究   │
               └──────────────┘ └──────────────┘

              ┌─────────────────┐
              │   内部变更批准    │
              └─────────────────┘
          ┌──────────────────────┐
          │(必要时)药监部门备案/批准 │
          └──────────────────────┘
          ┌──────────────────────┐
          │  最终批准成为正式供应商   │
          └──────────────────────┘
              ┌─────────────────┐
              │   使用和维护     │
              └─────────────────┘
              ┌─────────────────┐
              │      归档       │
              └─────────────────┘
```

图 15 供应商确认流程图示例

3.6.3.4 供应商确认管理

对供应商的评估通常需要跨职能团队,例如研发、生产、QC、QA、法规注册部门、采购部门、物料管理部门等共同进行。质量管理部门应指定专人负责物料供应商质量审计和质量评估。被指定的人员应具有相关的法规和专业知识,具有足够的质量审计和评估的实践经验。对于企业委派外部人员或专家开展供应商审计的,应在委托合同中说明受委托方与被审计方是否存在利益关系。

现场质量审计应核实供应商资质证明文件和检验报告的真实性，核实是否具备检验条件。应对其人员机构、厂房设施和设备、物料管理、生产工艺流程和生产管理以及质量控制实验室的设备、仪器、文件管理等进行检查，以全面评估其质量保证体系。现场质量审计应有报告。供应商审计流程图见图16。

必要时，应对主要物料供应商提供的样品进行小批量试生产，并对试生产的药品进行稳定性考察。

质量管理部门对物料供应商的评估应至少包括：供应商的资质证明文件、质量标准、检验报告、企业对物料样品的检验数据和报告。如进行现场质量审计和样品小批量试生产的，还应包括现场质量审计报告，以及小试产品的质量检验报告和稳定性考察报告。

除物料生产商外，其他服务商（例如贸易商和运输商）必要时也应进行适当确认，以从整个供应链角度控制物料导致的质量风险。质量管理部门应与主要物料供应商签订质量协议，在协议中应明确双方所承担的质量责任。

企业应采取措施以尽早获知物料供应商和生产商的关键变更（例如在质量协议中规定关键变更的预先通知时间），以有效减少此类变更对药品企业的损失。对批准采购的供应商和相关物料，企业应建立适当的控制系统，保证生产以及采购和使用的原辅料和包装材料正确无误。控制系统应与企业的品种、技术手段和生产情况相适应，质量

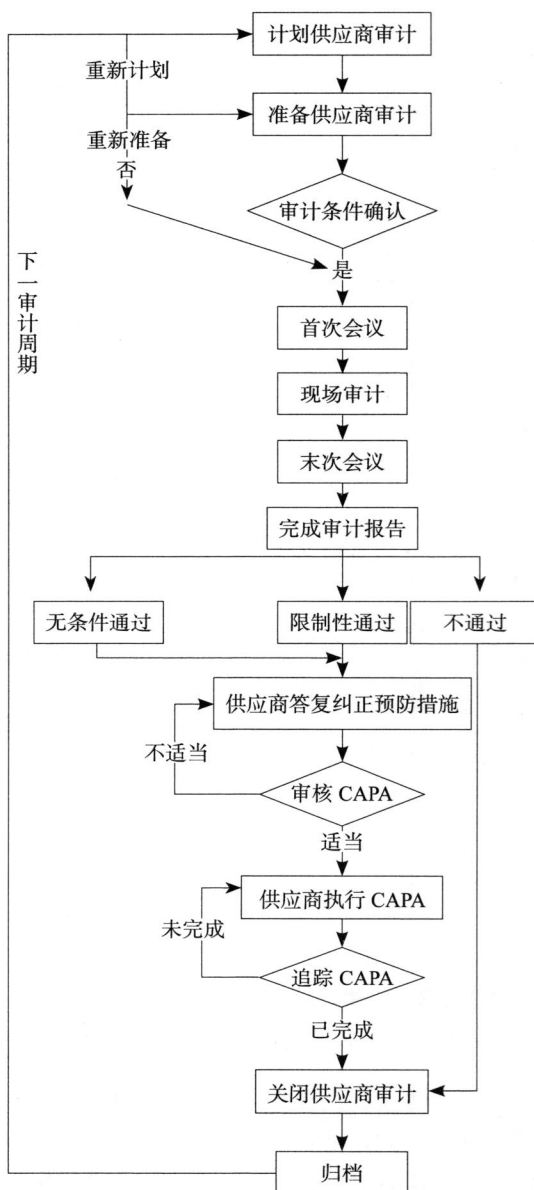

图16　供应商审计流程图

管理部门应向物料管理部门分发经批准的合格供应商名单，该名单内容至少包括物料名称、规格、质量标准、生产商名称和地址、经销商名称等，并及时更新。

对经确认的物料供应商，企业应维护该供应商的确认状态，证明该供应商能始终如一地提供符合质量标准的物料。可通过但不局限于下列活动。

（1）（必要时）供应商投诉。

（2）供应商质量回顾：作为产品质量回顾分析的一部分，包括物料质量检验结果、质量投诉和不合格处理记录等。

供应商对于物料风险的影响是显而易见的。从一个长期合作的供应商采购的物料和从新供应商采购的物料，其风险是不一样的；同样是长期合作的供应商，经过现场审计的供应商和未经过现场审计的供应商，其风险也是不一样的。所以评估供应商的质量风险构成了物料管理的重要组成部分。

供应商的质量评估除了如上所述的供应商审计外，还需定期（如一年一次）对供应商的供货情况进行评估，主要包括对所供物料的质量投诉情况、生产过程中造成的偏差情况、检验结果超标、不合格率、审计结果等方面进行评估。

除了质量方面的评估外，还可增加对于供应商运输服务情况、到货情况、售后服务情况等方面的评估。对于供应商的资质，也应定期回顾和更新。

企业应建立供应商质量评估的标准，对于超出标准的供应商或出现重大质量问题的供应商应考虑对其采取相应的纠正和预防措施。

表 23 为某企业供应商质量评估接受标准举例。也可根据供应商质量回顾的结果决定下一年供应商的分级情况。

表 23　某企业供应商质量评估接受标准

放行批次	一年内总到货批次数 > 20 批	一年内总到货批次数 ≤ 20 批
	合格批次比例应 ≥ 95%	不合格批次应 < 2 批
产品投诉（缺陷）	产品投诉率（缺陷率）应 ≤ 15%	
审计结果	没有严重的缺陷	
纠正和预防措施	如果评估结果超出以上的标准，可采取以下的纠正预防措施： 1. 停止采购该生产商的物料 2. 执行风险评估 3. 执行现场审计或问卷调查 4. 考虑对该生产商降级或取消其合格生产商的资格	

（3）供应商定期评估：可结合质量和其他方面绩效指标进行综合评估，必要时，如物料出现质量问题或生产条件、工艺、质量标准和检验方法等可能影响质量的关键因素发生重大改变时，应进行现场审计或再审计。

（4）供应商变更管理：供应商的变更通常包含两个方面：一方面是企业主动的变更，如开发新的供应商、撤销供应商、包装材料的变更等；另一方面是供应商采取的变更，如新的生产场地、起始物料的变更、生产工艺的变更、质量标准和检验方法的变更等。可根据不同变更的类型和对产品质量的不同影响，运用风险管理的方法设定不同的研究和审批标准，例如必要时预验证和同步验证方法的选择，例如决定是否应进行产品稳定性研究等，涉及注册的进行监管部门的补充申请或备案等。对于曾经批准为合格的供应商，但由于各种原因暂时或永久性地不符合合格供应商标准的企业，制药企业应及时更新其合格供应商列表或物料控制表等，冻结或撤销相关企业的资质，必要时应更新所有相关文件。

3.6.3.5   签订质保协议及建立供应商档案

供应商审计合格后，符合要求同意购进的需要与供应商签订质量保证协议，明确双方的质量责任。对每家供应商建立档案，包括供应商的纸质证明文件、质量协议、质量标准、检验报告、现场审计报告、产品稳定性考察报告、定期的质量回顾分析报告等。

3.7   产品质量回顾分析

药品生产企业开展产品质量回顾的目的是通过每年定期对药品生产企业生产的所有药品按品种进行分类后开展产品质量汇总和回顾分析，以确定其工艺和流程稳定的可靠程度，以及原辅料、成品现行质量标准的适用性，及时发现出现的不良趋势，从而确定对产品及工艺、控制过程进行改进的必要性和改进方法。

企业应制定产品质量回顾管理文件，规定质量回顾的范围、内容、程序、数据的分析方法、异常趋势的标准等内容。

3.7.1   产品质量回顾的范围和内容

通常，产品质量回顾的范围包括药品生产企业及附属机构生产的所有产品以及合同生产的所有产品，包括由本公司生产或为本公司生产的所有上市的（国内销售或出口的）原料药、制剂以及医疗器械，涉及隔离和暂存、拒收的所有批次。同时药品生产企业也要结合以前的质量回顾结果确认药品生产的各种趋势，并最终形成一份书面的报告。企业的质量回顾可以根据产品类型进行分类，如固体制剂、液体制剂、无菌制剂等。

对于本节中相关设备和设施，如空气净化系统、水系统、压缩空气等，按要求进行质量回顾。

通常企业的产品质量回顾应该在年度生产结束后 3 个月内全部完成，但企业应该在日常生产结束后即完成相关数据的采集、汇总，避免在年度生产结束后才统一进行数据的采集。

原则上产品质量回顾应覆盖 1 年的时间，但不必与日历的 1 年相一致。如果产品 1 年生产的批次少于 3 批，则质量回顾可以延期至有 2～3 批产品生产后再进行，除非法规部门对此有特殊要求。

企业至少应当对下列情形进行回顾分析：

（1）产品所用原辅料的所有变更，尤其是来自新供应商的原辅料；

（2）关键中间控制点及成品的检验成果；

（3）所有不符合质量标准的批次及其调查；

（4）所有重大偏差及相关的调查、所采取的整改措施和预防措施的有效性；

（5）生产工艺或检验方法等的所有变更；

（6）已批准或备案的药品注册的所有变更；

（7）稳定性考察的结果及任何不良趋势；

（8）所有因质量原因造成的退货、投诉、召回及调查；

（9）与产品工艺或设备相关的纠正措施的执行情况和效果；

（10）新获批准和有变更的药品，按照注册要求上市后应当完成的工作情况；

（11）相关设备和设施，如空气净化系统、水系统、压缩空气等的确认状态；

（12）委托生产或检验的技术合同履行情况。

产品质量回顾完成后，应当对回顾分析的结果进行评估，提出是否需要开展纠正和预防措施，并保证批准的纠正和预防措施能够及时有效地完成，企业应该建立相应的管理程序，并对这些程序的有效性进行审核和管理，在企业的自检过程中还应对该程序的有效性进行回顾。

3.7.2　产品质量回顾的工作流程

产品质量回顾的主要工作流程如图 17 所示。QA 负责制定年度回顾计划，分配任务至相关部门负责人；各部门负责人在规定时限内完成数据汇总，并交给 QA，QA；对年度数据进行趋势分析，必要时邀请相关部门负责人共同进行；QA 和相关部门共同对产品年度回顾结果进行讨论，并形成最终总结报告；QA 和相关部门共同针对发现的问题和不良趋势制定相关改进和预防性行动计划；各部门负责人对产品质量回顾总结报告进行审阅批准；QA 将产品年度回顾总结报告复印分发至各部门；

QA 和相关部门负责人共同对制定的 CAPA 措施及其有效性进行追踪。

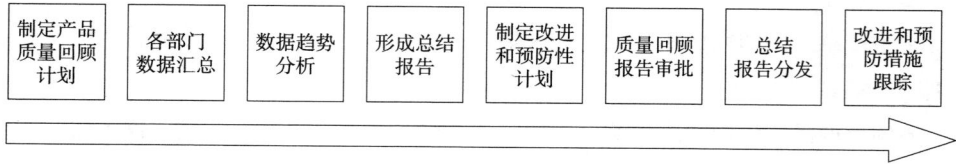

制定产品质量回顾计划	各部门数据汇总	数据趋势分析	形成总结报告	制定改进和预防性计划	质量回顾报告审批	总结报告分发	改进和预防措施跟踪

图 17　产品质量回顾的主要工作流程

　　由流程图可见，QA 负责公司产品质量回顾规程的起草、修订、审核、培训，组织企业对生产产品实施质量回顾，并对质量回顾的执行情况进行监督。产品质量回顾负责人负责制定产品质量回顾计划，并制定任务负责人。

　　各相关部门指定负责人协助提供本部门质量回顾相关信息或文件，包括生产、检验、变更、验证、上市申请等，并保证其数据的真实性，必要时需要对本部门提供的数据进行趋势分析。

　　产品质量回顾的数据汇总应至少包括生产周期中的以下内容：

　　（1）对上一次质量回顾的整改情况的评估。

　　（2）对本年度生产的产品及质量情况的概述。

　　（3）产品所用关键原辅料的质量回顾，内容包括：

　　①所有原辅料是否从经批准的经销商购入；

　　②原辅料检验结果的回顾；

　　③所有供应商的跟踪评估；

　　④不合格项的发生率及评估。

　　（4）关键过程控制和最终产品检测结果的回顾，内容包括：

　　①最终产品检测结果的回顾，即汇总、整理及分析；

　　②关键工艺参数符合性的回顾；

　　③关键工艺过程中间品控制的检验结果的回顾；

　　④关键控制点对产品质量影响的趋势分析和因果关系；

　　⑤关键控制点不合格项的调查、处理及对产品质量影响的评估。

　　（5）回顾所有偏差的操作及相关调查，内容包括：

　　①生产过程中偏差情况的回顾；

　　②生产过程中所有偏差操作均被调查；

　　③生产过程中偏差的原因调查及评估的回顾；

　　④生产过程中偏差产生的预防措施是否有效的回顾；

⑤检验过程中偏差产生的原因调查及评估的回顾。

（6）所有异常、偏差、不合格品的回顾，内容包括：

①所有异常、偏差、不合格品的名称、批号、规格的汇总；

②所有异常、偏差数据的分析；

③不合格批次和相关批次的调查情况和处理情况，即所有报废产品的情况，所有返工、重新加工批次的情况；

④对不合格品所采取整改和预防性措施或进行再验证的评估。

（7）重大变更（包括工艺、分析方法、相关仪器、设备及原辅料、包装变更）的回顾，内容包括：

①变更的依据及合法性；

②变更的情况及再验证情况的回顾；

③变更前后产品质量影响的回顾及评估；

④变更后产品稳定性实验的回顾；

⑤分析方法变更对产品检验数据的影响的评估。

（8）注册文件符合性、变更的提交、批准及拒绝的回顾，内容包括：

①现有工艺和质量标准与注册文件符合性的回顾；

②所提交注册文件变更、批准及拒绝的回顾。

（9）稳定性试验结果的回顾，内容包括：

①所有稳定性试验的留样是否在规定的储存条件下保存；

②所有产品是否按要求进行了稳定性试验；

③产品稳定性试验趋势分析及评估的回顾。

（10）所有与产品质量相关的退货、投诉和召回的回顾，内容包括：

①所有与产品质量相关的退货、投诉和召回的产品和批次；

②所有与产品质量相关的退货调查及处理记录的回顾；

③所有用户投诉及不良反应的调查及处理的回顾；

④所有召回产品的调查及处理的回顾。

（11）所有工艺用水监测数据的回顾，内容包括：

①是否按规定进行监测，并对数据和趋势进行分析回顾；

②出现不合格情况所采取的措施回顾；

③出现不合格时所生产的产品和批次是否进行了调查和处理。

（12）所有洁净区监测的回顾，内容包括：

①是否按规定进行监测，并对数据和趋势进行分析回顾；

②出现不合格情况所采取的措施回顾；

③出现不合格时所生产的产品和批次是否进行了调查和处理。

（13）验证的回顾，内容包括：

①所有验证项目，包括工艺用水、净化空调系统等公用设施的验证、工艺验证、设备验证及清洁验证的年度回顾；

②变更是否均已进行再验证。

（14）所有仪器设备的维护保养及校准情况的回顾，内容包括：

①所有生产、检验用仪器设备的维护、保养情况的回顾；

②所有生产、检验用仪器设备的校准情况的回顾。

（15）产品变质、不良反应等重大质量事故的回顾，内容包括：

①是否对所有质量事故均进行回顾；

②是否对所有质量事故的原因调查及处理的回顾；是否对所有质量事故预防及改进措施的回顾。

（16）如果企业在质量公告上受到通报，还需进行的回顾包括：

①对企业在质量公告上的产品及批次进行回顾；

②进行质量公告相关批次重量情况的调查及改进预防措施的回顾。

3.7.3 产品质量回顾总结报告

产品质量回顾人员负责整理收集信息，对数据进行趋势分析、异常数据分析，必要时组织相关部门进行进一步讨论，制定改进和预防行动计划，包括每个措施的负责人、计划完成日期，并做出质量回顾报告结论，起草质量回顾总结报告。

产品质量回顾总结报告应包括但不限于以下内容：

（1）产品质量回顾的具体时间范围和回顾总结完成的截止日期。原则上产品质量回顾应覆盖1年的时间，但不必与日历的1年相一致。如果产品1年生产的批次少于3批，则产品质量回顾可以延期至3批产品生产后再进行，除非法规部门对此有特殊要求。

（2）根据原辅料检验数据、成品检验数据、中间体检验数据、生产过程控制参数等，使用 Minitab 软件，绘制控制图或计算过程能力等，对质量回顾数据进行分析，对产品质量、过程能力给出评价性的结论。例如：

①产品年度质量回顾数据显示本年度该产品生产质量稳定，各项工艺参数没有发生显著变化，没有发现不良趋势；

②本年度该产品多次出现某项指标超标，出现不良趋势，因此应制定整改措施进行改进。

（3）指出支持性数据回顾所发现的问题。

（4）需要采取的预防和改正行动的建议。

（5）预防和改正行动的计划与责任人及完成时间。

（6）之前产品质量回顾中预防和改正行动的完成情况。

（7）通过产品质量回顾，总结当前产品的生产情况及结论。

（8）产品工序过程能力的分析结果。

质量管理部门负责人组织包括生产、质量控制、质量保证、工程等各部门负责人对产品质量回顾报告进行审核，并确认结论的真实性和有效性，必要时进行讨论。质量保证部门将批准的产品质量回顾总结报告的复印件分发至各相关部门。

各相关部门按产品质量回顾总结报告中制定的改进和预防措施或其他再验证措施及完成时间按时有效地完成。

质量保证部门负责跟踪措施的执行情况，并将其执行情况汇总在下次产品质量回顾总结报告中。必要时，将整改措施的执行情况对相关部门负责人进行定期通报。在公司每年的内审中，应该对之前的产品质量回顾的完成情况进行检查。

企业产品质量回顾总结报告的复印件应分发至相关部门（必要时）。质量回顾总结报告原件应由 QA 进行存档，该记录应永久保存。

案例分析

【案例 1】

原料药产品年度质量回顾分析报告

××（产品名称）年度质量回顾分析报告

回顾周期：××××年××月××日～××××年××月××日

产品年度质量报告编码：×××××　×××××

	部门	签名	时间
起草人			
起草人			
审核人			
审核人			
审核人			
审核人			
批准人			

1　概述

1.1　概要

根据《产品年度质量报告相关制度》的规定，对××（产品名称）进行年度质量回顾分析，并通过统计和趋势分析，证实工艺的一致性。

1.2　回顾周期

××××年××月××日~××××年××月××日

1.3　产品描述

1.3.1　批准注册、认证信息：××××

1.3.2　产品工艺流程（简单介绍产品生产工艺，生产工艺流程图）

1.3.3　关键工艺参数：××××

1.4　生产质量情况

产品名称	生产批次	数量（kg）	合格批次	不合格批次	返工批次

评价：×××× ×××× ××××

2　原辅料质量情况回顾

根据实际情况可对关键物料质量情况进行回顾，也可只对物料质量异常情况进行回顾（可略）

3　生产工艺中间控制情况回顾

3.1　关键工艺参数控制

3.1.1　列出关键工艺控制项目和控制范围

3.1.2　将各工序关键操作参数控制结果进行汇总，然后据此制出趋势图，并在相应图上标出相应的控制线。

参数1控制情况趋势图1（略）

参数2控制情况趋势图2（略）

……

（参考制剂年度质量报告关键工艺参数控制部分）

评价（举例）：××批次在××工序××步骤中，由于××原因导致××指标偏离，详见编号为××的偏差报告，应采取××措施进行改进。

××工序已经明确的关键工艺参数包括××、××等。其中××的控制方法（或控制范围）还不够理想，应继续研究控制方法（或控制范围），或应针对××因素去通过试验发现新的关键工艺参数。

3.2 中间体控制

对中间体相关质量指标控制结果进行汇总分析，方法同上。

3.3 收率

对收率监测结果数据进行汇总分析，方法同上。

4 成品检验结果回顾

4.1 介绍成品质量标准

如果某检测项目发生分析方法变更等情况，应简要说明。

4.2 对照质量标准对成品检验结果进行汇总分析

若返工或重新处理、母液回收等生产工艺不同，应对不同工艺所得的产品分别进行质量数据汇总分析。

质量标准项目1检验结果趋势图1（略）

质量标准项目2检验结果趋势图2（略）

......

（对于质量数据波动过大或超出预期趋势的异常数据，应分析原因，并提出改进措施。对于超出质量标准限度的情况在"OOS及偏差调查"中进行调查分析）

评价（举例）：××产品的正常（返工、母液回收）工艺是稳定可靠的，但是对××等指标应加强控制试验研究。（或者：以上质量数据分析说明××产品的正常工艺不够稳定可靠，需作××方面的改进。）

5 公共系统回顾

5.1 工艺用水回顾

与××产品相关的注射用水（纯化水）使用点共有××个，日常监测项目有××、××等。监测频次：××

对注射用水（纯化水）关键项目日常监测结果趋势分析：

（分析方法参照制剂年度质量报告工艺用水回顾部分）

趋势图1（略）

趋势图2（略）

......

工艺用水日常监测出现异常情况回顾：

时间	异常表现	异常原因	涉及产品批号	处理方法	异常情况调查记录编号

评价：××××　××××　××××

5.2　环境监测回顾

无菌原料药应对生产环境尘埃粒子、沉降菌、浮游菌的监测值进行汇总分析，其他原料药也可对生产环境控制参数监测境况进行汇总分析。

趋势图1（略）

趋势图2（略）

……

评价：（举例）××阶段××项目监测值超过合格标准，该阶段生产的××批次（产品名称）已采取××措施，××批已按偏差处理，偏差项编号为××。

未出现超标情况，但××阶段××项目监测值有所升高，分析其原因是××方面，建议进行××方面的整改。

5.3　与药品直接接触的工艺用气质量回顾

××产品生产过程中使用的与产品直接接触的气体是××气体，日常监测××项目，监测频次：××，对监测结果进行汇总分析。

评价：××××　××××　××××

6　偏差调查

偏差编号	偏差级别	批号	偏差描述	原因类别	产品处置情况	纠正预防措施	实施情况

偏差趋势分析：（举例）本年度共发生偏差××起，由××问题产生偏差有××起，呈××趋势，今后需加强对××的控制。

评价：××××　××××　××××

7　稳定性考察及不良趋势分析

稳定性考察留样批号：××，留样包装：××，留样条件：××，稳定性考察检验项目：××、××等，检验时间：××

稳定性考察期间各个项目随着时间的变化趋势进行分析

××（考察项目1）变化趋势图1（略）

××（考察项目2）变化趋势图2（略）

……

（稳定性考察过程中若出现不良趋势，应对不良趋势情况进行总结分析）

评价：××××　××××　××××

8　变更控制回顾

总结标准、设备、工艺、原辅料和包装材料、控制规程以及分析方法等方面的变更的内容、时间、原因、依据，审核变更程序的符合性和合法性，评价变更结果是否达到预期效果。

变更内容描述	变更类别	变更实施时间	变更原因	变更依据	变更控制号	是否备案	变更结果评价
	如设备						
	如标准						

★注释：变更依据指变更能够实施的支持证据，如验证或相关研究等。

评价：（举例）本年度共进行××次变更，其中工艺变更××次，设备变更××次，分析方法变更××次，供应商变更××次，其他方面的变更××次。变更的相关工作均已完成，且达到了变更的效果。

9　验证回顾

阐述年度××产品线发生的工艺验证、清洁验证、设备验证、分析方法验证等验证情况。

验证内容	验证时间	有效期	验证结果	验证文件编号

评价：×××× ×××× ××××

10　产品退货（投诉或召回）情况回顾

10.1　投诉情况回顾

投诉编号	批号	投诉发生时间（内容）	调查结束时间（问题原因）	后续措施及跟踪	备注

评价：（举例）××类型客户投诉的比例呈××趋势，分析其深层原因是××方面，建议进行××方面的整改。

10.2　退货（召回）情况回顾

退货（召回）编号	涉及批次	退货（召回）原因	退货（召回）的处置	备注

评价：（举例）××类型退货的比例呈××趋势，分析其原因是××方面，建议进行××方面的整改。

11　相关研究回顾

阐述在回顾周期内产品相关研究或补充研究工作开展情况，如变更研究、工艺控制研究、标准研究等。

12　上一次年度质量报告跟踪

对上一次年度质量报告中建议的改进措施执行情况和执行效果进行跟踪。

13　结论

结论：（举例）××年度，××产品的生产工艺、生产设备未发生变更，所有的偏差、客户投诉、质量分析、生产分析和工艺设备验证表明工艺是稳定可靠的。

建议：（举例）通过回顾分析，认为××产品在以下方面需要进一步加强研究，改进药品质量：产品生产过程的改进，处方的改进，分析方法的改进，再验证……

【案例2】

制剂产品年度质量回顾分析报告模板

××（产品名称或规格）年度质量回顾分析报告

回顾周期：××××年××月××日～××××年××月××日

产品年度质量报告编码：×××××　　×××××

	部门	签名	时间
起草人			
起草人			
审核人			
审核人			
审核人			
审核人			
批准人			

1　概述

1.1　概要

根据《产品年度质量回顾分析报告相关制度》的规定，对××（产品名称或规格）进行年度质量回顾，并通过统计和趋势分析，证实工艺的一致性。

1.2 回顾周期

××××年××月××日～××××年××月××日

1.3 产品描述

1.3.1 产品名称（通用名、商品名）、规格、有效期、适应证等

1.3.2 批准注册、认证信息：××××

1.3.3 产品处方

1.3.4 产品工艺流程（简单介绍产品生产工艺，生产工艺流程图）

1.3.5 关键工艺参数：××××

1.4 生产质量情况

名称（规格）	生产批次	数量（瓶或盒或片）	合格批次	不合格批次
如 0.5g				
如 1.0g				

评价：××××××××××××

2 原辅料（内包材）质量情况回顾

2.1 原辅料（内包材）供应商情况回顾

原辅料（内包材）	供应商	供应商变更情况	供应商评定情况

2.2 原辅料（内包材）购进质量情况回顾

原辅料（内包材）名称	购进批次	合格批次	合格率	不合格物料批号

如出现不合格物料，应对物料不合格情况进行详细描述和分析。

不合格原辅料（内包材）名称	供应商	批号	不合格情况描述	不合格原因	不合格物料处理	后续措施及跟踪

评价：××××××××××××

3 生产工艺中间控制情况回顾

3.1 关键工艺参数控制

3.1.1 列出关键工艺控制项目和控制范围

3.1.2　各工序关键操作参数控制结果汇总分析

必要时据此绘制趋势图，并在相应图上标出相应的控制线。

参数 1 控制情况趋势图 1（举例）

××年度××产品中间控制情况 – 配料 pH 值

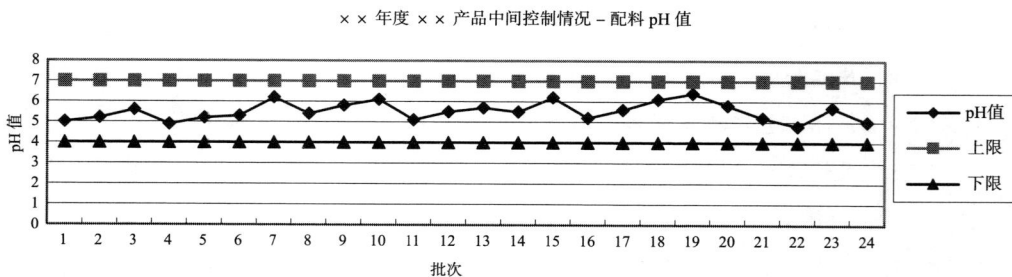

参数 2 控制情况趋势图 2（略）

……

评价：×××× ×××× ××××

3.2　中间产品控制情况

对中间产品相关质量指标控制结果进行汇总分析，方法同上。

3.3　物料平衡

将物料平衡结果数据进行汇总分析，方法同上。

评价：（举例）××批次在××工序××步骤中，由于××原因导致××指标偏离，详见编号为××的偏差报告，应采取××措施进行改进。

××工序已经明确的关键工艺参数包括××、××等。其中，××的控制方法（或控制范围）还不够理想，应继续研究控制方法（或控制范围），或应针对××因素去通过试验发现新的关键工艺参数。

4　成品检验结果回顾

4.1　介绍成品质量标准

如果某检测项目发生分析方法变更等情况，应简要说明。

4.2　统计分析全年产品质量检验的结果

对成品质量标准相关项目检验数据作出趋势图进行趋势分析。若涉及不同规格的产品工艺不同的情况，应对不同规格的产品进行分别回顾。对于质量数据波动过大或超出预期趋势的异常数据，应分析原因，并提出改进措施。对于超出质量标准限度的情况在"OOS 及偏差调查"中进行调查分析。

4.3 注射剂品种年度质量回顾

应进一步分析产品过程控制能力，提高产品的质量稳定性，降低风险。

质量标准项目 1 检验结果趋势图 1（略）

质量标准项目 2 检验结果趋势图 2（略）

……

评价：（举例）×× 产品的工艺是稳定可靠的，但是对 ×× 等指标应加强控制试验研究。（或者：以上质量数据分析说明 ×× 产品 ×× 质量指标波动较大，分析原因是 ××，需作 ×× 方面的改进）

5 公共系统回顾

5.1 工艺用水回顾

与 ×× 产品相关的注射用水（纯化水）使用点共有 ×× 个，日常监测项目有
××、×× 等。监测频次：××

对注射用水（纯化水）关键项目日常监测结果趋势分析：

趋势图 1（举例：注射用水总有机碳日常监测结果）

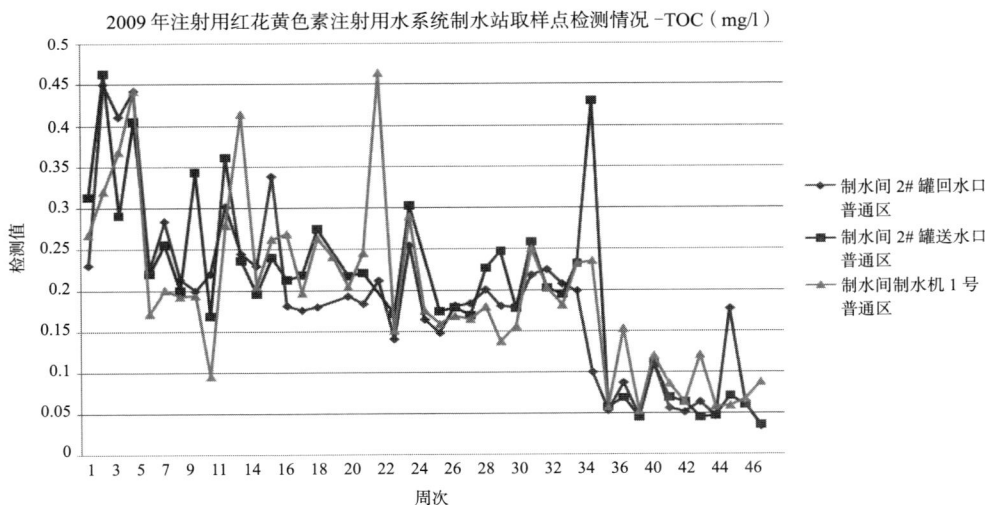

2009年注射用红花黄色素注射用水系统制水站取样点检测情况 -TOC（mg/l）

趋势图 2（略）

……

评价：（举例）注射用水总有机碳日常监测结果波动较大，欠稳定，查找原因是由于取样过程导致的，需要进一步细化取样操作规程，或安装总有机碳在线监测装置。

工艺用水日常监测出现异常情况回顾：

时间	异常表现	异常原因	涉及产品批号	处理方法	异常情况调查记录编号

5.2 环境监测回顾

对生产环境尘埃粒子、沉降菌、浮游菌的监测值进行趋势分析。

趋势图 1（略）

趋势图 2（略）

……

评价：（举例）××阶段××项目监测值超过合格标准，该阶段生产的××批次（产品名称）已采取××措施，××批已按偏差处理，偏差编号为××。

未出现超标情况，但××阶段××项目监测值呈××趋势，分析其原因是××方面，建议进行××方面的整改。

5.3 与药品直接接触的工艺用气体质量回顾

××产品生产过程中使用的与产品直接接触的气体是××气体，日常监测××项目，监测频次：××，对监测结果进行趋势分析（方法同上）。

评价：×××××

6 偏差调查

偏差编号	偏差级别	批号	偏差描述	原因类别	产品处置情况	纠正预防措施	实施情况

偏差趋势分析：（举例）本年度共发生偏差××起，由××问题产生偏差有××起，呈××趋势，今后需加强对××的控制。

评价：×××××××××××

7 稳定性考察及不良趋势分析

稳定性考察留样批号：××，留样包装：××，留样条件：××，稳定性考察检验项目：××、××等，检验时间：××。

稳定性考察期间各个项目随着时间的变化趋势进行分析。

××（考察项目 1）变化趋势图 1（略）

××（考察项目 2）变化趋势图 2（略）

……

（稳定性考察过程中若出现不良趋势情况，应对不良趋势情况进行总结分析。）

评价：×××× ×××× ××××

8　变更控制回顾

总结标准、设备、工艺、原辅料和包装材料、控制规程以及分析方法等方面的变更的内容、时间、原因、依据，审核变更程序的符合性和合法性，评价变更结果是否达到预期效果。

变更内容描述	变更类别	变更时间	变更原因	变更依据	变更控制号	是否备案	变更结果评价
如设备							
如标准							

★注释：变更依据指变更能够实施的支持证据，如验证或相关研究等。

评价：（举例）本年度共进行××次变更，其中工艺变更××次，设备变更××次，分析方法变更××次，供应商变更××次，其他方面的变更××次。变更的相关工作均以完成，且达到了变更的效果。

9　验证回顾

阐述回顾周期内××产品线发生的工艺验证、清洁验证、设备验证、分析方法验证等验证情况。

验证内容	验证时间	有效期	验证结果	验证文件编号

评价：×××× ×××× ××××

10　产品退货（召回或投诉或不良反应）情况回顾

10.1　投诉情况回顾

序号	投诉编号	批号	投诉发生时间（内容）	调查结束时间（问题原因）	后续措施及跟踪	备注

评价：（举例）××类型客户投诉的比例呈××趋势，分析原因是××方面，建议进行××方面的整改。

10.2　退货（召回）情况回顾

序号	退货（召回）编号	涉及批次	退货（召回）原因	退货（召回）的处置	备注

评价：（举例）××类型退货的比例呈××趋势，分析原因是××方面，建议进行××方面的整改。

10.3　药品不良反应监测情况回顾

本年度××产品在全国范围内共发生药品不良反应××例，主要表现为××（××例）、××（××例）、××（××例）。

序号	ADR表现	涉及批号	发生区域	ADR结果	联合用药情况	原因分析

评价：（举例）××产品临床使用量为××瓶（盒），按照正常处方量计算，使用人次为××，发生药品不良反应××例，占××比例，说明××产品药品不良反应发生率低，未出现严重不良反应，因此临床使用是比较安全的。

11　相关研究回顾

阐述在回顾周期内产品相关研究或补充研究工作开展情况，如变更研究、工艺控制研究、标准研究等。

12　上一次年度质量报告跟踪

对上一次年度质量报告中建议的改进措施执行情况和执行效果进行跟踪。

13　结论

结论：（举例）××年度，××产品的生产工艺、生产设备未发生变更，所有的偏差、客户投诉、质量分析、生产分析和工艺设备验证表明工艺是稳定可靠的。

建议：（举例）通过回顾分析，认为××产品在以下方面需要进一步加强研究，改进药品质量：产品生产过程的改进，处方的改进，分析方法的改进，再验证……

【案例3】

异常趋势的分析

趋势判异的规则很多，其中最常用的是小概率事件的反证法。即小概率事件在一次抽样中几乎不可能发生，当这些小概率事件发生了，则认为有理由判断趋势异常。

在趋势分析或过程控制中，常见的小概率（a=0.0027）事件，包括：

1　一点落在±3σ以外

第一类的错误概率a ≤ 0.0027。该异常现象是过程控制中最为重要的检验模式，通常对过程中心值和标准差的异常给出信号。

过程中的单个失控，如计算错误、测量误差大、原材料不合格、设备工装发生故障等也可能导致该异常。

2　连续9点落在中心线同一侧

连续9点落在中心线同一侧的概率 $= [(1-0.0027)/2]^9 = 0.0019 < 0.0027$

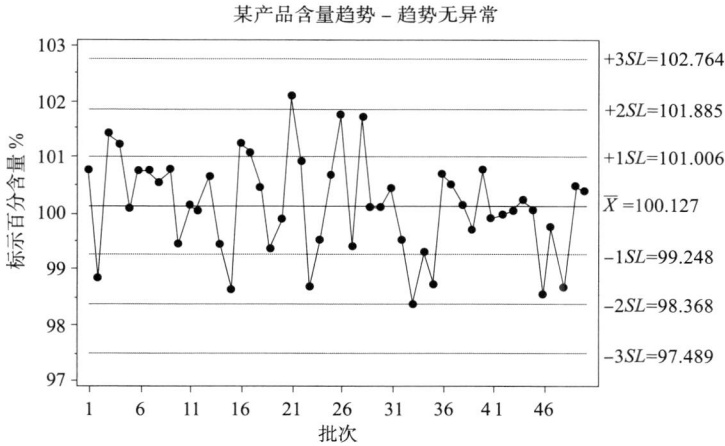

某产品含量趋势 – 趋势无异常

参数 | 估计 | S 限制 | 检验 | 阶段 | Box-Cox | 显示 | 存储

对特殊原因进行所有检验   K

1 个点，距离中心线大于 K 个标准差   3.0

连续 K 点在中心线同一侧   9

连续 K 个点，全部递增或全部递减   6

连续 K 个点，上下交错   14

K+1 个点中有 K 个点，距离中心线（同侧）大于 2 个标准差   2

K+1 个点中有 K 个点，距离中心线（同侧）大于 1 个标准差   4

连续 K 个点，距离中心线（任一侧）1 个标准差以内   15

连续 K 个点，距离中心线（任一侧）大于 1 个标准差   8

帮助   确定(0)   取消

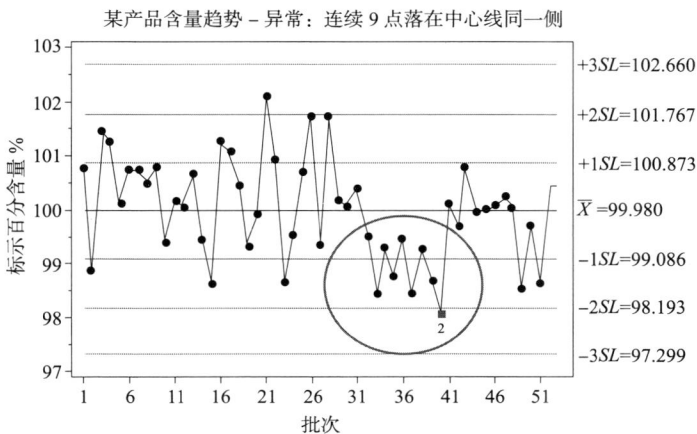

某产品含量趋势 – 异常：连续 9 点落在中心线同一侧

连续 8 点落在中心线同一侧 = $[(1-0.0027)/2]^8 = 0.0038 > 0.0027$

该现象通常反映了过程中心的偏移。

3　连续 6 点递增或递减

某产品含量趋势 – 异常：连续 6 点递增或递减

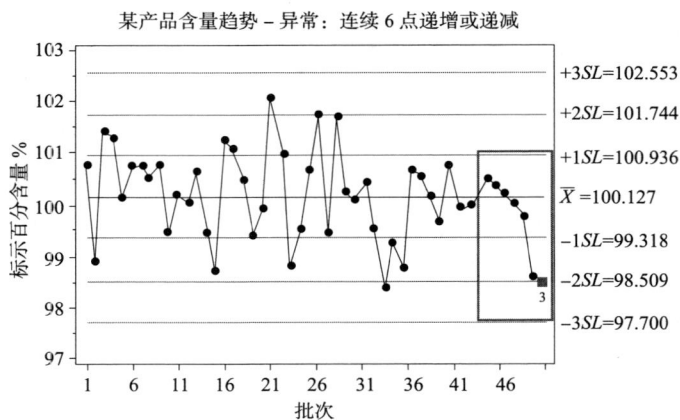

连续 6 点递增或递减的概率 = $[(1-0.0027)^6]/P[6,6] = 0.00137 < 0.0027$

连续 5 点递增或递减 = $[(1-0.0027)^5]/P[5,5] = 0.0082 > 0.0027$

该异常是单纯趋势分析重点关注的现象。

过程中产生趋势变化的原因可能是设备、模具的磨损、维修水平降低、操作人员技能的逐渐变化等，这种变化往往会造成概率 a 也随之变化。递增或递减显示了趋势的变化方向。

4　连续 14 点相邻点上下交替

某产品含量趋势 – 异常：连续 14 点相邻点上下交替

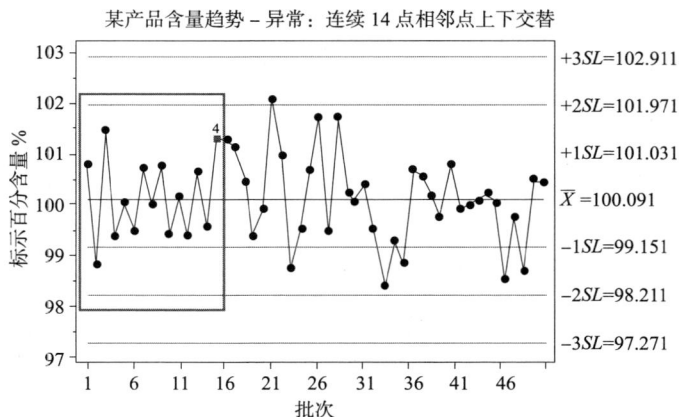

该异常由于并不限定数据落入哪个区域，因而不能由概率计算来决定，是通过蒙特卡罗试验（统计模拟试验）所决定的。

这种数据异常通常由于数据未分层（数据来源于两个总体，如轮流使用两台设备加工或由两位操作人员轮流进行操作）而引起的，也可能是检验过程中存在的周期性变化的异常。

5 连续 3 点中有 2 点落在中心线同一侧的 2σ 以外

某产品含量趋势 – 异常：连续 3 点中有 2 点落在中心线同一侧的 2σ 以外

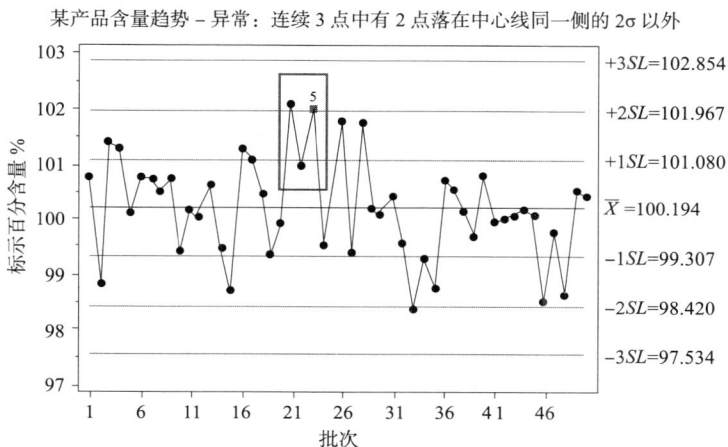

连续 3 点中有 2 点落在中心线同一侧的 2σ 以外的概率 $=\left[\,0.0455/2\,\right]^2=0.05\% < 0.27\%$

4 点中有 3 点可以判异。

6 连续 5 点中有 4 点落在中心线同一侧的 1σ 以外

某产品含量趋势 – 异常：连续 5 点中有 4 点落在中心线同一侧的 1σ 以外

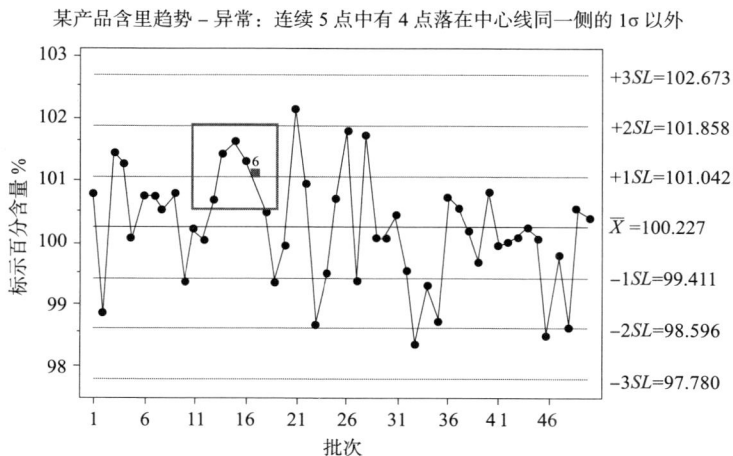

连续 5 点中有 4 点落在中心线同一侧的 1σ 以外 $=\left[0.3173/2\right]^{4}=0.06\% < 0.27\%$

连续 5 点中有 3 点落在中心线同一侧的 1σ 以外 $=\left[0.3173/2\right]^{3}=0.39\% > 0.27\%$

5 点中有 3 点就预示有问题。

7 连续 15 点在 1σ 以内

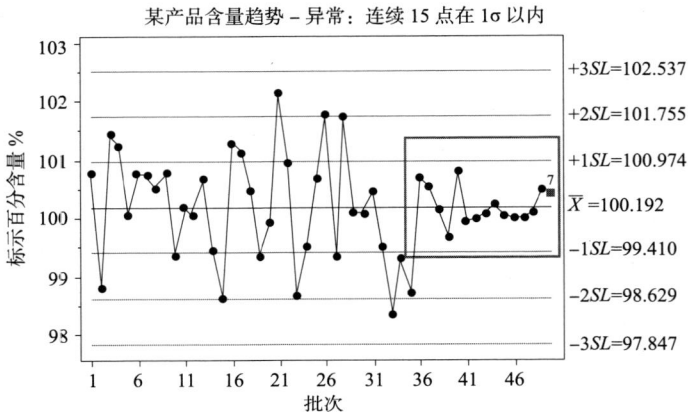

某产品含量趋势 - 异常：连续 15 点在 1σ 以内

连续 15 点在 1σ 以内的概率 $=\left(0.6827\right)^{15}=0.0033 < 0.0027$

连续 14 点在 1σ 以内的概率 $=\left(0.6827\right)^{14}=0.0048 > 0.0027$

出现这种现象通常是由于分布参数 σ 的减小，应进行质量分析，找出原因将良好的状况加以巩固；但也应注意到可能是非随机性所致。如：数据的虚假、数据分层不够以至控制图设计中的错误等。只有排除了这些可能之后才能总结分析现场减小标准差 σ 的先进经验。

8 连续 8 点无一在 1σ 以内

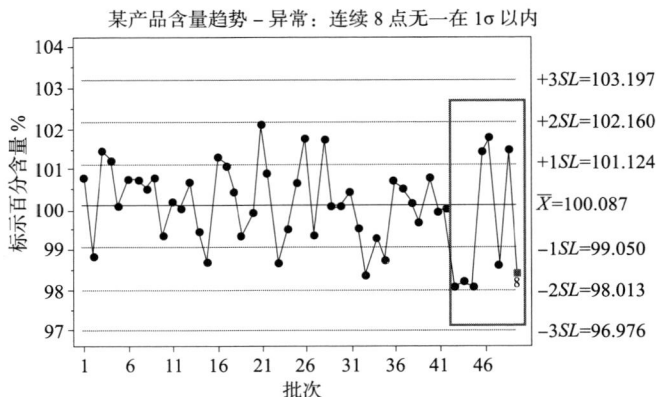

某产品含量趋势 - 异常：连续 8 点无一在 1σ 以内

连续 8 点无一在 1σ 以内的概率 = $(1-0.6827)^8$ = 0.000103

出现该异常可能是分布参数 σ 显著增大，也有可能是数据分层不够，应认真分析。

【案例 4】

年度产品质量回顾分析标准管理规程

1　目的

建立年度产品质量审计的管理规程，以掌握产品质量稳定状况，以便制定提高产品的有效措施。确认工艺的稳定可靠、质量标准的实用，及时发现不良趋势，确定产品工艺的改进方向。

2　范围

公司所有生产的产品。

3　责任

质量管理部组织，各部门配合实施。

4　内容

4.1　定义

为回顾产品年度质量所开展的一项活动，以确认工艺稳定可靠，以及原辅料、成品现行质量标准的适用性，及时发现不良趋势，确定产品及工艺改进的方向。

4.2　产品质量回顾的周期与内容

4.2.1　回顾周期

应在年度生产结束后三个月内全部完成，但在日常生产结束后即完成相关数据采集、汇总。避免在年度生产结束后再统一进行数据的采集。原则上产品质量回顾周期为一年（例如：2020 年 4 月 1 日至 2021 年 3 月 31 日），但如果产品每年生产的批次少于 2~3 批，则在批产品生产后进行。

- 产品质量回顾的内容（应包括但不限于以下内容）
- 产品所用原辅料的所有变更，尤其是来自新供应商的原辅料；
- 关键中间控制点及成品的检验结果；
- 所有不符合质量标准的批次及其调查；
- 所有重大偏差及相关的调查、所采取的整改措施和预防措施的有效性；
- 生产工艺或检验方法等的所有变更；
- 已批准或备案的药品注册的所有变更；
- 稳定性考察的结果及任何不良趋势；
- 所有因质量问题造成的退货、投诉、召回及调查；

- 与产品工艺或设备相关的纠正措施的执行情况和效果；
- 新获批准和有变更的药品，按照注册要求上市后完成的工作情况；
- 相关设备和设施，如空调净化系统、水系统、压缩空气等的确认状态；
- 委托生产或检验的技术合同履行情况。

4.2.3　统计回顾报告期内生产所用原辅料的质量状况和变更情况

对供货质量不稳定的原辅料供应商进行评估，确认是否继续作为合格供应商使用；新增原辅料供应商对其供货质量稳定性进行评定和确认，以确保最终产品的质量可持续稳定的符合质量标准要求。

4.2.4　统计回顾报告期内各产品生产过程关键质量控制点及中间产品、成品的检验结果

对检验数据进行分析，确认在各生产加工过程中，产品质量是否处于持续稳定的状态。检验数据出现无规律性波动时，需进行原因查找和原因分析，制定相应的纠正措施。

4.2.5　回顾总结报告期内所有不合格产品的情况，并调查分析不合格产生的原因，以及对已经采取的纠正措施的有效性进行评价。

（1）列出所有不合格批次。

（2）分析原因。

（3）不合格品的处理。

（4）对不合格采取的纠正措施。

（5）措施的有效性评价。

4.2.6　总结报告期内在生产过程中发生的所有重大偏差和不合格现象，以及对其的分析调查，并对已经采取的纠正或预防措施的有效性进行评价。

（1）列出所有偏差和不合格现象。

（2）分析调查原因。

（3）采取的纠正和预防措施。

（4）措施有效性的评价。

4.2.7　生产工艺或检验方法等的所有变更。

4.2.8　已批准备或备案的药品注册的所有变更。

4.2.9　分析总结留样、产品稳定性试验结果和任何不利的质量趋势。

（1）列出稳定性试验的结果。

（2）对稳定性中产生的不合格结果进行原因分析。

（3）对结果进行评价。

4.2.10 回顾总结报告期内发生的所有与质量有关的退货、召回、客户投诉以及对它们产生的原因的调查。

（1）列出所有与质量问题有关的退货、召回、客户投诉批号。

（2）分析产生这些问题的原因。

（3）处理结果以及客户的反馈意见。

4.2.11 与产品工艺或者设备相关的纠正和预防措施的充分性和有效性进行评估。

（1）列出所有采取的纠正和预防措施。

（2）对措施执行的结果进行评价。

4.2.12 新获批准和有变更的药品，按照注册要求上市后应完成的工作情况。

4.2.13 相关设备和设施，如空调净化系统、水系统、压缩空气等的确认和验证。

4.2.14 产品的检验方法验证、工艺验证、清洁验证的验证状态，主要包括再验证、回顾性验证；列出所有已完成验证一览表，确认产品检验方法、生产工艺、清洁方法均处于持续有效的状态。

（1）列出验证中出现的偏差及其处理结果。

（2）对再验证需要改进的方面提出建议和要求。

4.2.15 对委托生产和委托检验的技术协议的回顾分析，以确保内容更新。

4.2.16 上一年度产品质量回顾的整改情况。

4.2.17 仪器设备的维护保养及校验情况的回顾。

4.2.18 对回顾期内的生产环境检测情况进行总结，是否有异常情况或偏差产生。

4.2.19 对回顾期内的工艺用水质量情况进行总结。

4.3 各部门职责

4.3.1 质量授权人的职责

（1）督促企业按计划开展产品年度质量回顾。

（2）批准产品年度质量报告。

（3）每年将企业生产的产品（包括委托生产产品）的年度质量回顾情况，以书面形式报告当地药品监督管理部门。

4.3.2 质量管理部 QA 职责

（1）建立企业的产品质量回顾管理程序并负责对相关人员进行有效的培训。

（2）负责制定产品年度回顾计划。

（3）协调产品年度回顾数据的收集。

（4）起草年度回顾报告。

（5）组织相关部门对报的讨论。

（6）跟踪及评价报告中的确定纠正或（和）预防措施的实施情况并报告。

（7）产品质量回顾信息汇总、会议召集、报告整理、评价、审批、汇报、分发及归档。

（8）产品放行（拒绝放行）情况。

（9）环境监测情况。

（10）委托生产情况：药品委托生产时，委托方和受托方之间有书面的技术协议，规定产品质量回顾分析中各方的责任，确保产品质量回顾分析按时进行并符合要求。

（11）产品注册报批情况。

（12）产品许可变更情况。

（13）市场上其他企业生产的相同和（或）相似产品的注册信息及药监管理部门相关管理措施的信息收集和分析。

（14）不良反应报告或信息（该年度不良反应的信息汇总，其中包括已经在说明书上体现的已知不良反应信息和在该年度发现、上报或处理的新的不良反应信息和严重不良反应的信息）。

（15）其他有必要的数据收集。

4.3.3　质量管理部 QC 职责

（1）产品的检验质量标准执行情况。

（2）产品相关的超标统计及分析。

（3）产品稳定性情况及趋势分析和评价（包括持续稳定性及加速稳定性）。

（4）产品主要质量指标情况及趋势分析。

（5）产品及用于产品的主要原辅料、包装材料检验方法变更情况及变更后的评价。

（6）工艺用水情况及分析：包括检测结果与质量标准的符合度，与水系统相关的异常情况及相应调查和采取措施的有效性，水源检测情况等。

（7）环境监测情况（沉降菌监测）。

（8）产品涉及的检验用仪器、仪表的校验情况。

（9）委托检验情况。

（10）产品对比性试验情况。

（11）其他必要的数据收集。

4.3.4　生产部职责

（1）产品在生产过程中出现的偏离情况及应对方法、改进和预防措施。

（2）产品的中间体（半成品）、成品以及包装材料的平衡或收率超出规定范围的调查。

（3）产品的收率、平衡统计及分析。

（4）产品生产过程控制情况统计及分析。

（5）产品涉及的生产用仪器、仪表的校验情况。

（6）产品的处方、工艺规程及其变更情况、效果分析。

（7）产品的生产过程中产品质量指标超标后采取的补救、预防措施及效果评价。

（8）工艺验证情况（包括生产工艺和包装工艺）。

（9）内控标准变更后的产品生产过程情况。

（10）产品原辅料供应商变更后，新供应商供应的原辅料首次生产时的工艺验证情况总结。

（11）其他有必要的数据收集，如工艺参数的控制情况及分析。

4.3.5　工程部职责

（1）产品相关的生产用关键设备的变更、运行和验证情况，关键仪器、仪表的校验情况。

（2）生产区域的公用系统（包括：空气净化处理系统、真空系统、工艺用气，产品涉及的工艺用水等）的变更、运行、验证情况。

（3）其他必要的数据收集。

4.4　产品质量回顾工作流程

4.4.1　制定产品质量回顾计划并分派任务

依据公司的具体情况，质量管理部建立产品质量回顾管理程序，制定年度产品质量回顾计划，并按计划实施。根据年度产品质量回顾管理程序所叙述的工作职责，质量管理部 QA 负责按产品年度质量回顾计划，将任务分派到各职能部门，并规定完成时限。

4.4.2　信息收集与报告编制

各相关职能部门按要求收集产品相关信息（数据），并按时交至质量管理部 QA；QA 收集产品相关信息（数据）后，按一定的格式汇总和整理，并进行趋势分析；并负责召集专题会议组织相关人员对产品的相关信息（数据）进行分析、讨论和评价，并对重大事项进行风险评估。

4.4.3　报告审批

质量管理部 QA 负责记录汇总会议的分析讨论结果及回顾本年度产品的质量状况并作出总结：回顾本年度产品的质量状态是否稳定可控；对上一年度提出的建议的落实情况，或改进措施的实施情况及改进效果进行总结；对本年度回顾出现的不良趋势提出建议（包括产品工艺改进、处方改进、分析方法改进、过程控制及成品质量标准改变、再验证需求、产品召回建议等），最终形成报告，并呈报质量授权人审批。

4.4.4　报告分发

经批准的年度回顾报告的复印件分发至各相关部门，原件在质量管理部档案室永久存档。

4.4.5　纠正措施或改进措施的实施与跟踪

跟踪相关部门按照年度产品质量回顾报告中制定的纠正措施或改进措施及完成时间，进行纠正措施或改进措施的实施；质量管理部 QA 跟踪纠正措施或改进措施的实施情况，并将其执行情况汇总在下一年度的产品质量回顾报告中。

5　相关文件

- 《包装材料年度质量回顾表》
- 《原辅料年度质量回顾表》
- 《检验结果超常超标年度回顾表》
- 《重新加工产品年度回顾表》
- 《偏差处理年度回顾表》
- 《环境监测年度回顾表》
- 《变更控制年度回顾表》
- 《校验年度回顾表》
- 《验证年度回顾表》
- 《产品投诉年度回顾表》
- 《产品退货年度回顾表》
- 《产品召回年度回顾表》
- 《不良反应事件年度回顾表》
- 《质量事故年度回顾表》

6　文件变更记录

版本号	生效日期	变更内容	变更情况

3.8　投诉

投诉与不良反应报告通常作为一个整体来讲，因为投诉是发现不良反应的窗口，但企业也可以分开执行。

理论上产品质量可以通过生产过程的有效控制和放行前的产品质量检验来保证，

但实际上仍然需要建立一个有效的投诉管理体系来满足产品疗效与安全、市场、法规等方面的要求。一方面，由于生产过程中通常包含一些不确定因素，这些因素无法通过大量的验证、生产过程的中间检查和最终检查来排除；另一方面，由于产品在放行和销售前，只会抽取有限数量的样品进行质量检验。因此，企业在实际管理过程中会不可避免地收到来自市场的关于产品质量缺陷和（或）其他原因导致的投诉。

GMP（2010 年修订）要求企业建立产品投诉的操作规程，规定投诉登记、评价、调查和处理的程序，并规定因可能的产品缺陷发生投诉时所采取的措施，包括考虑是否有必要从市场召回药品。

3.8.1 投诉分类

客户提出的对任何已经放行的产品有关安全性、有效性和质量（包括稳定性、产品性能、均一性）、服务或产品性能不满的书面、电子或口头的信息都视为投诉。

根据投诉事件的性质可分为医学投诉、质量投诉和疑似假药投诉见表 24。

表 24 投诉的分类

种类	范围
医学投诉	使用药品后发生不良反应事件 * 的投诉
质量投诉	任何从第三方报告的（书面、电子或口头的）关于企业产品潜在的或假定的质量缺陷，包括产品的均一性、稳定性、可靠性、安全性和药效
疑似假药投诉	针对假药的投诉

注：* 不良反应事件是指药物应用于患者或临床试验受试者时出现的任何不良的医学事件，这种医学事件不一定与药物有关。

用户投诉分类：

A 类：无临床意义的质量问题（改换包装后误解，外包装轻微破损，数量短少）。

B 类：不会对用户造成危及或伤害性命的问题，但可能引起麻烦或一定程度的伤害（以前未知的不良反应，稳定性下降）。

C 类：可能存在危及或伤害用户健康的缺陷（误贴标签、剂量差错、患者出现严重的不良反应等）。

根据不同类别的诉讼，企业应及时进行下述处理：

A 类：应立即答复或在 3 日内作出明确答复，执行 A 类用户投诉标准工作程序。

B 类：用户投诉处理负责人应向用户简要说明已接到投诉，同时立即向主管领导汇报，如有必要立即向药品监督管理或卫生行政部门报告，通知有关人员调查取证

（批生产记录、批包装记录、批现场监控记录、批检验记录、留样样品实物检测记录等）。查明原因后，提出处理意见，报主管负责人批准，1～3周内做出明确答复。

C类：首先向用户简要说明已收到投诉，同时立即报告主管负责人、企业法人代表和药品监督管理或卫生行政部门，提请企业法人代表迅速磋商，必要时做出紧急回收召回。

3.8.2　用户投诉管理流程

根据投诉的分类和企业架构等因素的不同，投诉管理的具体流程和步骤可以有所调整。

3.8.3　投诉信息的接收

包括投诉信息从客户到企业联系人，再到企业内部投诉管理部门的过程。

3.8.3.1　客户投诉到达企业联系人

客户以来访、来信、传真、电话或其他形式投诉到企业联系人处（通常为销售部门）；对于口头形式的投诉，如有可能，应要求客户用书面形式予以确认，以避免沟通中的误解和（或）信息丢失。

3.8.3.2　客户投诉到达投诉管理部门

由收到投诉的部门（通常为销售部门）填写客户投诉记录，如有必要连同其他相关信息（如传真件、邮件等）转交给投诉管理部门；或者客户直接投诉到投诉管理部门而未到销售部门的情况下，由负责处理客户投诉的人员填写客户投诉记录；或者销售人员不在工厂（或出差）的情况下，将投诉的信息通过传真、邮件等转交给投诉管理部门后，投诉管理部门根据信息填写客户投诉记录；或者企业其他部门的所有员工在接到或了解到任何产品投诉后，在规定时间内将投诉转到投诉管理部门。

企业在接到投诉信息后，应尽快向客户提供初步反馈，内容包括但不限于：

（1）确认收到投诉信息，以及信息的完整性，是否需要补充投诉信息；

（2）调查正在进行，预计多长时间内给予进一步的反馈。

无论调查进行得是否顺利，始终给客户一个清晰的状态更新是非常重要的，这可以避免客户误解或失去耐心。

3.8.4　投诉信息的收集和分类

投诉接收部门和（或）投诉管理部门在接收到投诉后，应判断收到的投诉信息是否完整、清晰，是否足以据此展开有效的调查。如果需要索取更多的投诉相关信息，应尽量在初次反馈时向客户提出要求，尽可能索取有用的信息，例如照片、图谱或其他检验数据。应由质量管理部门根据投诉的分类标准对具体投诉进行分类，投诉处理过程中如果需要对投诉的类型（例如医学投诉、质量投诉和疑似假药投诉）进行重新判定，或需转入其他调查流程（如制剂厂会有假药处理流程）时，也应获得质量管理部门的批准。

3.8.5　投诉调查和影响的评估

确认已收到适当的投诉信息后，投诉管理部门将客户投诉记录及（或）有关信息转发给以下一个或多个相关部门，启动投诉调查。

（1）销售部门（在投诉未传达到销售部门的情况下）；

（2）公司管理层（必要时），以便了解情况；

（3）供应链（仓库）部门，当对包装（净重或运输）等投诉时，以备产品退回的可能；

（4）质量控制实验室，以便可以对产品进行补充分析调查，并且在产品被退回时有针对性进行复检；

（5）该产品的生产部门；

（6）其他必要的部门（适用时）。

每个被要求进行调查的部门应收集必要文件展开调查，如运货单、销售记录；检验记录和分析报告单、批生产记录等；每个相关部门将进行各自的调查，从引起投诉的各种可能因素入手，查找引起投诉的根本原因，评估潜在的质量影响，并形成书面报告，反馈到投诉管理部门。对于与质量相关的投诉，质量管理部门应组织并领导相关调查，以便发现产品潜在的质量缺陷。针对投诉的调查范围应该覆盖该投诉的根本原因或可能的根本原因及可能影响的所有批次。例如，对于检验的问题，通常需要回顾原始检验记录，对留样进行检验，必要时也可能包括要求客户寄回样品供药品生产企业进行分析检测，或者派出专业技术人员到现场拜访客户，详细了解投诉事实等；对于贴签问题，需要查看相关的生产、贴签、仓储记录和运输记录等；对于超出质量要求范围的投诉，可能需要进一步的实验研究；对于发生在出厂之后的运输途中的质量问题，需要运输商配合调查。企业应根据投诉的具体情况决定投诉调查的方向，必要时可进行额外的检验或实验研究，以确认其影响范围和程度。

投诉管理部门应当检查受到投诉的批次或者受到影响的其他批次产品是否还有库存，如有，将要求物料管理部门立即将其隔离存放，等待进一步的调查或处理。

需要说明的是，现实中客户的投诉并非总是合理的或者总是有充分的事实依据，有时纯粹是出于误解。例如，客户是因为引用了错误的质量标准或者没有正确理解和执行某个检验项目的分析方法，而不是针对该产品的生产过程进行调查；有时客户买到的是假冒产品，这时需要进行鉴别和说明，并根据情况决定是否报告当地药品监督管理部门或者报案。如果能确定投诉依据的事实不成立，则适当地答复客户后即可关闭该投诉，并将记录存档。对于一些客户的质疑，如果不需要调查即可以直接答复或解释的，可以不进行调查，但是要写明原因，并由决定不调查的决定人在投诉记录上签名。

各部门的投诉调查应当及时，这也是及时答复客户的前提。投诉处理的快慢直接影响客户对企业的满意度。

3.8.6 纠正和预防措施

在投诉调查部门的配合下（调查结果的评估，与客户投诉信息的对比），投诉管理部门对投诉进行评估。

首先判定投诉是否合理。如果投诉判定为不合理，则由投诉管理部门书写答复报告，答复客户。如果投诉判定为合理，投诉处理负责部门将与其他相关部门合作，决定产品是否需从投诉的客户处退回，以及是否需要启动产品召回程序，从相关客户处召回相关产品。其次判断投诉问题是否出在企业内部。如果不是，投诉管理部门将客户投诉的全部资料存档保存，以备再次发生时的重新评估；或者由物流部将投诉转达给贸易商/经销商或承运商（运输过程中的损坏）；或者由物流部将改进要求转达给海关商检部门（清关抽查检验活动造成的问题）；或其他可能的第三方改进。如果是，产生问题的部门均应在客户投诉调查表上或另附相关文件，填写调查处理报告，说明出现问题的原因及纠正和预防措施，上交投诉管理部门，以便答复客户的投诉。

除了被投诉的批号外，如果引起投诉的原因在其他批号中也存在，则对其他批号的产品也要进行同样的调查及采取相应的行动。

对于每个合理投诉，都应当针对问题提出并记录合理的纠正和预防措施，在措施通过审核后，或在必要时得到客户认可后，应当遵照措施进行相应的整改。投诉处理负责部门应当对纠正和预防措施进行跟踪，直至完成，完成后应当对其有效性进行评估，有效的措施才能关闭投诉，对无效或有效性不高的措施应当考虑重新制定。

无论是哪种情况，制药企业都应充分利用投诉系统，不断改进产品质量和质量管理体系。

3.8.7 答复客户

不论是合理投诉还是不合理投诉，都应当将调查结果告知客户。质量管理部门负责从质量方面批准给客户的答复，销售部门负责从业务方面批准给客户的答复。答复客户后，客户可能会针对答复报告提出质疑或询问，企业内部可能需要针对客户的质疑进行再次或多次的调查，并提供第二次、第三次的补充答复，直至问题解决，客户接受企业的调查结果。

企业应根据投诉的性质和相关法律法规判断是否需要报告相关监管部门。例如药品不良事件应在适用的规定期限内及时报告；如企业出现生产失误、药品变质或其他重大质量问题，在考虑采取相应措施的同时还应及时向当地药品监督管理部门报告。

3.8.8 关闭投诉

通常需要得到客户对调查答复报告的满意答复后才能结束投诉（当然纠正和预防措施需要继续进行）。但是对于一些不合理投诉，或已经答复几次的合理投诉，客户不一定会再有反馈，这时企业可以人为地确定一个时间，例如最终答复客户后 1 个月内无反馈则关闭投诉并将相关记录归档保存。

3.8.9 投诉记录的要求

投诉记录是记录从投诉信息的接收到投诉关闭整个过程的信息，应当包括但不限于以下内容。

（1）投诉人或公司的名称、地址、电话等信息；

（2）接收投诉的人（部门）及收到投诉的日期；

（3）投诉的内容和性质，包括投诉的原始信函或文件，产品名称、批号、数量，投诉的分类等；

（4）投诉调查采取的行动，包括执行人和日期；

（5）投诉调查的结果和日期；

（6）因投诉发起的纠正和预防措施；

（7）对投诉人或公司的答复（包括答复内容和时间）；

（8）对投诉发起的纠正和预防措施的跟踪；

（9）投诉产品的处理，相关批号产品的处理；

（10）任何投诉人对投诉的补充及投诉答复的反馈；

（11）关闭投诉的时间及理由。

另外，企业应制定合理的投诉编号规则，由投诉管理部门对投诉进行登记编号，以便对投诉进行识别、沟通和统计分析。必要时，企业应当建立投诉台账，以方便对各个投诉进行检索。

3.8.10　文件和样品的保存

所有与投诉相关的必要的信息应当归档。一个投诉档案应当至少包括以下资料：客户的书面投诉通知（适用时）、投诉记录表、投诉调查报告及相应的附属资料、投诉的答复报告、客户对投诉最终答复报告的接受意见（适用时）、投诉样品等。投诉档案应当保存足够长的间，需要时应当能够方便地查阅。

4

第 4 部分

确认与验证

4.1　术语

确认　是指证明厂房、设施、设备能正确运行并可达到预期结果的一系列活动。

验证　是指证明任何操作规程、方法、生产工艺或系统能够达到预期结果的一系列活动。

4.2　确认与验证的对象和范围

确认主要针对厂房、设施、设备和检验仪器。其中厂房和设施主要指药品生产所需的建筑物已经与工艺配套的空调系统、水处理系统等公用工程；生产、包装、清洁、灭菌所用的设备以及用于质量控制的检测设备、分析仪器等也都是确认的考察对象。

而验证主要考察生产工艺、操作规程、检验方法和清洁方法等。GMP 对计算机化系统就行了定义，其中虽未明确规定验证的要求，但在制药行业中通常认为计算机化系统也属于验证的范畴。

根据确认和验证术语的释义，定义了实施对象的不同，而对目标的表述却相同，都是证明达到预期结果。

确认是已经有了明确的要求或标准，确认结果是证明对象与设计要求或标准的符合性；验证是已经有了明确的目的，验证结果是证明系统和过程的可靠性和重现性。

4.3　验证的分类

根据验证的定义，验证可以按验证方式和验证对象进行分类

4.3.1　按验证方式分类

按照不同的方式分类，验证可分为前验证、同步验证、回顾性验证和再验证。

（1）前验证也称为预验证、初验证或首次验证，是指在厂房设施、设备仪器、工艺规程等正式投入使用前进行的验证。

（2）同步验证是指在正式生产的同时边生产边进行的某个项目的验证。

（3）回顾性验证是指以过去生产过程中所记录的数据为基础，并对这些数据进行统计分析，旨在证实正式生产工艺条件适用性的验证。

（4）再验证也称为复验证，是指经过前验证的工艺、设施设备等在使用一定周期后进行的验证，也应用于当影响产品质量的工艺参数等主要因素、质量控制方法、主

要原辅材料、主要生产设施设备等发生改变（变更）或者经过重大维修维护后进行的验证，另外也适用于在对药品生产过程中进行风险分析或在趋势分析中发现有系统性偏差所要进行的验证

4.3.2　按验证对象分类

按照不同的对象分类，验证可分为厂房设施与设备的验证、生产设备验证、产品工艺验证（process validation，PV）、分析方法验证和清洁验证。

（1）厂房设施与设备的验证包括厂房验证、公用设施验证（空气净化系统、工艺用水系统等系统）。

（2）生产设备验证包括单机设备验证和设备系统的验证。

（3）产品工艺验证即对某个产品工艺的整体进行的验证，也可以是对工艺中关键工序进行的验证。

（4）分析方法验证即对药品检测分析所使用的分析方法进行的验证。

（5）清洁验证即对与药品及生产所用到的原料、辅料、包装材料，生产所用到的介质、水等发生直接接触的设备、管道、容器、器具等洁净厂房的清洁效果进行的验证。

4.4　验证生命周期

验证是建立一个书面的证据，保证用一个特殊的过程始终如一地生产产品且保证符合客户预先确定规格的质量特性。要进行验证工作，就必须按照验证生命周期设计出一套完整的验证计划（validation plan，VP）及有效的测试方法。通过系列化的研究完成的过程称为生命周期。验证生命周期是以制定用户需求说明为起点，经过设计阶段、建造阶段、安装确认（installation qualification，IQ）、运行确认（operational qualification，OQ）和性能确认（performance qualification，PQ）来证实用户需求说明是否完成的一个周期，V 模型是验证生命周期的常用模型。

4.5　验证的组织及职责

对于制药企业来讲，验证是一项经常性的工作且对验证人员的专业知识有很高的要求所以建议成立专管部门并由专人进行管理。职责包括验证管理和操作规程的制定与修订，变更控制的审核，验证计划、验证方案的制定和监督实施，参加企业新建和

改建项目的验证及新产品生产工艺的验证，企业验证总计划的制定、修订和执行情况的监督。

例如实施工艺验证（PV），职责划分一般如下。

4.5.1　研发部

负责处方开发、研究、产品注册申报及对 PV 进行技术支持、指导。

4.5.2　制造部

负责编制工艺验证方案（生产部分），实施工艺验证。

4.5.3　QC（质量控制）部

负责编制工艺验证方案（取样、检验部分），实施检验。

4.5.4　QA（质量保证）部

负责审核、批准方案及报告，生产监控。

4.5.5　工程部

负责提供洁净环境及动力能源支持。

4.5.6　供应部

负责采购生产用物料、检验用物料。

4.6　确认与验证的实施

4.6.1　提出验证要求

验证要求的提出可以由药品生产企业如研究开发、生产技术、质量检验管理、工程维护、生产车间等，也可以由有关的项目小组以书面方式提出。

4.6.2　建立验证组织

企业按提出的验证要求成立验证小组，验证小组负责验证规程的制定和修订、验证方案的起草和协调、验证计划的制定和监督实施、验证文件的管理等。

4.6.3　制定确认和验证计划

所有的确认和验证活动都应有组织地按照计划进行准备和执行，并且活动应按照正式批准的程序和方法实施。所有对于确认和验证的组织、计划以及实施方式等的要求都应在验证总计划中进行描述。

中国 GMP 中第一百四十五条和第一百四十六条对于确认和验证的计划作了明确规定。

4.6.3.1　验证总计划要求

验证总计划是总结公司确认和验证的整体策略、目的和方法的文件。它的作用是确定确认和验证的策略、职责以及整体的时间框架。其一般要求包括如下。

（1）应对所有的厂房、设施、设备、计算机化系统，与生产、测试或储存相关的规程、是否需要确认或验证进行评估。

（2）确认：厂房、设施、设备等。

（3）验证：生产工艺、分析方法、清洁程序或计算机化系统等。

（4）应能反映上述确认和验证活动的状态。

（5）应有定期回顾。

（6）应能及时更新。

4.6.3.2　验证总计划主要内容

验证总计划应是一个简洁清晰的概况性文件，其他文件（如公司政策文件、SOP、验证方案、报告等）中已经存在的内容只需在验证总计划中列出参考文件编号即可，不必重复内容。通常，验证总计划应包括以下内容。

（1）概述

①公司的确认和验证方针，对于验证总计划所包含的操作的一般性描述、位置和时间安排（包括优先级别）等。

②所生产和检测的产品。

（2）各部门的职责和组织结构

①验证总计划。

②起草确认和验证方案、报告。

③确认和验证的实施。

④批准确认和验证文件。

（3）所有厂房、设施、设备、仪器等的清单以及确认的需求，应包含所有厂房、设施、设备、检验仪器等，以及对它们是否需确认的评估结论、确认的状态，下一次再评估或周期性再确认的日期（计划）。

（4）所有工艺过程、分析方法和清洁程序的清单以及验证的需求，包含：所有生产工艺、分析方法、清洁（消毒或灭菌）程序、其他过程（如运输），以及对它们是否需验证的评估结论、验证的状态，下一次再评估或周期性再验证的日期（计划）。

（5）所有计算机化系统的清单以及验证的需求，包括：所有计算机化系统，是否需验证的评估结论、验证的状态，下一次再评估或周期性再验证的日期（计划）。

（6）确认和验证文件的格式：对确认和验证的方案及报告的格式进行规定。

（7）制定上述确认和验证活动的计划，包括时间安排等。

除了上述的验证总计划外，企业还可以根据需要建立针对项目或针对特定产品的验证总计划。

4.7　确认

确认包括设计确认（DQ）、安装确认（IQ）、运行确认（OQ）和性能确认（PQ）。GMP 对这几种类型的确认所应实现的目标已作了要求。

厂房、设施、设备等的生命周期包含设计、采购、施工、测试、操作、维护、变更以及退役，而确认工作应贯穿生命周期的全过程，确保生命周期中的所有步骤始终处于一种受控的状态。确认中的测试项目、范围和程度由风险分析而定。当发生变更时，应执行变更管程序并通过风险评估确定是否需要进行再确认。

4.7.1　设计确认

设计确认（design qualification，DQ）是证明厂房、设施、设备的设计符合预定用途和 GMP 要求，新的厂房、设施、设备确认的第一步为设计确认。

设计确认是有文件记录的对厂房、设施、设备等的设计所进行的审核活动，目的是确保设计符合用户所提出的各方面需求，经过批准的设计确认是后续确认活动（如安装确认、运行确认、性能确认）的基础。通常，设计确认中包括以下的项目。

4.7.1.1　用户需求说明文件（user requirement specification，URS）

用户需求说明文件是从用户角度对厂房、设施、设备等所提出的要求。需求的程度和细节应与风险、复杂程度相匹配，其中针对待设计的厂房、设施、设备等可以考虑以下内容。

（1）法规方面的要求（GMP 要求、环保要求等）。

（2）安装方面的要求和限制（尺寸、转质、动力类型、洁净级别等）。

（3）功能方面的要求。

（4）文件方面的要求（供应商应提供文件及格式要求，如图纸、维护计划、使用说明、备件清单等）。

4.7.1.2　技术规格说明文件（technical specification，TS）

技术规格说明文件是从设计者角度对厂房、设施、设备等怎样满足用户需求所进行的说明，技术规格说明应据用户需求说明文件中的条款准备，其中应包括必要的技术图纸等。

4.7.1.3　对比用户需求说明和技术规格说明

可采用表格的方式将需求条数与设计条款进行逐条比对，并将比对的结果进行记录，为了方便比对以及对相应条款进行引用，建议对每一条需求和技术规格单独编号。

4.7.1.4　风险分析

企业应通过风险分析确定后续确认工作的范围和程度，并制定降低风险的措施。降低风险的措施可以是确认中的某项具体测试，或者增加相应的控制或检查规程等，这些措施的执行情况需在后续的确认活动中进行检查。

对于标准化的设备，"设计"在很多情况下仅仅是对不同的型号进行选择的活动，在这样的情况下，设计确认的内容可以根据设备的复杂程度以及"客户化"的程度相对简化，例如，标准的或"低风险"的设备，可以将需求文件在采购文件之中进行描述，不需要单独建立用户需求说明或技术说明。

4.7.2　安装确认

安装确认（installation qualification，IQ）是证明厂房、辅助设施和设备的建造和安装符合设计标准，制药企业应对新的或发生改造之后的厂房、设施、设备等进行安装确认，设备、设施、管路的安装以及所涉及的仪表应对照工程技术图纸及设计确认文件进行检查。供应商提供的操作指导、维护和清洁的要求等文件，应在安装确认过程中收集并归档。新设备的校准需求和预防性维护的需求应在这一阶段定义。安装确认至少应包括以下检查项目。

4.7.2.1　到货的完整性

将到货的实物与订单、发货单、DQ 文件等进行对比；检查设计确认文件中所规定的文件（如操作说明、备件清单、图纸等）是否齐全。

4.7.2.2　材质和表面

检查直接接触产品的设备材质类型和表面的光滑程度；检查可能对产品质量产生影响的其他物质，如润滑剂、冷却剂等。

4.7.2.3 安装和连接情况

对照图纸检查安装情况（机械安装、电器安装、控制回路等）、加工情况（如焊接、排空能力、管路斜度、盲管等）、设备等的标识（内部设备编号的标识、管路标识等）；检查设备设施等与动力系统（如供电）的连接情况；检查设备设施等与公用设施（如压缩空气系统、冷水系统等）的连接情况。

4.7.2.4 初始清洁

有针对初始清洁操作的 SOP、可接受标准及清洁记录。

4.7.2.5 校准

列出厂房、设施、设备等包含的所有测量控制用仪表，进行校准需求的评估，对需校准的仪表等建立校准方法和可接受标准，并完成初始校准及记录。

4.7.2.6 文件收集及整理归档

由供应商提供的操作指导、维护方面的要求；建立设备设施等的工作日志（logbook）、技术图纸等的审核，确认为最新状态。

4.7.3 运行确认

运行确认（operational qualification，OQ）应在安装确认完成之后进行，主要是证明厂房、辅助设施和设备的运行符合设计标准，其中的测试项目应根据对于工艺、系统和设备的相关知识而制定。测试应包括所谓的"最差条件"即操作参数的上下限度，例如最高和最低温度，而且测试应重复足够的次数以确保结果可靠并且有意义。运行确认应至少包括以下内容。

4.7.3.1 功能测试涉及

设备的基本功能；系统控制方面的功能（如报警、自动控制等）；安全方面的功能（如设备的急停开关功能，安全连锁功能等）。应有相应的测试方法、可接受标准和记录。

4.7.3.2 培训

在运行确认结束之前，应确认相关人员的培训已经完成，其中应至少包括设备操作、维护、清洁以及安全指导方面的内容。

4.7.3.3 检查 OQ 中所使用到的测量用仪器

必须确保运行确认中所使用的测量用仪器等都经过校准。

4.7.3.4 检查相关文件的准备情况

这些文件都应在运行确认结束前完成。包括如下方面。

（1）操作规程。与设备设施操作、清洁相关的操作规程应在运行确认过程中进行完善和修改，并在运行确认结束之前完成。

（2）预防性维护计划。新设备应加入企业预防性维护计划中，并且计划被批准。

（3）校准计划。需校准的项目应加入企业校准计划或系统中，并且计划被批准。

（4）监测计划。需进行日常监测的项目应加入日常监测计划中，并被批准。

4.7.4　性能确认

性能确认（performance qualification，PQ）应在安装确认和运行确认成功完成之后执行，应能证明厂房、辅助设施和设备在正常操作方法和工艺条件下能持续有效地符合标准要求。尽管将性能确认作为一个单独的活动进行描述，在有些情况下也可以将性能确认与运行确认结合在一起进行。运行确认是通过文件证明当设备、设施等与其他系统完成连接后能够有效地可重复地发挥作用，即通过测试设施、设备等的产出物（例如纯化水系统所生产出的纯化水，设备生产出的产品等）证明其正确的性能。

性能确认中，可以使用与实际生产相同的物料，也可以使用有代表性的替代物料（如空白剂）。测试应包含"最差条件"，例如在设备最高速度运行时测试。

4.7.5　再确认

厂房、设施、设备等完成确认之后应通过变更管理系统进行控制，所有可能影响产品质量的变更都应正式申请、记录并批准。厂房、设施、设备等的变更可能对产品质量影响时应进行评估，其中包括风险分析。通过风险分析确定是否需要再确认以及再确认的程度。

厂房、设施、设备等的初次确认完成之后，应对它们的确认状态进行维护。在没有发生较大的变更情况下，可以通过对维护、校准、工作日志、偏差、变更等的定期回顾，确保厂房、设施、设备等的确认状态。这种周期性的回顾可视为再确认。当发生改造、变更或反复出现故障时，需通过风险评估确定是否进行再确认，以及再确认的范围和程度。

4.7.6　试运行（commissioning）

4.7.6.1　概述

试运行是在进行确认时经常被提及的概念，试运行是一种工程学方法，主要是针对工程和机械方面的检查和测试。它通过充分的计划、文件记录以及控制管理，将设施、系统和设备启动并移交至终端用户，并确保它们符合设计标准以及用户的需求。可以这样理解，在完成了试运行之后，设施、系统和设备等从机械和工程角度已经具备了使用条件。试运行应由供应商和用户的工程技术人员共同完成。

试运行中包括了验收阶段经常涉及的供应商工厂的验收测试（factory acceptance test，FAT）和用户工厂的验收测试（site acceptance test，SAT），常见的检测项目如下。

（1）安装和文件的检查。检查到货情况和完整性以及供应商提供的文件；电气安装（测量仪器、传动装置、过程控制系统、安全装置、报警装置等）；检查机械安装（部件的标识、尺寸、安装和调整、配置、紧固度、排空能力、焊接材料、管路斜度等）；根据用户需求检查可清洁度；校准确定关键仪表或仪表回路，以及校准的范围和允许的最大误差范围。

（2）建立必要的规程，如维护的规程。

（3）功能测试。测试每个单独组成部分的功能。

（4）根据功能规格检查完整系统的功能，包括过程控制系统、数据采集和监控系统、可编程的逻辑控制器等。

（5）检查操作的技术范围和限度。

（6）根据用户需求检查系统的性能。

4.7.6.2　试运行与确认的关系

确认活动依据《药品生产质量管理规范》（GMP）执行，通过文件证明厂房、设施、设备等可以达到预期的结果。其重点考察可能影响产品质量的关键因素，这些关键因素通过风险分析进行确定。而试运行主要依据良好工程管理规范（GEP）执行，是在工程技术方面对厂房、设施、设备等进行的测试和接收，主要关注工程学方面的要求。例如，电路的连接及标识、液压系统等

制药企业内的所有设备和设施都应通过风险评估判断它们的风险水平以及对产品质量的影响，只有那些对产品质量可能产生影响的设备和设施需要进行确认。因此，并不是所有设备都需进行确认，但是从工程技术角度来说，所有的设施、设备等在正式接收之前都应进行必要的技术检查。

设备安装调试完成后需进行设备验证工作，即安装确认（IQ）、功能确认（OQ）和运行确认（PQ），这3个确认文件应依据"用户需求""技术要求"和"设计确认"，在很多情况下，安装确认和运行确认是与试运行同时执行的，它们的内容存在重叠的情况，即试运行中的某些测试或检查项目与确认中的项目相类似，甚至完全相同。例如，检查并记录设备的型号、功率，与公用系统的连接等。但确认活动对文件的要求更为严格，同时要求质量管理部门参与。

4.8　验证

验证是质量体系中的一个基本要素，用来确保工艺、过程、方法或系统等能够实现预定的用途。常见的验证有：关于生产工艺的工艺验证，关于清洁程序的清洁验证，关于分析方法的分析方法验证，关于计算机化系统的计算机化系统验证。

4.8.1　工艺验证

所有市售药物产品或药物中间体的生产过程都需要验证。生产工艺中涉及的可能影响最终产品质量的因素应在工艺的开发阶段确定，在开发结束之后通过工艺验证对这些因素的影响进行系统化的评估。

4.8.1.1　工艺验证的类型

工艺验证通常可以按照以下三种方式进行：前验证（也可被称为前瞻性验证或预验证）、同步验证和回顾性验证。

（1）前验证：针对新的生产工艺或当工艺发生重大变化时所进行的工艺验证应采用前验证的方式，在验证成功结束之后才可以放行产品。工艺验证中所生产的产品批量应与最终上市的产品批量相同。通常，工艺验证要求进行连续三个成功批次的生产。

（2）同步验证：在某些非常特殊的情况下也可以接受通过同步验证的方式进行工艺验证，即在常规生产过程中进行验证。同步验证中生产的产品如果符合所有验证方案中规定的要求，可以在最终验证报告完成之前放行。进行同步验证的决定必须合理、有文件记录并且经过质量管理部门批准。同步性验证方法适用于以下情况。

①由于需求很小而不常生产的产品，如"孤儿药物"，即用来治疗罕见疾病的药物或年生产少于 3 批的产品。

②生产量很小的产品，如放射性药品。

③从前未经验证的遗留工艺过程，没有重大改变的情况下。

④已有的、已经验证的工艺过程发生较小的改变时。

⑤已验证的工艺进行周期性再验证时。

（3）回顾性验证：有些历史遗留的产品未进行工艺验证。这些工艺过程在满足以下条件时可以通过对历史数据回顾的方式进行回顾性验证。

①一直按照市售产品批量规模进行生产，能够很好地理解生产中的工艺过程都已记录下来。

②有通过药典规定或经过验证实验方法进行检测所得到的充足可靠的验证数据。

③对关键程序参数和关键质量特性做了规定并进行了控制。

④建立了工艺过程的中间控制和可接受标准。

⑤没有由于操作失误和设备故障之外引起的任何工艺过程或产品失败。

⑥在产品生产中应用的药物活性成分的杂质谱图已经建立。

⑦工艺过程没有重大的历史改变。

⑧所有关键工艺参数和关键质量特征都可以作为有代表性的历史数据。

⑨执行回顾性验证的决定应得到质量管理部门批准。

此类验证活动只适用于成熟的已进行常规生产的工艺，当发生产品组分变更，操作规程、方法或设备变更时不允许使用回顾性验证。回顾性验证基于历史数据，所涉及的过程应包括准备验证的方案、报告数据回顾的结果、作出相应的结论和建议。

回顾性验证的数据来源包括以下内容。

①批生产过程记录和包装过程记录。

②过程控制图表。

③以往数据资料。

④变更控制记录，如工艺过程仪器、设备和设施的变更记录。

⑤工艺过程的性能表现，如工艺能力分析。

⑥已完成产品的数据，包括趋势和稳定性结果。

回顾性验证中所选的批次应能代表回顾周期内生产的所有批次，包括不符合质量标准的批次，并且批数应足够多。此外，为了获得足够数量或种类的数据，回顾性验证可能需要对留样进行额外测试。通常，回顾性验证需通过 10～30 个连续批次的数据进行检查。

4.8.1.2　工艺验证的前提

工艺过程验证的前提条件包括以下几个方面。

（1）已经批准的生产处方、基准批记录（master batch record，原版空白批记录）以及相关的 SOP。

（2）基准批记录的建立应基于处方和工艺规程，它应该带有专门、详细的生产指导和细则，须建立于验证方案起草之前，并在工艺过程验证开始前得到批准。基准批记录中需规定主要的工艺参数，例如活性原料和辅料的量，包括造粒和包衣过程所需溶液的量，确定关键工艺过程参数以及参数范围。

（3）设备（包括实验室设备）确认，在生产工艺过程验证前，所有参与验证的设施、设备、系统（包括计算机化系统）都必须完成设备确认。设备确认完成的情况应包括在工艺验证方案中。

（4）可能影响工艺验证的支持性程序（如设备清洁、过滤、检查和灭菌）都须事先经过确认或验证。

（5）关键仪表都已经过校准。

（6）终产品、过程中间控制检测、原料和组成成分都应该具备经过批准的标准。

（7）购买、储存并批准工艺验证所需的原料和组成成分。

（8）使用经过验证的检验方法。

（9）参加验证的人员须在工作前进行培训，并将培训记录存档。

4.8.1.3　工艺验证的主要内容

工艺验证应对可能影响产品质量的关键因素进行考察，这些因素应通过风险评估进行确定，至少包括如下内容。

（1）起始物料。一般来说，起始物料如果具备下列特点，则被认为是关键起始物料。起始物料的波动可能对产品质量产生不良影响；起始原料决定了产品的关键特性，例如缓释制剂中影响药物释放的材料。因此，应对产品配方中的所有起始物料进行评估，以决定其关键性。应尽可能在工艺验证的不同批次中使用不同批的关键起始物料。

（2）工艺变量。如果工艺变量的波动可能对产品质量产生显著影响，则被认为是关键的工艺变量。在验证方案中，应对每一个关键变量设置特定的接受标准。关键工艺变量应通过风险评估进行确定，整个生产过程从起始物料开始，到成品结束都需要包含在风险评估中。

常见的关键工艺变量包括：工艺时间，温度，压力；电导率；pH 值；不同工艺阶段的产率；微生物负荷；已称量的起始原料、中间物料和半成品的储存时间和周期；批内的均匀性（通过适当的取样和检测进行评估）。

（3）中间控制。在工艺验证中应对重要的生产过程中间影响因素进行监控，并对结果进行评估。这在后面的实例分析中加以了描述。

（4）成品质量测试。产品质量标准中所有的检测项目都需要在验证过程中进行检测。测试结果必须符合相关的质量标准或产品的放行标准。

（5）稳定性研究。所有验证的批次都应通过风险分析评估是否需执行稳定性考察，以及确定稳定性考察的类型和范围。

（6）取样计划。工艺验证过程中所涉及的取样应按照书面的取样计划执行，其中应包括取样时间、方法、人员、工具、取样位置、取样数量等。通常，工艺验证应采用比常规生产更严格的取样计划。

（7）设备。在验证开始之前应确定工艺过程中所有涉及的设备，以及关键设备参数的设定范围。验证范围应包含"最差条件"，即最有可能产生产品质量问题的参数设定条件。

此外，对验证结果进行评估时可以采取对比的方式识别质量方面的波动。例如，首次验证所生产的产品应与用于药品申请时所生产的产品（关键批或生物等效批）质量进行对比，由于工艺变更引起的再验证，验证产品应与变更前的产品质量进行比较。

4.8.1.4　工艺验证文件

（1）验证方案，内容包括如下方面。

①将要使用的验证方法的描述，如预验证、回顾性验证、同步性验证，并带有对所选方法的理由说明。

②产品描述，包括产品名称、剂型、适用剂量和待验证基准批记录的版本。

③过程流程图表，说明关键过程步骤以及监控的关键过程参数。

④原料列表，包括参考标准和物料代码，如物料清单。

⑤参与验证的设备和设施列表，以及是否经过确认。

⑥所有用于验证的测试设备仪表都应该在校准有效期内。

⑦产品的定义，包括终产品的标准，包括中间过程控制标准、已有药品的相等性。

⑧关键过程参数和操作范围，包括对其范围的理由说明或包含理由说明的其他参考。

⑨文件，包括验证涉及的所有文件，如文件名称、文件编号等。

⑩可接受标准，如重量差异可接受标准、微生物可接受标准等。

⑪取样计划，包括形式、数量和样品数，特殊取样及操作要求。

⑫稳定性测试要求。若无要求，方案须包含对这一决定的评估理由。

⑬记录和评估结果的方法，如统计分析。

⑭对均匀性研究的要求或现行研究的参考。

⑮验证方案须清楚定义试验条件，并且说明在验证中如何达到这些条件。

（2）验证报告，内容包括如下方面。

①题目、批准日期和文件编号。

②验证目标和范围。

③验证实验实施的描述。

④结果总结。

⑤结果分析。

⑥结论。

⑦偏差和解决方法。

⑧附件（包括原始数据）。

⑨参考资料（包括验证方案号和版本号）。

⑩对需要纠正缺陷的建议。

4.8.1.5　生产工艺再验证

生产工艺的再验证主要针对以下两种情况。

（1）当发生可能影响产品质量的变更或出现异常情况时，应通过风险评估确定是否需进行再验证，以及确定再验证的范围和强度。可能需要进行再验证的情况包括如下方面。

①关键起始物料的变更，可能影响产品质量的物理性质，如密度、黏度或粒度分布。

②关键起始物料生产商的变更。

③包装材料的变更，如塑料代替玻璃。

④扩大或减小生产批量。

⑤技术、工艺或工艺参数的变更，如混合时间的变化或干燥温度的变化。

⑥设备的变更，如增加了自动检查系统。设备上相同部件的替换通常不需要进行再验证，但可能影响产品质量的情况除外。

⑦生产区域或公用系统的变更。

⑧发生返工或再加工。

⑨生产工艺从一个公司、工厂或建筑转移到其他公司、工厂或建筑。

⑩反复出现的不良工艺趋势或偏差、产品质量问题或超标结果。这些情况下应先确定并消除引起质量问题的原因之后再进行再验证。

⑪异常情况，如在自检过程中或工艺数据趋势分析中发现的异常情况。

（2）周期性的再验证：生产工艺在完成首次验证之后，应定期进行再验证以确定它们保持验证状态并仍能满足要求，再验证的频率可以由企业根据产品、剂型等因素自行制定。周期性的再验证可以采用同步验证的方式、回顾的方式或二者相结合的方式进行，方式的选择应基于品种和剂型的风险。如果采用回顾的方式，回顾时需考虑以下内容。

①批生产过程记录和包装过程记录。

②过程控制图表，以往数据资料。

③变更控制记录，如工艺过程仪器、设备和设施。

④工艺过程的性能表现，如工艺能力分析。

⑤已完成产品的数据，包括趋势和稳定性结果。

⑥前次验证中定义的纠正或预防性措施，如适用。

⑦工艺验证状态的变更。

⑧召回、严重偏差以及确定的由相应工艺导致的超标结果（放行时或稳定性测试中）、合理的投诉以及退货也应进行评估。

⑨放行测试、稳定性考察及（或）中间过程控制数据的趋势。

⑩与工艺相关的质量标准限度、检验规程、验证文件的当前状态。

4.8.2　清洁验证

4.8.2.1　清洁验证的一般要求

清洁验证是通过文件证明清洁程序有效性的活动，它的目的是确保产品不会受到来自于同一设备上生产的其他产品的残留物、清洁剂以及微生物污染。

中国 GMP 第一百四十三条对清洁验证有如下要求："清洁方法应当经过验证，证实其清洁的效果，以有效防止污染和交叉污染。清洁验证应当综合考虑设备使用情况、所使用的清洁剂和消毒剂、取样方法和位置以及相应的取样回收率、残留物的性质和限度、残留物检验方法的灵敏度等因素。"

为了证明清洁程序的有效性，在清洁验证中应至少执行连续三个成功的清洁循环。

对于专用设备，清洁验证可以不必对活性成分进行考察，但必须考虑清洁剂残留以及潜在的微生物污染等因素，对于一些特殊的产品，还应考查降解产物。对于没有与药物成分接触的设备，如加工辅料用的流化床或包衣片所使用的包装设备，清洁验证也可以不必对活性成分进行考查，但必须考虑清洁剂残留及微生物污染等因素。清洁验证中需对下列放置时间进行考察，进而确定常规生产中设备的放置时间。

（1）设备最后一次使用与清洁之间的最大时间间隔（待清洁放置时间）。

（2）设备清洁后至下一次使用的最大时间隔（清洁后放置时间）。

4.8.2.2　清洁验证的前提条件

进行清洁验证的前提条件如下。

（1）清洁程序已批准，其中包括关键清洁程序的参数范围。

（2）完成风险评估。对于关键操作、设备、物料（包括活性成分、中间体、试剂、辅料、清洁剂）以及其他可能影响到清洁效果的参数必须进行风险评估。

（3）分析方法经过验证。

（4）取样方法已经批准，其中包括取样规程和取样点。

（5）验证方案已经批准，其中包括可接受标准（根据不同设备制定）。

4.8.2.3　测试项目

清洁验证中涉及的测试项目应根据产品的类型通过风险分析而定，通常需考虑以下内容：目测检查；活性成分残留；清洁剂残留；微生物污染；难清洁并可能对后续产品造成不良影响的辅料，如色素或香料。

4.8.2.4　取样

清洁验证中应用的取样方法应作详细规定并且经过批准，选择取样方法时应考虑残留物和生产设备的特性。

（1）化学成分残留取样：应根据残留物的性质以及生产设备的特点选择取样和测试方法。常用的取样方法包括擦拭法和淋洗法。由于残留物在设备表面并不是均匀分布的，因此，选择取样点时应考虑"最差条件"，如最难清洗的材质或位置。

①擦拭法是通过使用棉签等取样工具蘸取适当的溶剂对规定面积的设备表面进行擦拭的取样方法。

②淋洗法是通过使用适当溶剂对设备表面淋洗之后收集淋洗液的取样方法。其中包括收集清洁程序的最终淋洗水或清洁后使用额外溶剂淋洗的方式。

收集最终淋洗水的方法适用于淋洗水能够接触到全部设备表面的清洁方法，如在线清洗（cleaning in place，CIP）方法。采用额外溶剂淋洗的方法因较难控制取样面积，不推荐作为首选的取样方法，尽量选择擦拭法。

（2）微生物污染取样：根据生产设备和环境条件，可采用擦拭法（使用无菌棉签擦拭）、接触平皿法或淋洗法进行微生物取样。取样点中应包括最差条件，如最难清洁的位置或最难干燥的位置。

4.8.2.5 可接受标准

国内外的法规中都未对清洁验证的可接受标准进行明确规定，企业可以根据产品、剂型等实际情况制定清洁验证的可接受标准，一般有以下方式。

（1）目测标准：设备清洁后无可见残留，包括所有类别的外来物质，如水、试剂、溶剂、化学物质等。

（2）活性成分残留水平（针对制剂产品）：活性成分的可接受标准应根据前一产品的药理活性、毒性以及其他的潜在污染因素确定。常用的方法有以下 3 种：一般标准、基于日治疗量的计算标准、基于毒性数据的计算标准。其中一般标准和基于日治疗量的计算标准较为常用。

①一般标准。通常，待清除产品（即前一产品）活性成分在后续产品中出现应不超过 10mg/kg。

②基于日治疗量的计算标准。如果后一产品以及待清除的活性成分的日剂量已知，则最大允许携带量［maximum allowable（acceptable/ allowed）carry over，MACO］可以通过前一产品的最小单剂量（minimum single dose，MSD）与后一产品的最大日服用量（maximum daily dose，MDD）根据下列公式计算。

如后一产品为 Y，前一产品为 X，则：

$$MACO = \frac{MSD(X) \times 1\,000\,000}{MDD(Y) \times SF}$$

式中，*MACO* 为最大允许携带量，mg/kg；*MSD*（*X*）为活性成分，mg：*MDD*（*Y*）为最大日服用量，如每日服用的总片重，mg；1000000 位 mg 与 kg 的换算因子；*SF* 为安全因子。

应根据后续生产的产品类型和应用方式（如口服、外用或注射用）确定安全因子。作为推荐，制剂的安全因子可设为 1000。当 *SF*=1000 时，可接受的最大允许携带量为后一产品日最大剂量中前一产品最小单剂量的 1/1000。

（3）可接受的微生物限度：企业制定清洁验证的微生物限度时，可以考虑产品、剂型、清洁方法的特点以及环境级别等因素。

对于非无菌生产设备，通常表面取样法采用 1～2CFU/cm^2 或 100～200CFU/100cm^2，淋洗样采用纯化水限度 100CFU/ml。对于无菌生产设备，如采用注射用水进行最终淋洗，通常限度会设为注射用水限度即 100CFU/ml。

擦拭法取样，如果没有其他特殊考虑因素，建议根据生产区域的洁净级别选用新版中国 GMP 附录 1 中的表面微生物限度（表 25）。

表 25　表面微生物限度标准

洁净度级别	表面微生物
	接触碟（φ55mm）/（cfu/碟）
A	＜1
B	5
C	25
D	50

（4）内毒素的允许残留限度：凡有内毒素限度要求的产品，都需要考虑内毒素残留，通常最终淋洗水中的内毒素限度与注射用水标准（0.25EU/ml）相同。如果已清洗设备后续还有去除内毒素方法，则不需考虑内毒素残留。

4.8.2.6　测试和结果的评估

清洁验证中应采用验证过的分析方法对残留物或污染物进行测试，可接受限度应根据所涉及的产品的特性而定。

应使用专属性的分析方法如色谱法对残留物进行测试。如果使用非专属性的测试方法（如总有机碳法、电导率法或紫外吸收法），则应证明结果与专属方法的测试结果等效，或者采用最差条件对结果进行评估。例如，使用总有机碳法测量淋洗液中活性成分残留含量时，无法区分测试到的碳是来自前一产品的活性成分、辅料还是清洁剂。这种情况下，最差条件意味着测试出的总有机碳全部认为来自于前一产品的活性成分。

计算单位面积上污染物的残留量时，设备的总面积应为后一产品生产所涉及的所有设备面积之和。因为受到设备表面的类型和特性（材料、粗糙程度）、取样（包括取样方法和取样材料）和分析方法等的影响，残留物的测量值通常低于真实值。因此应通过真实值与测量值之间的比例关系计算出真实值，从而将计算结果修正到更接近真实值的水平，即对结果进行补偿。这个比例关系被称作回收因子（recovery factor，RF）。

回收因子为污染物（活性成分或清洁剂）残留量的实际值与测量值之间的比值。

$$RF = \frac{残留量的实际值}{残留量的测量值}$$

回收因子应通过分析方法验证而得到，在方法验证时应针对不同的取样方法以及不同的表面材质分别测试回收因子。如果测得的回收因子＞2，通常应考虑选择其他更合适的取样和分析方法。残留量［mg/m²］应按照下列公式进行修正计算：

$$X = \frac{RP \times RF}{AP}$$

式中，X 为残留量（修正值）；AP 为取样面积；RP 为样品中检出的残留量（测量值）；RF 为回收因子。

取样过程需经过验证。通过回收率试验验证取样过程的回收率和重现性。要求包括取样回收率和检验方法回收率在内的综合回收率一般不低于50%，有的企业甚至要求不低于80%，多次取样回收率的相对标准偏差不大于20%。

取样过程的验证实际上是对药签、溶剂的选择，取样人员操作者，残留物转移到药签，样品溶出（萃取）过程的全面考察。

4.8.2.7 分组概念

同一个清洁程序可能会应用在不同的产品、工艺和设备上。在清洁验证时不必针对每个独立的因素分别进行测试，而可以选择一个"最差的条件"，例如，最难清洁的产品或设备。通过只对"最差条件"进行测试，进而推断清洁方法对于其他条件同样有效，这样的操作方式称为"分组"。分组时可以考虑以下因素。

（1）剂型。

（2）活性成分的含量，如配方相同但活性成分含量不同的产品。

（3）生产设备，如将相同或相似的设备进行分组。

（4）清洁方法，如对使用相同清洁方法的几个相似产品进行分组。

最差条件的选择包括：

（1）待清除物质的溶解性，如最难清除的活性成分。

（2）待清除物质的毒性。

（3）设备尺寸和结构，如最大的接触面积或最难清洁的表面。

4.8.2.8　清洁验证文件

（1）清洁验证方案应经过质量管理部门正式批准。清洁验证方案中应规定清洁程序验证的细节，其中应包括：

①验证的目的。

②执行和批准验证的人员职责。

③对所使用的设备的描述。

④生产结束至开始清洁的时间间隔（待清洁放置时间）。

⑤每个产品、每个生产系统或每个设备所使用的清洁规程。

⑥需连续执行的清洁循环的数量。

⑦常规监测的要求。

⑧取样规程，包括选择特定取样方法所依据的原则。

⑨明确规定取样位置。

⑩计算结果时所用的回收因子。

⑪分析方法，包括检测限度和定量限度。

⑫可接受标准，包括设定标准的原则。

⑬根据分组原则，验证可以涵盖的其他产品、工艺或设备。

⑭再验证的时间。

清洁验证报告：验证之后应起草最终的清洁验证报告，其中应包括清洁程序是否通过验证的明确结论，应在报告中确定对于验证过的清洁程序的使用限制，报告应经过质量管理部门的批准。

4.8.2.9　再验证

已验证过的清洁程序通过变更管理进行控制。当下列情况发生时，需进行清洁程序的再验证。

（1）当清洁程序发生变更并可能影响清洁效果时，如清洁剂的配方发生变化或引入新的清洁剂或清洁程序参数发生改变时。

（2）当设备发生变更并可能影响到清洁效果时。

（3）当分组或最差条件发生变化并可能影响到验证结论时，如引入新产品或新设备而形成了新的"最差条件"时。

（4）当日常监测中发现异常结果时。

每个清洁程序应定期进行再验证，验证的频率由企业根据实际情况制定。对日常清洁程序监测结果的回顾可以作为周期性再验证。与在位清洁系统相比，手工清洁方法应采取更高频率的再评估。

4.8.3　分析方法验证

一般情况下，每一测试项目可选用不同的分析方法。必须对所采用的分析方法的科学性、准确性和可行性进行验证，以使测试结果准确、可靠并充分表明分析方法符合测试项目的目的和要求，这就是通常所说的分析方法验证。

分析方法需在使用前进行适当的确认与验证。必须有资料论证所用的分析方法是符合一定的准确度和可靠性标准的。分析方法验证是论证某一分析方法适用于其用途的过程。

分析方法验证在分析方法建立过程中具有重要的作用，是质量研究和质量控制的组成部分。只有经过验证的分析方法才能用于控制产品质量，因此分析方法验证是制定质量标准的基础。分析方法验证是药物研究过程中的重要内容。

从验证的角度来看，所有的分析方法有着同样的重要性。一般来说，应当使用已验证过的分析方法，而不论其是用于过程控制、放行、合格还是用于稳定性实验。验证每个定量分析方法时都应当减少其分析误差。

4.8.3.1　分析方法验证的一般原则

原则上每个检测项目采用的分析方法均需要进行分析方法验证。一般包含以下 3 种类型。

（1）药典分析方法：药典分析方法用来评估原料药或制剂的特定性质，是法定的用于药典项目检测的分析方法。药典分析方法不需要重新进行验证。

（2）替代分析方法：替代分析方法是提出用于代替法定分析方法的分析方法。只有当替代分析方法相当于或优于法定分析方法时，才可以应用验证过的替代分析方法。如果提交了替代分析方法，还应当提供其理由并标明其用途（如放行、稳定性实验）、验证资料及其与法定分析方法的对比资料。

（3）非药典分析方法：需要进行验证，检测中所用的分析方法必须满足适当的准确度和可靠性要求。分析方法验证是论述分析方法是否适用于其拟定用途的过程，还应当包含分析方法验证资料以支持分析方法的准确度。

同一分析方法用于不同的检测项目会有不同的验证要求。例如，采用高效液相色谱法用于制剂的鉴别和杂质定量试验应进行不同的分析方法验证，前者重点要求验证专属性，后者重点要求验证准确性、专属性及定量限。

4.8.3.2　分析方法验证的具体措施

4.8.3.2.1　需要验证的检测项目

检测项目是为控制产品质量、保证安全有效而设定的测试项目。根据检测项目的设定目的和验证内容的不同要求，本节将需要验证的检测项目分为鉴别、杂质检查（限度试验、定量试验）、定量测定（含量测定、溶出度、释放度等）、其他特定检测项目4类。

4.8.3.2.2　分析方法

本节所指分析方法是为完成上述各检测项目而建立的测试方法，一般包括分析方法原理、仪器及仪器参数、试剂、系统适用性试验、供试品溶液制备、对照品溶液制备、测定、计算及测试结果的报告等。

测试方法可采用化学分析方法和仪器分析方法。这些方法各有特点，同一测试方法可用不同的检测项目，但验证内容可不相同。

4.8.3.2.3　验证内容

分析方法验证内容包括验证分析方法的专属性、线性、范围、准确度、精密度、检测限、定量限、耐用性和系统适用性等。应根据检测项目的要求，结合所采用分析方法的特点确定。表26中列出的分析项目和相应的验证指标可供参考。

表26　检验项目和验证指标

指标＼项目	鉴别	杂质测定		含量测定 －特性参数 －含量或效价测定
		定量	限度	
专属性[2]	+	+	+	+
准确度	－	+	－	+
精密度				
重复性	－	+	－	+
中间精密度	－	+[1]	－	+[1]
检测限	－	－[3]	+	－
定量限	－	+	+	－
线性	－	+	－	+
范围	－	+	－	+
耐用性	+	+	+	+

注：①已有重现性验证，不需验证中间精密度。

②如一种方法不够专属，可用其他分析方法予以补充。

③视具体情况予以验证。

分析方法验证的具体内容介绍如下。

1）专属性：专属性是指在其他成分（如杂质、降解物、辅料等）可能存在的情况下，采用的分析方法具备正确鉴定、检出被分析物质的特性。

（1）要求

①专属性的研究一般优先于其他验证项目。

②收集被分析物的相关文件（色谱图、分析报告、参考文献等），包括杂质、降解物、溶液、相关的或相近的物质。

③应有对典型样品的分析。新方法应能对相关降解物和（或）杂质具有明确性和专属性。若杂质或降解物的标准不存在，通过对含有杂质或降解物的产品用不同的程序检测的结果进行对比研究专属性，这个样品的成分应已得到鉴别确认。为了更适合，应当包括快到有效期或相关的强降解条件下的样品。

（2）可接受标准：为证明专属性，需要有重要成分的积极响应和对一些干扰物质的响应的控制。鉴别试验对降解物和杂质的专属性不做要求。

通常，在鉴别、杂质检查、含量测定方法中均应考察其专属性。如采用的方法专属性不高，应采用多个方法予以补充。

①鉴别：鉴别试验应确证被分析物符合其特征。专属性试验要求证明能与可能共存的物质或结构相似化合物区分，需确证含被分析物的样品呈正反应（可与已知对照物比较），不含被分析物的样品呈负反应，结构相似或组分中的有关化合物也应呈负反应。

鉴别测试是为了鉴别样品中的待测成分，这通常是用合适的样本与对照品进行比较实现（如光谱、色谱、化学反应等）。

②杂质检查：作为纯度检查，所采用的分析方法应确保可检出被分析物中杂质的含量，如有关物质、重金属、残留溶剂等，因此杂质检查要求分析方法有一定的专属性。在杂质可获得的情况下，可向供试品中加入一定量的杂质，证明杂质与共存物质能得到分离和检出，并具适当的准确度与精密度，在杂质或降解物不能获得的情况下，专属性可通过与另一种已证明合理但分离或检测原理不同或具较强分辨能力的方法进行结果比较确定，或将供试品用强光照射、高温、高湿、酸碱水解及氧化的方法进行破坏（制剂应考虑辅料的影响），比较破坏前后检出的杂质数量及含量。必要时可采用二极管阵列检测和质谱检测，进行色谱峰纯度检查。

③含量测定：含量测定目的是得到样品中被分析物的含量或效价的准确结果。

在杂质可获得的情况下，对于主成分含量测定可在供试品中加入杂质或辅料，考察测定结果是否受干扰，并与未加杂质和辅料的试样比较测定结果。

在杂质不能获得的情况下，可采用另一个经验证的或《中国药典》收载的方法进行比较，对比两种方法测定的结果。也可采用破坏性试验（强光照射、高温、高湿、酸碱水解及氧化）得到含有杂质或降解物的试样，用两种方法进行含量测定比较测定结果。必要时进行色谱峰纯度检查，证明含量测定成分的色谱峰中不包含其他成分。

2）线性：线性是指在设计的范围内检测结果与试样中被分析物的浓度（量）直接呈线性关系的程度。

线性是定量测定的基础，涉及定量测定的项目，如杂质定量试验和含量测定均需要验证线性。应在设计的范围内测定线性关系。可用贮备液经精密稀释或分别精密称样制备被测物质浓度系列进行测定，至少制备 5 个浓度。以测得的响应信号作为被测物浓度的函数作图，用最小二乘法进行线性回归。必要时，响应信号可经数学转换再进行线性回归计算，并说明依据。

3）范围：范围系指分析方法能达到精密度、准确度和线性要求时的高低限浓度或量的区间。

范围应根据分析方法的具体应用及其线性、准确度、精密度结果和要求确定。原料药和制剂含量测定，范围一般为测定浓度的 80% ~ 120%；制剂含量均匀度检查，范围一般为测定浓度的 70% ~ 130%，特殊剂型，如气雾剂和喷雾剂，范围可适当放宽；溶出度或释放度中的溶出量测定，范围一般为限度的 ±30%，如规定了限度范围，则应为下限的 −20% 至上限的 +20%；杂质测定，范围应根据初步实际测定数据，拟订为规定限度的 ±20%。如果一个试验同时进行含量测定和纯度检查，且仅使用 100% 的对照品，线性范围应覆盖杂质的报告水平至规定含量的 120%。

在中药分析中，范围应根据分析方法的具体应用和线性、准确度、精密度结果及要求确定。对于有毒的、具特殊功效或药理作用的成分，其验证范围应大于被限定含量的区间。溶出度或释放度中的溶出量测定，范围一般为限度的 ±30%。

4）准确度：准确度系指用所建立方法测定的结果与真实值或参比值接近的程度，一般用回收率（%）表示。准确度应在规定的线性范围内试验。准确度也可由所测定的精密度、线性和专属性推算出来。

在规定范围内，取同一浓度（相当于 100% 浓度水平）的供试品，用至少 6 份样品的测定结果进行评价；或设计至少 3 种不同浓度，每种浓度分别制备至少 3 份供试品溶液进行测定，用至少 9 份样品的测定结果进行评价，且浓度的设定应考虑样品的浓度范围。两种方法的选定应考虑分析的目的和样品的浓度范围。

（1）化学药含量测定方法的准确度：原料药可用已知纯度的对照品或供试品进行测定，或用所测定结果与已知准确度的另一个方法测定的结果进行比较。制剂可在处方量空白辅料中，加入已知量被测物对照品进行测定。如不能得到制剂辅料的全部组分，可向待测制剂中加入已知量的被测物进行测定，或用所建立方法的测定结果与已知准确度的另一个方法测定结果进行比较。

（2）化学药杂质定量测定的准确度：可向原料药或制剂中加入已知量杂质对照品

进行测定。如不能得到杂质对照品，可用所建立的方法与另一成熟方法（如药典标准方法或经过验证的方法）的测定结果进行比较。

（3）中药化学成分测定方法的准确度：可用已知纯度的对照品进行加样回收率测定，即向已知被测成分含量的供试品中再精密加入一定量的已知纯度的被测成分对照品，依法测定。用实测值与供试品中含有量之差，除以加入对照品量计算回收率。在加样回收试验中应注意对照品的加入量与供试品中被测成分含有量之和必须在标准曲线线性范围之内；加入的对照品的量要适当，过小则引起较大的相对误差，过大则干扰成分相对减少，真实性差。

（4）数据要求：对于化学药应报告已知加入量的回收率（%），或测定结果平均值与真实值之差及其相对标准偏差或置信区间（置信度一般为 95%）；对于中药应报告供试品取样量、供试品中含有量、对照品加入量、测定结果和回收率（%）计算值，以及回收率（%）的相对标准偏差（RSD%）或置信区间。样品中待测定成分含量和回收率限度关系可参考表 27。在基质复杂、组分含量低于 0.01% 及多成分等分析中，回收率限度可适当放宽。

表 27　样品中待测定成分含量和回收率限度

待测定成分含量			待测定成分质量分数	回收率限度（%）
（%）	（ppm 或 ppb）	（mg/g 或 μg/g）	（g/g）	
100	—	1000mg/g	1.0	98 ~ 101
10	100 000ppm	100mg/g	0.1	95 ~ 102
1	10 000ppm	10mg/g	0.01	92 ~ 105
0.1	1000ppm	1mg/g	0.001	90 ~ 108
0.01	100ppm	100μg/g	0.0001	85 ~ 110
0.001	10ppm	10μg/g	0.000 01	80 ~ 115
0.0001	1ppm	1μg/g	0.000 001	75 ~ 120
	10ppb	0.01μg/g	0.000 000 01	70 ~ 125

注：此表源自 AOAC《Guidelines for Single Laboratory Validation of Chemical Methods for Dietary Supplements and Botanicals》。

5）精密度：精密度系指在规定的测定条件下，同一份均匀供试品，经多次取样测定所得结果之间的接近程度。精密度一般用偏差、标准偏差或相对标准偏差表示。

在相同条件下，由同一个分析人员测定所得结果的精密度称为重复性；在同一实验室内的条件改变，如不同时间、不同分析人员、不同设备等测定结果之间的精密度，称为中间精密度；不同实验室测定结果之间的精密度，称为重现性。

含量测定和杂质的定量测定应考察方法的精密度。

（1）重复性：在规定范围内，取同一浓度（分析方法拟定的样品测定浓度，相当于 100% 浓度水平）的供试品，用至少 6 份的测定结果进行评价；或设计至少 3 种不同浓度，每种浓度分别制备至少 3 份供试品溶液进行测定，用至少 9 份样品的测定结果进行评价。采用至少 9 份测定结果进行评价时，浓度的设定应考虑样品的浓度范围。

（2）中间精密度：考察随机变动因素，如不同日期、不同分析人员、不同仪器对精密度的影响，应进行中间精密度试验。

（3）重现性：国家药品质量标准采用的分析方法，应进行重现性试验，如通过不同实验室协同检验获得重现性结果。协同检验的目的、过程和重现性结果均应记载在起草说明中。应注意重现性试验所用样品质量的一致性及贮存运输中的环境对该一致性的影响，以免影响重现性试验结果。

（4）数据要求：均应报告标准偏差、相对标准偏差或置信区间。样品中待测定成分含量和精密度 RSD 可接受范围参考表 28（可接受范围可在给出数值 0.5~2 倍区间，计算公式，重复性：$RSD_r=C-0.15$；重现性：$RSD_R=2C-0.15$，其中 C 为待测定成分含量）。在基质复杂、组分含量低于 0.01% 及多成分等分析中，精密度限度可适当放宽。

表 28　样品中待测定成分的含量与精密度可接受范围关系

待测成分含量			待测成分质量分数	重复性	重现性
（%）	（ppm 或 ppb）	（mg/g 或 μg/g）	（g/g）	（$RSD_r\%$）	（$RSD_R\%$）
100	—	1000mg/g	1.0	1	2
10	100 000ppm	100mg/g	0.1	1.5	3
1	10 000ppm	10mg/g	0.01	2	4
0.1	1000ppm	1mg/g	0.001	3	6
0.01	100ppm	100μg/g	0.0001	4	8
0.001	10ppm	10μg/g	0.000 01	6	11
0.0001	1ppm	1μg/g	0.000 001	8	16
	10ppb	0.01μg/g	0.000 000 01	15	32

注：此表源自 AOAC《Guidelines for Single Laboratory Validation of Chemical Methods for Dietary Supplements and Botanicals》。

6）检测限：检测限是指试样中的被分析物能够被检测到的最低量，但不一定要准确定量。

该验证指标的意义在于考察方法是否具备灵敏的检测能力。对杂质限度试验，需证明方法具有足够低的检测限，以保证检出需控制的杂质。

（1）直观法：直观评价可以用于非仪器分析方法，也可用于仪器分析方法。检测限的测定是通过对一系列已知浓度被测物的样品进行分析，并以能准确、可靠检测被测物的最小量或最低浓度建立。

（2）信噪比法：用于能显示基线噪声的分析方法，即把已知低浓度试样测出的信号与噪声信号进行比较，计算出可检出的最低浓度或量。一般以信噪比为 3：1 时相应的浓度或注入仪器的量确定检测限。

其他方法有基于工作曲线的斜率和相应的标准偏差进行计算的方法等。

无论用何种方法，均应用一定数量的样品进行分析，其浓度为近于或等于检测限，以可靠地测定检测限。

7）定量限：定量限是指试样中的被分析物能够被定量测定的最低量，其测定结果应具有一定的准确度和精密度。

定量限体现了分析方法是否具备灵敏的定量检测能力。杂质定量试验，需考察方法的定量限，以保证含量很少的杂质能够被准确测出。

（1）直观法：直观评价可以用于非仪器分析方法，也可用于仪器分析方法。一般通过对一系列含有已知浓度被测物的样品进行分析，在准确度和精密度都符合要求的情况下确定被测物能被定量的最小量。

（2）信噪比法：用于能显示基线噪声的分析方法，即把已知低浓度试样测出的信号与噪声信号进行比较，计算出可检出的最低浓度或量。常用信噪比法确定定量限，一般以信噪比为 10：1 时相应的浓度或注入仪器的量进行确定。

其他方法有基于工作曲线的斜率和相应的标准偏差进行计算的方法等。

8）耐用性：耐用性是指测定条件发生细小变动时测定结果保持不受影响的承受程度。

耐用性主要考察方法本身对可变试验因素的抗干扰能力。开始研究分析方法时，就应考虑其耐用性。如果测试条件要求苛刻，则建议在方法中予以写明。

典型的变动因素包括：高效液相色谱法中流动相的组成、流速和 pH 值，不同品牌或不同批号的同类型色谱柱、柱温等；气相色谱法中载气及流速，不同品牌或批号的色谱柱、固定相、载体、柱温、进样口和检测器温度等。一般分析标准品或系统适应性溶液，观察关键系统适应性参数（如分离度、信噪比等）。表 29 列举了一些 HPLC 方法的变化。

表 29　HPLC 方法的变化（USP32，ICH 指南 Q2A 和 Q2B）

方法变量	推荐范围
流速	±10%
缓冲液离子强度	±20%
柱温	室温（20～25℃），周围环境温度应该 30～40℃，其他所有温度为 ±5～10℃

续表

方法变量	推荐范围
缓冲液的 pH	±0.5pH 单位
流动相成分	有机相 ±5%
色谱柱	同一厂家的三个批号，如有可能可选取来自不同厂家的两根柱子（相同的固定相，填充物和柱子的尺寸）
检测波长	±5nm

对于样品（标准溶液）的稳定性，应用不同时间段的样品和标准品溶液与新制的标准品溶液的对比结果分析（一般每隔 21 小时到 5 日），溶液应储存在预先设定的条件下，以模拟正常的实验室操作条件（如冷冻、冷藏或室温），溶液的稳定性由方法中每次设定的时间点的计算结果决定，与每次时间为零时的溶液所测得的结果计算绝对差。表 30 为样品（标准溶液）稳定性的标准。

表 30　样品（标准溶液）稳定性的标准（USP32，ICH 指南 Q2A 和 Q2B）

类别	可接受标准：与零点的绝对差（样品或标准品）
类别 I 主成分	±1%
类别 II 降解物	±0.1%
类别 II 杂质	±0.05%
类别 III	±3%

经试验，应说明小的变动能否通过方法的系统适用性试验，以确保方法有效。

9）系统适用性：对一些仪器测试方法，在进行分析方法验证时，有必要将分析设备、电子仪器与实验操作、测试样品等一起当作完整的系统进行评估。系统适用性是对整个系统进行评估的指标。系统适用性试验参数的设置需根据被验证的方法类型而定。

色谱方法对分析设备、电子仪器的依赖程度较高，因此所有色谱方法均应进行该指标验证，并将系统适用性作为分析方法的组成部分。具体验证参数和方法参考《中国药典》有关规定。

10）相对响应因子：当用质量分数报告产品的降解物和杂质时，用标准品（若有）测定相对响应因子。若给定降解物和杂质时所测得的相关响应系数的值的范围不在 0.8 ~ 1.2，就作为校正系数，在最后的计算中算入，以对降解物和杂质进行定量。

若因为不存在降解物而无法检测到相关系数，相关系数就定为 1.0。

降解物的标准是作为方法的一部分，对已知样品的纯度计算公式进行校正，已知浓度的降解物或已知峰面积的杂质，其相对响应因子（relative response factor, RRF）的计算公式如下（DEG 为样品，PARENT 为对照品）：

$$RRF=\frac{\text{面积}_{DEG}/\text{浓度}_{DEG}}{\text{面积}_{PARENT}/\text{浓度}_{PARENT}}\times 100$$

对每个降解物或杂质的研究都应报告，在降解物或杂质的计算中包括 RRF 值。

4.8.3.3　分析方法再验证

在某些情况下，如原料药合成工艺改变、制剂处方改变、分析方法发生部分改变等，均有必要对分析方法再次进行全面或部分验证，以保证分析方法的可靠性，这一过程称为分析方法再验证。

再验证原则是根据改变的程度进行相应的再验证。

当原料药合成工艺发生改变时，可能引入新的杂质，杂质检查方法和含量测定方法的专属性就需要重新验证，以证明有关物质检查方法能够检测新引入的杂质且新引入的杂质对主成分的含量测定无干扰。

当制剂的处方组成改变、辅料变更时，可能会影响鉴别的专属性、溶出度和含量测定的准确度，因此需要对鉴别、含量测定方法进行再验证。当原料药产地发生变更时，可能会影响杂质检查和含量测定的专属性和准确度，因此需要对杂质检查方法和含量测定进行再验证。

当质量标准中某一项目分析方法发生改变时，如采用高效液相色谱法测定含量时，检测波长发生改变，则需要重新进行检测限、专属性、准确度、精密度、线性等内容的验证，证明修订后分析方法的合理性、可行性。

同样，已有国家标准的药品质量研究中，基于申报的原料药合成工艺、制剂处方中的辅料等一般无法保证与已上市产品的一致性，需对质量标准中部分项目进行分析方法再验证。

分析方法再验证是对分析方法的完善过程，应根据实际改变情况进行再验证，从而保证所采用的分析方法能够控制产品的内在质量。

4.8.3.4　对分析方法验证的评价

对于分析方法验证，有以下几个方面值得关注。

（1）有关分析方法验证评价的注意事项：总体上，分析方法验证应围绕验证目的和一般原则进行，分析方法验证内容的选择和试验设计方案应系统、合理，验证过程应规范、严谨。

并非每个检测项目的分析方法都要进行所有内容的验证，但要考虑验证内容应充分，足以证明采用的分析方法的合理性。如杂质的限度试验一般需要验证专属性和检测限，而对于精密度、线性、定量限等涉及定量测定的项目则一般不需要进行验证。

（2）分析方法验证的整体性和系统性：分析方法验证内容之间相互关联，是一个整体，因此不论从研发角度还是评价角度分析方法验证均注重整体性和系统性。例如，对于鉴别项目所需要的专属性，一般一种分析方法不太可能完全鉴别被分析物，此时采用两种或两种以上分析方法可加强鉴别项目的整体专属性。

在分析方法验证指标之间也存在较多的关联性，可以相互补充。如原料药含量测定采用容量滴定法时，由于方法本身原因，专属性略差，但假如在杂质检测时采用了专属性较强的色谱法。则一般认为整个检测方法也具有较强的专属性。

总之，由于实际情况较复杂，在分析方法验证过程中不提倡教条地进行分析方法验证。此外，越来越多的新方法不断用于质量控制中，对于这些方法如何进行验证需要具体情况具体分析。

4.8.4 计算机化系统验证

4.8.4.1 计算机化系统

根据 PIC/S 法规对计算机化系统的定义：计算机化系统（computerized system）由计算机系统（computer system）和被其控制的功能或程序（controlled function or process）组成。

计算机系统由所有的计算机硬件、固件、安装的设备驱动程序和控制计算机运行的软件组成；被控制的功能可以包括被控制的设备（如自动化设备和实验室或工艺相关的使用仪器）、决定设备功能的操作程序或者不是设备的而是计算机系统硬件的操作。计算机化系统由硬件、软件和网络等组件，与受控的功能和相关联的文件组成。

4.8.4.2 计算机化系统的生命周期

计算机化系统的生命周期包含由最初概念至退役的所有活动，分为 5 个主要阶段：项目发起和计划；开发和采购；执行、接收或放行；操作和维护；系统退役或停用。

4.8.4.2.1 第 1 阶段：项目发起和计划

这是计算机化系统生命周期的最初阶段，一般发生在当企业业务流程发生变化，需要引入新的计算机化系统或对已有的计算机化系统进行变更时。

通常在这一阶段应确定业务流程，制定项目计划，评估计算机化系统的 GMP 相关性，并开始制定验证总计划。

GMP 相关性评估：计算机化系统与 GMP 的相关性是做计算机化系统验证的依据，即判断系统功能是否影响 GMP 规定的内容，即是否最终对病人的安全、药品的质量和数据的真实完整性造成影响。与 GMP 相关的计算机化系统需要进行必要的验证。

可以将相关的 GMP 规定按不同方面归纳成一系列问题列表，通过回答系统功能是否与列表中的内容相关，最终确定系统是否与 GMP 相关。以下列举了一些进行计算机化系统 GMP 相关性评估的典型问题，企业可以根据自身产品的特点进行增减和调整。

①系统是否用于控制产品的生产和测试过程（该过程可能影响产品质量）。

②系统操作人员是否需根据系统的提示采取相应的措施（该措施可能影响产品质量）。

③系统产生的数据是否被用于决定物料和产品的质量状态。

④系统是否用于判断物料或产品的质量状态。

⑤系统产生的数据是否用于产率计算。

⑥系统或系统产生的数据是否用于确定后续工艺参数。

⑦系统是否用于（法规所要求的）电子文件的管理。

⑧系统是否提供人员的培训信息（代替纸质培训记录）。

⑨系统是否记录设备的校准、维护、维修等信息（代替纸质记录）。

⑩系统产生的数据是否用于产品的年度质量回顾。

⑪系统是否用于处理产品投诉、召回、稳定性考察等活动。

4.8.4.2.2　第 2 阶段：开发和采购

在这一阶段对计算机化系统进行设计、评估、采购、开发等活动。通常在这一阶段应完成项目的验证总计划，确定用户需求，确定人员职责，进行供应商评估，对系统进行分类，确定系统标准，基于用户需求进行风险评估，执行设计确认等。以下列出了在这一阶段需完成的主要活动和文件。

1）用户需求说明：用户需求说明（user requirements specification，URS）应该清晰地描述用户对计算机系统的需求，是从用户角度提出的系统应具备的功能、系统操作的数据以及操作的环境，用户需求作为基础文件，是下一步系统开发、风险评估和系统测试的前提，也是验证活动的基础。如图 18 用户需求说明示意图所示。

2）计算机化系统的分类：GAMP5 根据系统的风险性、复杂性和创新性，对计算机化系统进行了分类。通过对系统进行分类来协助确定验证活动和文件的范围。

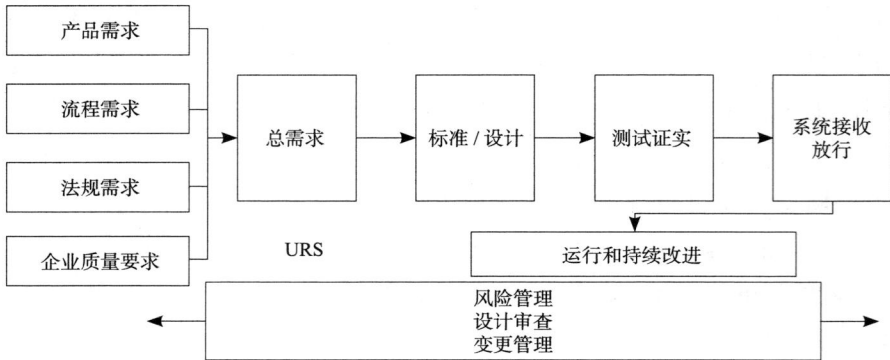

图 18　用户需求说明示意图

（1）软件分类

①1 类：基础软件。此类软件有 2 个类型。

已建立的商业软件：所开发的操作软件在此类软件控制下运行。这类软件包括操作系统、数据库管理软件、编程语言、中间件、梯形逻辑解释程序、统计编程工具、电子表格软件包（但不包括基于这些工具开发而成的其他应用程序）。

基础软件工具：此类软件包括网络监测软件、批处理作业计划工具、安全软件、防病毒软件、配置管理工具。

②3 类：不可配置的软件。此种软件包括业务中使用的非定制的商业产品。其中既包括不可被配置的系统（尽管运行参数可被配置），又包括虽可配置但只使用默认配置的系统。

③4 类：可配置的软件。可配置的软件产品提供配置用户特定业务流程的标准界面和功能。其中包括配置预先设计的软件。如企业资源计划系统（ERP）、实验室信息系统（LIMS）。

④5 类：用户定制的软件。这些系统或子系统是为了满足公司特定的需求而开发的。客户定制开发可以包括一个完整的系统或对现有系统进行延伸。这类软件也包括可配置的客户软件。

备注：GAMP5 中取消了 GAMP4 中定义的 2 类软件。

上述计算机化系统的分类不是绝对的，可以根据需求增加或减少配置，相应地，其分类结果也会变化。

有时一个系统或系统中的某个功能模块的分类介于 3 类与 4 类或 4 类与 5 类之间，可以根据对其控制的流程做风险评估来决定验证程度，但应在验证描述中加以说明。

（2）硬件分类

① 1 类：标准硬件。标准硬件包括输入（输出）设备，例如标准个人计算机、打印机、条码扫描仪、程序控制系统（PIC，SCADA– 系统，DCS BMS）、服务器、网络硬件以及由标准组件构成的设备。

② 2 类：客户定制组件。定制的硬件是按照用户特殊需要设计并生产的。

3）人员职责概念（安全概念）：应确定计算机化系统的人员职责，以确保用户只能够进行被授权的操作。人员职责（安全）可以是用户需求说明的一部分，也可以是一个独立的文件。

4）确定系统标准（system specification）：系统标准以准确、可被证实的方式对系统或组件的特性进行描述，并且规定了用于判断这些要求是否得到实现的规程。系统标准包括硬件标准、功能标准（functional specification）、配置标准（configuration specification）、设计标准（design specification）等。

（1）功能标准（functional specification）：功能标准是从供应商角度对系统应具备的功能所进行的描述。测试通常基于功能标准而定。

（2）配置标准（configuration specification）：配置标准中应包含系统中所有软件产品的配置情况，其中包括具体的设置和参数。制药企业的 IT 专家应参与配置标准的审核和批准。

（3）设计标准（design specification）：客户化系统的设计标准应由供应商提供，描述系统如何被开发和维护，其中应包括系统开发的技术细节，基于功能标准而定。制药企业的 IT 专家应参与设计标准的审核和批准。

（4）风险评估：风险评估方法可用于计算机化系统的不同阶段。例如：对整个系统的风险评估决定系统的总体配置水平和关键控制手段；对系统各功能的风险评估决定控制方法和测试范围和水平；对变更的风险评估决定变更后的措施和测试水平等。

（5）设计确认：设计确认通过文件记录将系统需求和相应的系统标准进行对比，核实系统标准是否满足用户需求，并且是否涵盖了计算机化系统的既定用途。

4.8.4.2.3　第 3 阶段：执行、接收或放行

在这一阶段，对系统进行安装、配置、测试以及必要的数据转移，同时用户的培训也应在此阶段完成。以下列出了在这一阶段需完成的主要活动和文件。

（1）测试：在开发、执行以及接收过程中应进行不同级别的测试。测试的范围可以根据业务风险以及不同类别系统的复杂程度进行调整。测试可由开发商和用户共同完成，相应的职责以及测试的标准可以参考图 19。

（2）数据转移：数据转移是将电子数据从一个系统传递至另一个系统的活动，目

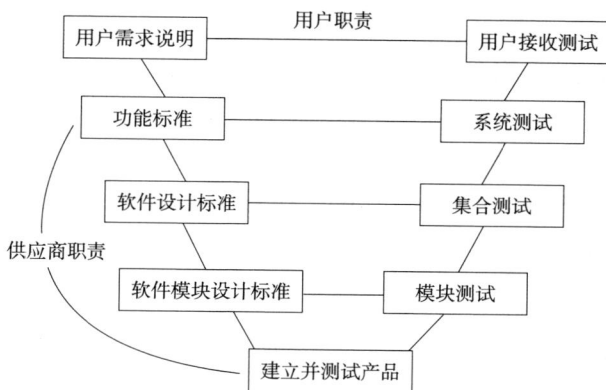

图19　计算机化系统测试中开发商和用户相应的职责及测试标准

的是将准确完整并可用的数据进行共享或移动。为了达到这个目的，必需建立相应的质量控制来维护数据的真实性和完整性。

（3）报告和系统的放行：验证活动完成之后应通过验证报告对所进行的验证活动、发生的偏差情况和改正措施等进行总结，并且对系统是否满足预定用途作出最终结论。

4.8.4.2.4　第4阶段：操作和维护

在系统经过测试批准之后，通过执行系统的功能来实现业务流程。在这一阶段，应通过变更管理规程对系统进行控制，确保任何对于硬件、软件、系统文件或流程的调整均受控。以下列出了在这一阶段需完成的主要活动和文件。

（1）异常事件管理及纠正和预防措施（CAPA）：异常事件管理是对异常事件的全过程进行管理的程序。主要目的是尽快恢复用户的 IT 服务。

（2）配置管理（configuration management）/变更管理：配置管理是通过技术或行政手段对计算机化系统（包括硬件和软件）配置情况进行规范和控制的一系列措施。目的是控制系统配置的变更，记录变更的过程和实施情况，确保系统符合相关要求。

（3）业务持续计划（business continuity plan）

其中定义了当出现紧急情况（如系统中断或故障）时维持业务的操作。

（4）灾难恢复计划（disaster recovery plan）：其中定义了当系统中断时从技术层面恢复系统所应进行的活动。

（5）备份（backup）：指对数据、记录以及软件等复制的过程，目的是防止原始信息或内容的丢失或不完整。

（6）恢复（restore）：指在必要时对数据、记录以及软件等进行复原的活动。

4.8.4.2.5　第 5 阶段：系统退役或停用

计算机化系统的退役或停用是停止系统、标记系统生命周期终结的正式活动。对于现有系统、数据和流程的潜在影响应在系统退役或停用之前进行评估。在计算机化系统退役或停用之后，应保证 GMP 相关的文件和系统中的数据按照 GMP 要求进行保存，并在保存期内可读。对于系统退役或停用后关键数据的处理，可以考虑下列问题或活动。

（1）确定数据将会发生什么情况。

（2）是否按照同样的方式处理所有数据。

（3）是否应保存部分或所有数据，如果答案为"是"，应采取进一步的措施。

①是否采用相同格式保存数据。

②是否将数据转换为书面或微缩胶片记录，是否将现有数据转换为标准数据格式（例如，ASC Ⅱ、PDF、TIFF 等）。

③是否将全部或部分数据转移到其他系统，如果答案为"是"，见第 3 阶段的"数据转移"。

④对于退役的系统：是否必须对退役的数据进行再处理。

⑤应根据数据的拥有者、数据保存的形式和数据访问的要求确定如何保存退役数据。

⑥应定期对访问进行回顾。

4.8.4.3　计算机化系统的验证

验证活动基于系统的生命周期而定，通过验证核实所有需要的生命周期文件已经批准并且系统按照预先设定的标准进行了测试。验证活动应在验证方案中明确说明。

计算机化系统的验证是通过以下两方面的活动使系统达到并维持符合法规要求以及预定目的的状态：

1）执行必要的生命周期活动：生命周期活动的范围可以根据下列内容进行适当增减。

（1）系统对于用药安全、产品质量及数据完整性的影响（风险评估）。

（2）系统的复杂程度和创新程度（系统的结构和类别）。

（3）供应商评估的结果（供应商能力）。

2）实施必要的操作控制：系统生命周期过程中通过应用相关的管理规程保证系统处于一种受控的状态。

由于不同的计算机化系统在风险性、复杂性和创新性方面存在差别，因此制药企业应针对不同类型的计算机化系统实施不同程度的验证（其中包括不同的生命周期活动以及需建立的文件等），可以参见图 20 计算机化系统分类及其可缩放验证模型。

企业可建立计算机化系统类别与验证活动（文件）相对应的清单，在制定验证方案时只需根据系统类别从清单中选取所需的项目即可。以下实例仅供参考，各企业可以根据实际情况进行增减（表 31）。

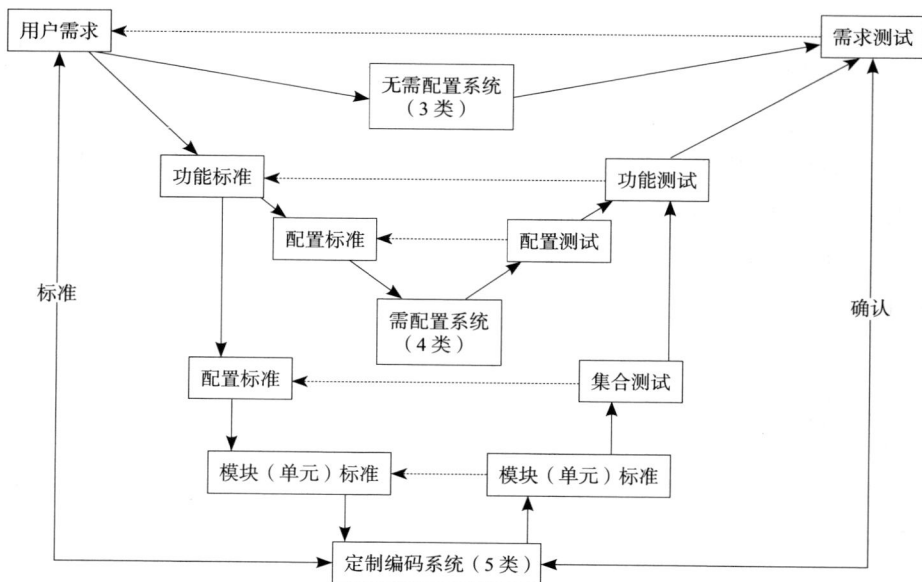

图 20　计算机化系统分类及其可缩放验证模型（来自 GAMP5）

表 31　计算机化系统类别与验证活动 / 文件对应清单

文件 / 测试项目	软件分类			
	1 类	3 类	4 类	5 类
培训记录	—	×	×	×
工厂验证总计划（更新）	—	（×）	（×）	（×）
项目验证总计划	—	—	×	×
用户需求说明	—	×	×	×
人员职责概念	—	×	×	×
供应商评估	—	×	×	×
系统分类	—	×	×	×

文件／测试项目	软件分类			
	1 类	3 类	4 类	5 类
系统标准（硬件和功能标准）	—	×	×	×
配置标准	—	×	×	×
软件设计标准	—	(×)	×	×
安装方案	—	×	×	×
配置测试方案	—	—	×	×
配置管理计划	—	×	×	×
风险评估	—	×	×	×
设计确认	—	×	×	×
验证方案	—	×	×	×
系统测试方案	—	—	×	×
系统测试报告	—	—	×	×
用户接收测试方案	—	—	×	×
用户接收测试报告	—	×	×	×
用户手册	—	×	×	×
系统手册	—	—	×	×
标准操作规程	—	×	×	×
培训材料	—	×	×	×
业务持续计划	—	×	×	×
服务协议	—	×	×	×
验证报告	—	×	×	×

"×"：需执行；"—"：不适用；"(×)"：需根据具体情况决定。

注：验证是一个持续常态化的工作，不同企业要依据自己的人员数量与能力选择适合自己的验证模式，验证外包也正逐渐成为一种趋势。

4.8.4.4　资源分配——人员职责

计算机化系统验证具有不同于其他验证的特点，如在 PIC/S 指南中对企业的相关规定外，还有下列叙述"有必要对软件和自动化系统的供应商和开发者如何符合 GMP 做出要求。因为，他们在进行软件开发的同时，还肩负着将用户对质量和性能的要求以严谨的方式'构建'到软件当中的责任……这一点往往超出了用户的控制能力之外……因此供应商和企业用户之间要分工明确……"。

与供应商充分沟通，充分利用供应商的知识和技术文件在计算机化系统验证活动中非常重要；同时，用户自己的 IT 专家（SME，subject matter expert）是代表用户审核专业文件的关键角色。

验证的关键人员包括用户企业和供应商两部分，其中，用户人员中应包括专业 IT 人员，具体描述如下。

（1）用户企业验证团队需要由如下人员组成。

①项目负责人（project manager）。

②业务流程负责人（process owner）：负责业务流程的管理，确保计算机系统所控制的程序符合要求，拥有对系统中流程相关数据的所有权，负责系统的释放，也称为责任用户（responsible user）。

③QA：负责整个验证过程的监督和控制。

④计算机系统负责人（system owner）：负责系统的正常运行，提供技术支持，维护系统的验证状态、系统数据安全等。一般是企业的 IT 部门人员或 IT 专家。

⑤关键用户（key user）：负责使用系统操作流程的关键功能。

⑥IT 专家（subject matter expert，SME）：专指对计算机系统有专长的 IT 专家，从计算机化系统项目的计划阶段就应该参与其中，尤其在系统测试方面起主导作用，这些工作包括：验证策略的制定，测试方法、接收标准的制定，以及测试结果的审核等。有时也可外请。

（2）供应商（supplier）/开发者（developer）方面：负责确定软件开发方法；负责提供软件产品和服务，供应商可以是第三方，也可以是企业内部开发组；供应商应该使用最合适的开发方法和模型。

验证活动需要用户和供应商共同完成，其中，用户的 SME 可以是公司的 IT 专业人员也可以外请。SME 是连接用户和供应商的关键角色：帮助用户完成设计审核等 IT 专业相关的工作。

业务流程负责人（process owner）和系统负责人（system owner）在验证活动中起重要作用，分别负责计算机化系统的受控业务流程（controlled process）和控制系统（controlling system）。

可以根据项目的复杂程度、范围大小和人员的实际情况，合理调配资源。对于小型、简单的系统，涉及的部门和参与的人员相对较少，关键用户和 QA 人员即可达到要求，一个人可同时兼任多个角色；而大型、复杂的系统则需要各方面人员的合作才能完成，涉及的部门和参与人员较多。

4.8.4.5 再验证

对于下列情况应考虑进行再验证以确保系统的受控状态。

（1）当发生变更并且变更可能影响系统功能时；

（2）当系统反复出现异常情况而对验证状态产生怀疑时（这种情况下，应首先进行调查，确认原因并改正之后再进行再验证）；

（3）应定期对系统进行再验证以确定系统的验证状态，这种再验证可以以回顾评估的方式进行。

4.9　确认与验证过程中的偏差处理

确认和验证方案的执行过程中出现的异常情况或偏差（如未按照方案执行或出现超标结果）应进行记录。根据异常或偏差的情况，可能需要采取进一步的调查、纠正措施。针对发生的异常或偏差，应至少记录发生位置、时间和发现的人员、可能的原因、调查结果以及纠正措施等。所有的异常或偏差都应在确认和验证报告中进行汇总，并对确认和验证的结果进行评估。

4.10　确认与验证的文件管理

确认和验证的文件是厂房、设施、设备等的重要的 GMP 文件，应根据相关的标准操作规程建立并保存，文件应能反映出厂房、设施、设备、工艺、分析方法、清洁程序的确认或验证状态。应确保在它们生命周期以及退役后的一段时间之内，确认和验证文件被妥善的保存。

确认和验证的活动应按照书面的确认和验证方案执行。方案中详细规定如何执行确认和验证活动；方案应被审核及批准；方案中应规定关键的步骤以及可接受的标准。应根据方案起草确认和验证报告，其中包括对于结果的总结，对于偏差或异常情况的评估以及对于确认和验证的最终结论。

4.10.1 确认的文件（确认方案和报告）

确认方案一般应由用户部门负责起草，并经过质量管理部门的批准。确认活动应在方案批准之后执行。

4.10.1.1 确认方案中通常应包括的内容

（1）确认的原因、目的、范围等。

（2）对于待确认的厂房、设施、设备等的描述（其中包括对关键参数或功能的说明）。

（3）人员职责。

（4）时间计划。

（5）风险评估（确定关键参数或功能以及相应的降低风险的措施）。

（6）测试内容和可接受标准。

（7）附件清单。

4.10.1.2　应建立书面的确认报告

确认报告应以确认方案为基础，应对所获得的结果进行总结，对所发现的偏差进行评价，并得出必要的结论。报告中应包括纠正缺陷所需的变更的建议。任何对确认方案的变更都应进行记录并有合理解释。通常，确认报告应至少包括以下内容。

（1）对测试结果的总结。

（2）对结果的评估。

（3）验证中出现的偏差情况。

（4）风险分析中确定的降低风险措施的执行情况。

（5）确认的最终结论。

（6）附件清单。

4.10.2　验证的文件（验证方案和报告）

验证应按照书面并且经过批准的流程执行，验证文件应有独立的文件编号，并且应至少经过质量管理部门的审核和批准。以下仅列出了通用的验证文件应涉及的项目，针对具体类型的验证文件可作具体要求。

4.10.2.1　验证方案

验证方案是一个授权的计划，其中描述了所有验证过程中必需的测试项目以及可接受的标准。此文件一般由以下部分组成。

（1）验证的原因和类型。

（2）对于待验证的工艺、规程、方法或系统的简要描述。

（3）风险分析的结果，其中应描述关键工艺参数。

（4）所需采用的分析方法。

（5）所需使用的设备类型。

（6）所需取的样品。

（7）所需测试或监测的产品特性，以及测试的条件和测试规程。

（8）可接受的标准。

（9）时间安排。

（10）人员职责。

（11）验证开始执行的前提条件。

（12）验证方案的附件清单（例如，图纸、取样计划等）。

4.10.2.2　验证报告

验证报告至少应包括如下内容。

（1）对于验证前提的执行情况的确认。

（2）验证方案中规定的中间过程控制及最终测试中获得的结果，包括出现的任何失败的测试或不合格的批次。

（3）对所有获得的相关结果的回顾、评估以及与可接受标准的对比。

（4）对于验证方案的偏差或验证活动中出现的偏差的评估，以及未完成的改正或预防性措施的清单。

（5）验证报告的附件清单及额外的参考文件（如实验室报告，报表等）。

（6）对于整个验证的正式批准或拒绝。

5

第 5 部分

自检

　　自检是 GMP（2010 年修订）规定的条款之一，是企业内部管理的一种重要的管理手段，自检的目的是检查和评价企业在生产和质量管理方面是否符合 GMP 的要求，通过内部自检作为自我改进的机制，促使各职能部门能更有效执行 GMP 的重要手段，保证制药企业的生产质量管理体系能够持续地保持有效性，并不断改进和完善。

5.1　自检的概念与作用

　　自检（self inspection）是一项自我检查纠正的活动，是指药品生产企业根据规定的方案程序，定期对企业内部人员、厂房、设备、文件、生产、质量控制、药品销售、用户投诉和产品回收的处理等项目定期进行自我检查，来考察与 GMP 的一致性，实质上也是对企业完善生产质量管理体系的自我检查。通过 GMP 自检，发现企业执行 GMP 时存在缺陷的项目，并通过实施纠正和预防措施来进一步提高 GMP 执行的持续性、符合性、有效性或通过自检进行改进。自检是企业执行 GMP 中一项重要的质量活动。在 ISO9001 中被称为"内部审核""内部审计"。

　　在生产质量管理中，自检主要有以下几个方面的作用。

　　（1）评估药品生产企业执行 GMP 的符合性和有效性；

　　（2）获取公正、客观的管理信息，为管理层的决策提供事实依据；

　　（3）指出药品生产企业存在的质量风险；

　　（4）指出需要质量改进的可行性；

　　（5）增加质量管理部门与其他相关部门及人员的沟通；

　　（6）适时评价员工的工作业绩，并可协助公司有关部门人员进行 GMP 培训。

5.2　自检系统的组成

5.2.1　自检系统

5.2.1.1　工厂层次

　　由法规规范部门负责，自检应覆盖企业执行 GMP 规范的全部条款要求，还应考虑企业自身的管理需求，如对新产品开发、销售服务管理等部门。

5.2.1.2　部门层次

　　由各部门自己负责，对部门内执行 GMP 规范的情况进行检查。

5.2.1.3　日常检查

由质量管理部门现场派驻人员进行定期检查。

5.2.2　自检的类型

按自检对象分类可分为产品质量自检、过程（工序）质量自检和生产质量管理体系自检等三种。

5.2.2.1　产品自检

产品自检是对最终产品的质量进行单独评价的活动，用于确定产品质量的符合性和适用性，通过对产品的客观评价，获得产品的质量信息，评估产品的质量，检测领量活动的有效性，对产品的再次验证，对供应商的产品质量进行确认等。

5.2.2.2　生产过程质量自检

生产过程质量自检是通过对过程、流程或作业的检查、分析评价过程质量控制的适宜性、正确性和有效性，过程质量是指产品生命周期各个阶段的质量，一般生产质量体系自检包括了过程自检的内容。

5.2.2.3　生产质量管理体系自检

生产质量管理体系自检是独立的对企业生产质量管理体系所进行的 GMP 自检。生产质量管理体系自检应覆盖企业的所有部门和过程，一般围绕产品质量形成全过程进行，通过对生产质量管理体系中的各个场所、各个职能部门、各个过程的自检和综合，得出生产质量管理体系符合性、有效性的评价结论，制药企业的 GMP 自检通常是使用生产质量管理体系自检的方式进行，以评价企业执行 GMP 的符合性、有效性和适宜性。

5.3　自检程序

5.3.1　自检流程

自检流程一般分为 5 个主要阶段：启动阶段、自检准备阶段、自检实施阶段、自检报告阶段、自检后续活动阶段。

5.3.1.1　启动阶段

自检是一项正式、系统的活动，在自检实施之前，应首先做好整体策划和组织管理，明确自检的目的、范围、依据，组建自检小组，收集和审阅相关自检信息，做到自检计划落实，自检责任落实。

在自检的启动阶段主要活动有：

①任命自检小组组长；

②确定自检目的、自检依据及自检范围；

③组建自检小组，收集、审阅与自检有关的文件；

④必要时建立与受检查部门的初步联系等活动。

5.3.1.2　自检准备阶段

现场检查前的准备是自检工作的重要环节，自检前准备工作的质量直接影响现场检查的质量，影响到自检结果的真实性和有效性，因而在现场检查前需认真做好自检的准备工作。

现场检查准备阶段主要的活动是：

①编制自检计划并分发；

②内审小组成员分工；

③自检文件准备；

④准备现场检查所需要的资源。

5.3.1.3　自检实施阶段

自检小组在完成全部自检准备工作之后，展开自检的现场检查工作，现场检查以召开首次会议为开始，根据规范要求、程序文件、检查表和自检实施计划安排，自检员进入现场检查，运用各种检查方法和技巧，收集和记录自检发现，通过对客观证据、自检发现的整理、分析和判断，并经受检查部门确认后，开具缺陷项目不符合项报告，最后以末次会议结束。

自检实施主要活动有：

①首次会议；

②现场检查与信息收集；

③自检发现与汇总分析；

④末次会议。

5.3.1.4　自检报告阶段

自检报告是自检小组在结束现场检查工作后必须编制的一份文件。

自检报告是由自检小组组长在规定的时间期限内向企业负责人或质量负责人提交的正式文件，自检报告是对自检中的检查发现（缺陷项目）的统计、分析、归纳、评价，应对整个自检活动有一个全面、清晰、准确的叙述。自检报告提交后，自检工作宣告结束。

在编制自检报告阶段的主要活动有：

①自检报告的编写；

②自检报告的批准；

③自检报告的分发与管理。

5.3.1.5　自检后续活动阶段

现场的自检活动结束后，根据不符合项报告，制定、实施和跟踪确认整改措施是自检工作的重要组成部分，是自检工作的延伸。在现场检查完成后，企业的相关质量管理部门、自检小组、质量管理部门负责人以及各职能部门仍应继续关注自检的后续工作，制定、实施、跟踪确认、监督、协调好纠正措施的开展和实施。

在自检后续活动阶段主要活动有：

①纠正措施的制定；

②纠正措施的执行；

③纠正措施的跟踪验证。

5.3.2　自检人员的选拔及组建自检小组

5.3.2.1　自检人员的资格确认

对于自检人员的确定，GMP（2010 年修订）规定：应由企业指定人员独立、细致地进行自检，也可请外部人员或专家进行独立的质量审计。

自检工作必须由经过公司自检员培训，持有自检资格并经聘任的人员执行，执行自检的人员必须与被检查对象无直接责任关系。

自检小组成员应是经过培训并经授权，需要时可根据自检实际需要配备专业技术人员以提高自检的有效性。选择自检员时应考虑以下因素。

（1）人员资格：自检人员应是培训合格且经授权的自检员。特殊情况下，自检小组可吸收业务专家参加自检小组，但需要企业质量负责人批准。

（2）人员数量：根据自检的目标、自检范围、自检的时间、受检查部门的数量和规模及分布是否需要分组、自检员的经验等因素确定所需要的人员数。

（3）自检员与受检查工作的相对独立性：为保证自检工作的独立性、公正性和客观性，应做到自检员不检查自己的工作和部门。

（4）专业知识：自检员对自检业务专业知识应有一定了解，最好与受检查部门业务相适应，但也不强调要专业一致。专业技术要求较高时，可选派熟悉专业技术的人员担任自检员，如化学检验、微生物学检验、计量校准、工程设计专业人员等。

（5）自检工作中的协调：如果自检小组规模较大，有多名自检员，则应考虑他们在工作中能否协调配合，团结合作，相互支持和帮助。

（6）人员结构：人员组成上应合理配置管理人员、专业技术人员与生产一线人员的比例。体现自检员来源的广泛性，便于企业有效地执行 GMP，以及生产质量管理的持续改进。

（7）被受检查部门认可：自检小组组长在决定自检小组成员以前，应征求受检查部门的同意。当受检查部门不肯接受拟派的自检员时，应就此与受自检部门进行沟通，适宜时可考虑另派其他自检员。

5.3.2.2　自检小组成员的职责

（1）服从自检小组组长的领导，支持自检小组组长开展工作；

（2）在自检小组组长指导下分工编制自检工作文件；

（3）完成分工范围内的现场自检任务，做好自检记录；

（4）收集、分析有关自检证据，进行组内交流；

（5）编写不符合项报告，参与编制自检报告；

（6）参加纠正整改措施的跟踪验证；

（7）管理有关的各种文件、记录。

5.3.2.3　组建自检小组

企业实施 GMP 自检的第一个环节是组建自检小组，应该根据企业规模情况选择适当的质量管理技术人员进入自检小组，因此组建自检小组的关键在于选择自检人员。自检小组应包括质量管理部门和其他相关部门人员。需明确相关职责：管理层职责、质量管理部职责、自检小组组长职责、自检小组成员职责、受检部门职责。

自检的实施需要有足够的有资质的人员参加，企业应根据相关的培训、教育、经验（特别是进行或接受内外部审计的经验）确认自检人员的资质，并维护一个现行的自检人员名单。

有时需要邀请特殊领域的专家（例如软件工程师、微生物专家、毒理学专家）参与自检；企业委派外部人员或专家进行内部自检，应通过书面协议明确双方的权利义务，并对相关人员的资质进行书面确认。

5.3.3　自检计划

自检计划是由自检组长负责编制的，确定自检活动日程安排的指导性文件。反映现场检查的具体日程安排，自检计划的合理性将影响自检的有效性，对于每一次具体的自检活动，自检小组组长应在收集和审阅文件、信息的基础上编制自检实施"计划。

自检计划为自检的实施提供预先的安排和参照，也使受检部门了解自检活动的内容和安排，以便提前做好有关准备。自检计划应提交给受检部门确认，如受检部门提出异议，可以对自检计划进行适当调整和修改。

5.3.3.1　自检计划的内容

自检计划具体内容应与受检查方的规模和复杂程度相适应，一般自检实施计划的内容通常包括：

（1）自检的目的和范围；

（2）自检依据的文件；

（3）自检小组成员名单及分工情况；

（4）进行自检的日期和地点；

（5）要进行自检的单位、部门；

（6）自检活动的进度日程。

5.3.3.2　自检年度计划的制定

当药品生产企业进行 GMP 自检时，首先要制定年度的 GMP 自检计划，GMP 自检计划是 GMP 自检工作的开始也是总纲，每一次自检的实施计划则是按年度自检计划来安排具体实施。编制年度自检计划，其目的是保证自检工作的实施有计划地进行，便于管理、监督和控制自检。年度自检计划的内容一般包括：自检的目的、范围、依据，自检小组成员，主要自检活动的时间安排等。

企业应在每年底（或其他规定的时限内）会同其他部门，建立年度自检计划，规划下一年度进行自检的次数、内容、方式和时间表。年度自检计划应经企业管理层批准，以获得资源的充分保证；并在企业内部进行充分的沟通，以协调相关部门的活动。集中式自检和分散（滚动）式自检都是常见的自检组织方式。

（1）集中式 GMP 自检：企业的 GMP 自检集中在一段时间内完成，每一次自检可针对 GMP 全部适用的条款及相关部门，也可针对某些条款或部门，该方式具有连续性和系统性的优点，但需要统一占用时间，人员难以召集，此种方式比较适合中小型企业实施，用于企业执行 GMP 一段时间后的全面检查，此外，一般是在迎接国家药品 GMP 认证检查或监督检查之前组织的自查。

（2）分散（滚动）式 GMP 自检：在一段时间内，针对企业执行 GMP 所涉及的各有关部门和区域按照一定的顺序有计划地安排 GMP 自检，在一个自检周期内对所有适用于企业的 GMP 条款及相关部门进行检查，这种方式自检持续时间长，自检时间短且灵活，对重要的条款和部门可安排多频次的检查，检查有一定的深度和质量，但自检周期跨度时间长且缺乏系统性，适用于大、中型企业，以及设有专门的 GMP

自检机构或专职人员的情况。

企业也可以选择在公司级自检之外，开展部门级别的自检活动，并建立相应的自检计划。对于拥有多生产基地的集团企业，除了工厂级别的自检系统之外，比较通行的做法是建立一个集团或分部级别的自检系统，由集团总部或分部的 QA 对不同工厂定期进行统一的自检。这时就会存在一个集团级的自检频次和计划，以及一个工厂级的自检频次和计划。

5.3.3.3　检查明细的制定

企业在每次自检活动之前，需要建立检查明细，为自检提供检查依据。检查明细的制定可以参考 GMP 检查细则或其他的法律法规，也可以依据本企业标准操作规程。

GMP 对自检的要求是不断动态发展变化的，监管当局也通过各种形式（例如审计模版）发布其对审计的最新期望，企业应持续关注监管当局不断更新的审计要求，并根据企业具体实施。一般需要检查以下项目。

（1）人员：按照 GMP 的要求审核人员的情况，包括企业负责人、质量管理和生产管理负责人、质量受权人、部门负责人和检验、生产操作等人员的数量、学历、职位、职务变动情况、培训情况和记录、考核情况等是否符合 GMP 要求。

（2）厂房和设施：按照 GMP 的规定审核厂房设施的情况，包括厂区划分与保持，洁净室的洁净级别、温湿度和压差的记录和维持，空气净化设施的效率和维护，防尘捕尘设施效率及维护，建筑物及设施的维护以及实验动物房的设置等内容。

（3）设备：按照 GMP 的规定审核检查设备安装、运行、维护及维修情况，包括不合格设备和问题设备的处理情况。

（4）物料：按照 GMP 的规定审核检查原料、辅料、包装材料、制剂半成品和成品的购入、储存、发放和使用情况；物料、成品、半成品和包装材料的标准，中药材购入是否符合条件；待验、合格、不合格物料的储存及处理；特殊物料的储存条件及处理；物料的保存期限；药品包装、说明书、标签的管理是否符合规定。

（5）环境和卫生：按照 GMP 的要求审核检查卫生管理制度，车间、工序、岗位操作规程是否健全，生产区卫生情况，更衣室、浴室、厕所的卫生情况，工作服的卫生情况，洁净室人员操作及进入的管理情况，洁净室消毒措施，生产人员健康档案情况等内容。

（6）验证及再验证程序：按照 GMP 的要求审核检查验证情况，包括厂房、设施、设备安装及运行确认，性能确认和产品验证记录，再验证记录，验证负责人审核批准程序和签名等内容。

（7）文件：按照 GMP 的要求审核检查药品生产管理和质量管理的各项制度和记

录、药品的生产管理和质量管理文件、SOP 的完备性、建立文件的程序、文件的合法性等内容。

（8）生产管理：按照 GMP 的要求审核生产工艺规程、岗位操作法和 SOP 的执行情况，批生产记录、批包装记录、批检验记录、清场记录的记录方法。

（9）质量管理：按照 GMP 的要求检查质量管理部门职责的落实情况，包括实验室管理、持续稳定性考察、变更控制、偏差处理、纠正和预防措施、供应商的评估和批准、产品质量回顾分析和处理投诉的记录等内容。

（10）产品发运与召回：按照 GMP 的要求主要检查销售记录，产品退货收回和处理程序。

（11）投诉与不良反应报告：按照 GMP 要求检查药品不良反应报告程序和处理投诉的记录报告等内容。

（12）上次自检提出的质量改进建议的执行情况：检查上次自检发现问题的改进、纠正和落实情况，并做相应记录。

5.3.4   自检的实施

5.3.4.1   首次会议

首次会议是实施自检的开始，是自检组全体成员与受检查部门负责人及有关人员参加的会议，主要是介绍、建立双方的联系，明确双方的责任，以及具体的自检日程安排等内容。首次会议的目的包括：确认自检范围、目的和自检计划；简要介绍自检中使用的自检方法和程序；建立自检组与受检查部门的正式联系；提出落实自检的有关要求；确认自检小组所需要的资源与条件；确认末次会议的时间和地点；促进受检查部门的积极参与。

（1）首次会议的参加人员：自检小组全体成员、企业负责人、受检查部门负责人及主要业务人员、陪同人员等。

（2）首次会议的程序和内容：首次会议由自检小组组长主持。与会的自检小组成员和受自检方的与会人员分别在首次会议签到表上签到。一般首次会议的程序如下。

①自检组组长宣布首次会议开始；

②人员介绍：组长介绍自检员及参会的各部门负责人；

③组长宣布此次自检的目的、范围、依据；

④组长介绍本次自检实施计划，并请相关部门做确认和调整的说明；

⑤简要介绍自检的方法和程序；

⑥请受检查部门明确联络员；

⑦落实末次会议的时间、参加人员和地点。

（3）首次会议的注意事项

①建立严谨的、细致的工作作风，建立一个良好的自检氛围；

②首次会议的时间应控制在 30 分钟内，应准时、简短；

③获得受检查部门的理解并得到支持；

④首次会议一般由自检组组长主持。

5.3.4.2 现场检查与信息收集

首次会议结束后，应立即转入现场检查阶段，在此阶段自检员的主要任务是制定自检计划、检查表以及检查现场，在有限的时间内通过各种方法、手段收集企业执行 GMP 的相关信息，并对其识别、记录与验证寻找客观证据，并根据自检的依据对自检证据进行分析评价，得到自检结论。该阶段是整个自检过程最重要的环节。

首次会议结束后，自检员依据内部自检实施计划和预先编制的检查表，进入检查区域，在现场的检查基本步骤如下：

- 进入检查区域，向受检查部门说明要检查的内容；
- 识别和确定检查信息的收集来源和方式；
- 通过面谈、查阅文件和记录、现场观察等方式，收集检查信息；
- 确定收集的检查信息；
- 验证收集的检查信息，形成检查证据；
- 依据自检依据，判断检查证据，形成检查发现；
- 评价检查发现，得出检查结论。

5.3.4.2.1 现场检查的原则

为保证现场检查的顺利进行，在现场检查时，自检员应坚持以下原则。

①坚持以"客观证据"为依据的检查原则：客观证据是缺陷项目判断的依据，客观证据必须以事实为基础，且可陈述、可追溯，不含有任何猜想、推测的成分，客观证据不足或未经确认不能作为判断不符合的证据。

②坚持自检依据与实际核对的原则：现场自检应严格依据自检依据，确定检查项目、检查要点和抽样方案，寻找客观证据，客观证据与自检依据核对后才可确定检查结论，凡自检依据与实际未核对的项目，都不应得出自检结论。

③坚持独立、公正的原则：自检判断时应排除受检查部门的人员、自检员的情感等干扰因素，避免影响自检的独立、公正的因素，维护和保持检查判断的独立性和公正性。

④坚持"三要三不要"原则：要依据客观证据，不要凭自检员的直觉和印象去检

查；要追溯和证实实际得出的结果，不要停留在文件查阅和面谈等表面文章上；要按自检计划执行现场检查，不要抱着"不查出缺陷项目誓不罢休"的工作态度。

5.3.4.2.2 客观证据的收集

在现场检查工作时，首先要收集客观证据、对收集的检查信息加以识别和记录，客观证据的收集主要有以下几种途径。

①与受检查部门的责任人员面谈；

②查阅现行的生产质量管理文件；

③查阅各类生产质量记录，如批生产记录、客户投诉处理记录、变更和偏差处理记录、内审记录、产品检验原始记录等；

④查阅有关的生产质量文档，如验证草案和报告、年度自检报告、环控报告、水系统监测报告等；

⑤现场观察和核对；

⑥对实际活动及结果的确认；

⑦有关生产质量管理方面统计数据的汇总、分析和评价，如产品的年度回顾、年度验证计划、质量月报、年度生产质量管理目标完成情况等；

⑧查阅、分析和评价来自其他方面的报告，如客户投诉、国家和地方药品检验部门产品抽查检查结果、国家和地方药品监督管理部门检查的记录等信息。

5.3.4.2.3 现场检查的基本技能

现场检查的基本技能主要有面谈与提问、查阅文件和记录、现场观察以及重复确认等基本技能。

（1）面谈：面谈是自检员与受检查部门人员之间一种正式的双向沟通过程，其目的是：①确认受检查部门的人员对各自职责的熟悉程度；②了解和确认职能部门人员对企业执行 GMP 要求的掌握情况；③了解和掌握职能部门的人员对相关的程序文件要求的了解程度和执行情况；④通过面谈，自检员可解释自己的检查需求，引导面谈对象，有效地开展自检工作。

面谈的对象：为广泛收集具有代表性的检查信息，应选择合适的面谈对象，除受检查部门的负责人外，还包括对不同层次和职能的人员进行面谈，面谈的对象最好是直接业务工作人员，避免其他人员的干扰。

面谈的基本步骤：①介绍自己；②解释面谈的目的；③用开放式提问获取自检项目的基本情况；④对于回答用探索式的提问做出进一步的反应；⑤寻找事实的客观证据；⑥运用自检依据判断检查结果；⑦用封闭式的提问确认事实；⑧记录检查发现；⑨感谢对方的帮助与合作。

面谈的注意事项：面谈是获取检查证据的重要方式，为提高面谈的效果，在面谈时应主意以下几点。①选择合适的面谈对象，应考虑不同层次和职能的人员，面谈的人数和总人数成正比，以获取直接的信息；②面谈场所尽可能选择面谈对象工作的场所进行，避免在办公室集中接受面谈的检查；③面谈时，应根据面谈对象的不同背景区别对待，面谈前需了解面谈对象的工作职责、经历以及主要的业务情况；④注意聆听，尽可能理解面谈对象的回答，对回答及时做出反馈，并尽可能避免做出不恰当的反应；⑤面谈时应注意现场气氛，自检员应始终保持礼貌、友善的态度；面谈的过程应及时记录，面谈的结果应予以归纳和评价；对于通过面谈获取的检查信息，必要时还应通过其他方式进行核实。

（2）查阅文件和记录：查阅文件和记录是现场检查中必须采用的方法。通过查阅文件，可以了解现行程序的要求，核实程序文件的执行情况，已获得实际运作和效果的自检信息可帮助自检员了解接受自检部门过去发生的事实，有助于对以往的事实进行调查和了解。

查阅时应注意的事项主要有以下几方面：①要核实现行程序的有效性，了解工作岗位程序文件的使用、文件的执行、文件的更改管理等情况；②查阅记录的真实性和可信度，对明显不真实的记录，如明显涂改、编造、事后补记的记录，不应作为客观证据；③查阅记录时，可通过现场观察、面谈或直接确认等检查方法验证记录的有效性；④查阅记录需注意连续性线索，对相关记录作连续性检查较容易发现接口问题，如通过查阅一份有关工艺参数偏差处理的记录，可查阅相关的工艺验证、生产过程控制、质量检验、不合格品处理的文件和记录；⑤查阅文件和记录应采取公正、随机、有代表性的抽样原则，选取有代表性的样本进行自检。

（3）现场观察：通过对工作环境、生产条件以及过程活动观察获取客观证据。

主要作用是：可用来判断受检查部门在实际工作中是否遵守程序文件要求，生产条件是否符合 GMP 要求；有利于发现问题及分析问题产生的原因，有利于证实受检查部门执行 GMP 的有效性。

现场观察的区域：主要包括库房、物料接受区（原辅料的取样区域、不合格品的隔离区域、返回产品的存放区域）、生产区域、实验室、稳定性实验室及留样间、水处理站、公用设备、更衣室、器具清洗室、员工休息室。

现场观察应关注的环节：现场观察可以按照"人、机、料、法、环"等五个方面进行观察，在自检时需关注的环节有以下几点。

①文件：所使用的程序文件是否是现行有效版本；程序文件是否完整；有无缺页和损坏的现象；程序文件保管如何，是否保管完好、整洁；程序文件有无非法更

改的情况。

②产品：产品状况如何；是否保管完好、清洁；是否有破损和泄漏的情况；产品标识（如产品名称、批号、数量、有效期、质量状态）是否完整、清晰；产品的存放是否符合存储要求。

③工具和设备：了解工具和设备的用途；工具（设备）是否清洁、是否完好；工具（设备）的标识（如设备的型号、设备标号等信息）是否完整、清晰；设备状态（如校准状态、运行状态、维修状态等）是否标识完整、清晰、有效；设备是否有现行的操作程序文件；操作人员是否可以得到相关操作程序文件；操作人员是否理解相关操作程序文件的内容和要求。

④区域：区域的卫生状况如何；灭虫灭鼠装置是否齐备；紫外灯、风淋器、闭门器等装置是否能正常使用；区域内的厂房设施是否有损坏的情况；区域内的状态标识是否清晰、完整和有效；放置的设备或附近的程序文件或作业指导书是否为有效版本；区域内有无安全警示。

⑤物料：了解物料的用途；物料的状况是否清洁；有无破损；质量状态如何；标识是否完整、清晰；能否表明物料的名称、数量、批号和质量状态；如果是危险物品是否有安全警告标识或警示提醒。

（4）确认：在现场检查中，通过各种方法获得检查信息，特别是缺陷项目的检查信息需进行确认，以确保其客观性和真实性，确认的主要原则如下：现场检查中缺陷项目的检查信息要调查到一定的深度，以获取更全面、更准确的证据，以评价执行GMP 的符合性、有效性；对于受检查部门面谈所述的事实要求提供证实跟踪记录与文件、记录与现状的符合性、有效性；对收集的检查信息经确认后可作为检查证据，与受检查部门共同确认检查证据。

确认时，可采用以下的方法步骤进行确认：

①确认应具备的设施和设备条件、程序文件、记录等是否符合规范要求；

②通过现场观察、面谈等办法核实是否按照规范和程序文件要求执行；

③检查实际的控制结果，核实实际执行结果是否有效，是否达到规定要求；

④及时记录面谈、现场观察和验证的结果，并与受检查部门予以确认。

5.3.4.2.4　现场自检的记录

在提问、交谈、查阅文件和记录、现场观察以及确认时，自检员应做好记录，记录自检中所收集的自检信息，这些记录是自检员提出报告的基础。记录主要有以下几方面的作用：作为编制缺陷项目、不符合项报告和自检报告的依据；作为备忘、核实检查的依据；作为查阅、追溯的参考。

（1）记录的要求

①记录应清晰、完整，便于查阅、追溯；

②记录应准确、具体，能全面反映检查区域的过程活动内容，如产品的批号、设备名称、文件名称和版本号、记录名称和编号、被询问人员的职务及工作岗位、控制要求和执行效果等内容；

③记录应及时，避免补写记录。

（2）记录的内容：在检查过程中，自检员主要记录的检查信息有：表明符合的事实；表明不符合的事实；有效运作的观察；无效运作的观察；印象较深刻的现象、产品、文件、环境条件等信息。

5.3.4.2.5　现场检查的控制

（1）自检计划的控制：自检计划是自检小组与受检查部门双方同意，且经过批准的，一般情况下，应依据事先制定的自检实施计划和检查表进行检查。但在检查过程中，如出现某些事先意想不到的原因影响自检计划的执行时，可及时调整内部自检计划。改变内部自检实施计划需要得到自检组组长和受检查部门双方同意。

自检员在检查过程中发现重大问题时，自检的范围可能超出事先制定的自检检查表时需要按新发现的线索进行跟踪时，可经自检组组长同意后进行自检实施计划的局部调整。

（2）自检进度的控制：自检小组成员应按自检检查表检查并掌握检查的进度，如果出现不能按自检实施计划完成的情况时，自检小组可通过及时调整自检小组资源或适当减少检查内容等办法，保证检查进度。如将一个内审小组的两个自检员调整为一人一组，分别对后续的部门进行自检。

（3）现场检查气氛的控制：在现场检查过程中，受检所在部门和人员由于处于被动的受审查的地位，很容易产生对立情绪，有可能会发生争执，使气氛紧张起来，因此自检小组成员应善于缓和、控制气氛，营造良好的检查气氛，如注意提问的语气、方式，保持严谨的工作态度等。

（4）检查客观性的控制：自检员应保持客观公正的工作态度，坚持用事实说话的原则，防止凭主观猜测、推理或带有个人感情色彩。另外，应对取得的检查证据的客观性进行确认，要求结论客观、公正和适宜。

（5）检查工作纪律的控制：为得到客观、公正的检查结论，自检员应严格遵守自检纪律，自检小组对违反自检纪律或不利于检查正常进行的行为需及时纠正。

（6）自检结果的控制：在自检小组提出自检结论之前，自检小组成员应对拟提出的自检结论进行分析和评价，并达成一致意见，使自检结论具有客观性、公正性和适宜性。

5.3.4.3 自检发现与汇总分析

自检所述的缺陷项目是指"未满足规定要求"，有些企业也称之为"不符合"或"不合格"。这里所说的"规定要求"也就是内部自检的依据。

（1）缺陷的类型：内部自检的目的是在于纠正和改进，因而不符合项可分为以下几种类型。

①体系性缺陷：企业的生产设施、程序文件与 GMP 或相关药事法规的要求不一致。

②实施性缺陷：未执行事先规定的程序要求。

③效果性缺陷：按事先规定的程序执行，但缺乏有效性。

（2）缺陷的性质：缺陷应按照预先制定的分类标准进行分类。一般分类原则如下。

①严重缺陷：严重缺陷是指与药品 GMP 要求有严重偏离，产品可能对使用者造成危害的缺陷。属于下列情形之一的为严重缺陷。

· 对使用者造成危害或存在健康风险；

· 与药品 GMP 要求有严重偏离，给产品质量带来严重风险；

· 有文件、数据、记录等不真实的欺骗行为；

· 存在多项关联主要缺陷，经综合分析表明质量管理体系中某一系统不能有效运行。

②主要缺陷：主要缺陷是指与药品 GMP 要求有较大偏离的缺陷。属于下列情形之一的为主要缺陷。

· 与药品 GMP 要求有较大偏离，给产品质量带来较大风险；

· 不能按要求放行产品，或质量受权人不能有效履行其放行职责；

· 存在多项关联一般缺陷，经综合分析表明质量管理体系中某一系统不完善。

③一般缺陷：一般缺陷是指偏离药品 GMP 要求，但尚未达到严重缺陷和主要缺陷程度的缺陷。

（3）缺陷项目的确认原则：缺陷的确定过程中，应注意以下几方面。

①如果发现严重或重大缺陷应列出所依据的内部和外部规定；

②避免个人意见和假设；

③发现问题应有真实证据；

④区分个别问题和系统问题；

⑤将发现的问题和缺陷合并组合（关联）以确定自检中的系统问题：

⑥明确的语言。

所有的缺陷项目都应按照一定的规则编号，以便追溯和索引；所有缺陷和建议（如果有的话）应另外编制缺陷列表，以便追踪相关的纠正预防措施。

5.3.4.4　不符合项报告

不符合项报告是现场检查的发现，对于自检小组和受检部门是重要的文件之一，其作用主要体现在以下几个方面。

- 是做出自检结论和提出自检报告的重要依据和基础；
- 是受检查部门获得自检信息，制定纠正措施的依据；
- 是自检后续活动、实施跟踪自检与报告跟踪自检与报告的依据；
- 是评定受检查部门执行 GMP 绩效考核的参考依据。

不符合项报告的内容：不符合项报告主要陈述客观事实和相关自检的基本信息，一般有以下几个方面内容。

（1）受检查部门名称、检查日期；

（2）缺陷项目事实的描述；

（3）未满足的要求及相关条款；

（4）缺陷项目的类型及程度；

（5）自检员及受检在部门确认的签名。

（6）缺陷事实描述的要求：缺陷事实的描述，是不合格项报告的关键之处，对于缺陷事实描述主要有以下要求。

①描述的事实与证据应确凿，事实描述准确、完整、清晰，无模核两可。一般应包括缺陷事实的时间、地点、当事人及必要的细节；

②在结构上，可先描述规定的"要求"，再列举缺陷事实及证据，这样检查发现及结论在描述中自然产生；

③描述的事实证据具有可追溯性；

④尽可能使用专业术语；

⑤缺陷事实描述时，文字力求简明、精炼、流畅、字迹清楚，便于阅读与理解，便于制定纠正措施。

（7）评审不符合项报告：从自检要求上，凡是发现的缺陷事实，均应形成缺陷项目的检查发现，即形成不符合项报告。但在最终形成不符合项报告的数量及发现区域时，应做出评审，形成最终的不符合项报告，其作用主要表现在：不符合项报告有代表性，对受检查部门有较大帮助；可有效提高执行 GMP 的符合性、有效性或降低生产质量风险；有利于受检查部门采取纠正措施。

5.3.4.5　末次会议

现场检查以末次会议结束，末次会议是自检小组、受检查部门负责人和有关职能部门业务人员参加的会议。末次会议主要的作用有以下几点。

•向受检查部门介绍自检情况，以便他们能够清楚地理解自检的结果，并予以确认；

•报告自检发现（重点在缺陷项目）和自检结论；

•提出后续工作要求（纠正措施跟踪自检等）；

•结束现场检查。

（1）末次会议的内容：自检小组对受检查部门在整个自检期间的合作表示感谢，要真诚具体，但不必声势很大，过分热情。

①重申自检目的和范围：考虑到参加末次会议的人员不一定参加过首次会议，自检小组应重申。

②强调自检的局限性：自检是抽样进行的，存在一定风险。但自检小组应尽量使这种抽样具有代表性，使自检检查具有公正性。

③宣读不合格项（缺陷项目）报告（可选择主要部分）。

④提出纠正措施要求：自检小组向受检查部门提出采取纠正措施的要求。

⑤宣读自检意见：自检组长宣布自检意见，并说明自检报告的发布时间、方式及其他后续工作要求。

⑥受检查部门负责人表态，并对纠正做出承诺。

⑦会议结束，自检小组表示感谢。

（2）末次会议的注意事项

①末次会议的重点应围绕着缺陷项目提出纠正措施及要求。

②自检结果（意见）涉及的重要部门和人员应到会，以便实施纠正。所有到会的人员应签到。

③末次会议的召开时间是在自检计划中确定的。"准时开始/准时结束"。

④末次会议应有会议记录，并保存，记录应包括到会人员的签到。

⑤有些缺陷项目受检查部门已在末次会议前采取了纠正措施并经自检员确认也比较满意，可不在会议上提出或在会议上表示满意态度。

⑥末次会议应适当肯定受检在部门取得的成功经验和好的做法，不要一味谈问题。

⑦宣读不合格项（缺陷项目）报告或有对受检查部门不利结论时，应充分准备，选择适当措施，防止陷入"僵局"。

⑧由于自检是利用有限资源在有限时间内开展工作，因此自检期间收集的信息不可避免地只是建立在对可获得信息的抽样基础上。所以这就导致了所有的自检都具有一定的不确定因素，自检结论的宣读人应对这种不确定性加以关注。

⑨在末次会议之前自检组应进行内部商议，以便评审所有自检发现；达成一致的

自检结论；讨论自检的跟踪措施。

5.3.4.6　自检报告

自检报告是自检小组结束现场工作后必须编制的一份文件。现场自检结束后，自检组长应组织自检小组成员对自检过程的记录进行汇总、分析、评价和总结，并提出纠正和预防措施的建议。此外，纠正和预防措施的执行也应有相应的记录。在此基础上对 GMP 管理体系的符合性和有效性进行总体评价。自检组要对缺陷项进行汇总、分析、统计，包括缺陷项的数量和性质情况的统计，并绘制成缺陷项分布表。从缺陷项分布表上可直观地看出缺陷项在各过程和各部门的分布情况。根据对缺陷项的分布情况、数量、类型以及实际情况的分析，确定 GMP 管理体系在哪些过程和部门是有效运行的，哪些过程和部门是重点改进的对象。只要有可能，自检报告应在偏差事实后面注明偏差所违背的标准或法规的具体条款。自检报告应分发到适合的工厂管理层手中，从而保证工艺、产品质量和质量系统的维护。

自检报告一般应包括以下内容：编号、自检类型、自检日期、自检内容、检查区域、缺陷描述、整改措施、执行人、计划完成日期等，最终的检查报告应于检查员和被检查部门签字后生效，并分发给被检查部门和相关部门。

5.3.4.7　自检后续管理

现场的自检活动结束后，根据不符合项报告，制定、实施和跟踪确认整改措施是自检工作的重要组成部分，是自检工作的延伸。在现场检查完成后，企业的相关质量管理部门、自检小组、质量管理部门负责人以及各职能部门仍应继续关注自检的后续工作，制定、实施、跟踪确认、监督、协调好整改措施的开展和实施。在自检后续阶段的主要工作有：受检部门确定和实施纠正、预防或改进措施，报告实施纠正、预防或改进措施的状态；自检组对纠正措施的实施情况及其有效性进行验证、判断并记录。

（1）制定整改措施：自检结束后，受检部门会接到自检报告，其中会明确受检部门存在的缺陷项，受检部门的负责人应组织与缺陷项有关的人员对自检组提出的缺陷项进行评审，分析并确定导致产生缺陷项的原因，针对缺陷项的原因，充分考虑该缺陷项已造成的和潜在的影响，制定相应的可以消除缺陷原因的切实可行的整改措施。整改措施制定后首先要经过自检组的认可。

纠正措施和预防措施应制定责任人、设定计划完成时限及目标等，要建立一个有效的追踪程序，追踪纠正和预防措施的执行情况。

（2）实施整改措施：受检部门和与整改措施有关的责任部门按照批准后的整改措施计划逐项实施整改。受检部门应将整改的实施情况及其结果进行记录，作为实施整改的证据。受检部门在完成整改后，应对所采取的整改措施的有效性进行评审，自我评审后认为整改措施达到了效果，可以向自检组提交整改实施结果的证据，以供自检组验证。如果经评审发现所采取的整改措施未达到效果，则受检部门还应重新调查原因，制定并实施更为有效的整改措施。

（3）跟踪确认整改措施：自检组应对受检部门采取的整改措施的实施情况进行跟踪，接到受检部门完成整改措施并提交的实施证据后，应对整改措施完成情况及其有效性进行验证。自检员验证并认为整改确已达到预期效果后，出具验证有效的意见，这项缺陷就关闭了。如果经自检员验证发现未完成整改或未达到预期的效果，则应提请受检部门继续完成或重新采取更为有效的整改措施。

（4）自检总结：自检的所有过程结束后，自检组所有成员和自检组长应对本次自检的情况加以总结，总结的内容主要包括以下几个方面：自检中值得肯定的方面；自检过程中存在的问题；以后需改进的方向和建议等。目的在于今后更好地开展自检工作，使企业能改进和提高药品 GMP 管理体系运行的有效性。

5.3.4.8　自检的文件管理

自检活动中所产生的文件包括：自检计划、自检记录、整改要求、跟踪确认文件等均应按质量文件的存档要求进行存档管理。

企业的自检程序中应定义自检活动的记录和报告的保存期限，保存时间可根据产品的生命周期而定。

企业的自检程序中应定义自检文件的编号规则，便于追溯和档案管理。

5.3.4.9　其他

（1）时限要求：定义时限要求，例如从完成自检到完成自检报告草稿的时限（建议 2 周），自检报告定稿的时限（建议 4 周），收到自检报告到答复自检报告的时限，收到"纠正和预防措施"计划到第一次跟踪"纠正和预防措施"完成情况的时限，完成审计最终报告（结论）的时限等。

（2）关于部门内部自检和集团公司对下属公司的检查：企业也可以选择在公司级自检之外，开展部门级别的自检活动，并建立相应的自检计划。

对于拥有多生产基地的集团企业，除了工厂级别的自检系统之外，比较通行的做法是建立一个集团或分部级别的内部审计系统，由集团总部或分部的 QA 对不同工厂定期进行统一的内部审计。这时就会存在一个集团级的自检频次和计划，以及一个工厂级的自检频次和计划。

上述两种类型的自检，不能替代由质量管理部门组织的独立法人公司级别的自检，但可以为公司级别的自检提供参考。从 GMP 法规的角度，更关注具有独立法人资格的公司级别的自检。

6

第6部分

———

外部检查

———

企业需建立接受外部检查的程序，保证外部检查的顺利进行，外部检查包括官方检查、客户审计，以及其他非强制性的认证（如 ISO 9001）等。官方检查包括定期的许可检查、常规检查、有因检查、其他检查等。

6.1 官方检查程序

根据检查性质和目的，药品检查种类可以分为许可检查、常规检查、有因检查、其他检查。

6.1.1 许可检查

许可检查是药品监督管理部门对申请人所申请的许可事项是否符合许可条件组织的检查，按《药品生产监督管理办法》和《药品经营监督管理办法》相关要求组织检查。

6.1.1.1 药品生产许可相关检查申请受理

申请人向当地省级药品监督管理部门申请《药品生产许可证》时，应按照《药品生产监督管理办法》相关规定要求提交申报资料。

6.1.1.2 技术审查

省级药品监督管理部门应及时将受理的申报资料交药品检查机构，药品检查机构自收到申报资料后 30 个工作日内完成技术审查工作。需补充资料的，工作时限按实际顺延。

6.1.1.3 现场检查

药品检查机构完成申报资料技术审查后，应当制定现场检查工作方案，并组织实施现场检查。制定工作方案及实施现场检查工作时限为 30 个工作日。

6.1.1.4 检查内容

首次申请《药品生产许可证》的，依据药品生产许可现场验收标准和药品生产质量管理规范相关要求开展检查。

申请《药品生产许可证》重新发放的，结合企业遵守药品管理法律法规，执行药品生产质量管理规范和质量管理体系运行情况，根据风险管理原则进行审查，必要时可开展药品生产质量管理规范符合性检查。

申请药品上市以及原址或者异地新建、改建、扩建车间或者生产线的，应当开展相应的药品生产质量管理规范符合性检查。

6.1.1.5 综合评定

药品检查机构结合企业整改情况对现场检查报告进行综合评定。必要时，可对企业整改情况进行现场核查。综合评定应在收到企业整改报告后 20 个工作日内完成，如进行现场核查，评定时限顺延。

6.1.1.6　综合评定标准

药品检查机构进行综合评定应根据风险管理原则，综合考虑缺陷的性质、严重程度，必要时应召开综合评定会，对检查结果作出是否符合的评定结论，并形成《药品检查综合评定报告书》。

综合评定时，结合现场检查和整改情况对缺陷等级可以进行升级或降级。

6.1.1.7　行政决定

药品检查机构完成综合评定后，应将《药品检查综合评定报告书》报药品监督管理部门。

申请《药品生产许可证》的，药品监督管理部门根据《药品检查综合评定报告书》的评定结论，符合要求的，向申请人发放《药品生产许可证》；不符合要求的，不予发放《药品生产许可证》。

申请原址或者异地新建、改建、扩建车间或者生产线的，药品监督管理部门根据《药品检查综合评定报告书》的评定结论，符合要求的，予以批准；不符合要求的，不予批准，并说明理由。

6.1.1.8　结果公示

药品监督管理部门应将审批结果予以公示。

6.1.2　常规检查

常规检查是根据药品监督管理部门制定的年度检查计划，对药品上市许可持有人、药品生产企业、药品经营企业、药品使用单位遵守有关法律、法规，执行相关质量管理规范以及有关标准情况开展的日常监督检查，包括质量管理规范符合性检查。

6.1.2.1　检查计划

药品监督管理部门依据风险原则制定药品检查计划，确定被检查单位名单、检查内容、检查重点、检查方式、检查要求等，实施风险分级管理，年度检查计划中应确定对一定比例的企业开展质量管理规范符合性检查。

6.1.2.2　风险评估

风险评估重点考虑以下因素：

（1）药品特性以及药品本身存在的固有风险，按照《药品生产现场检查风险评定指导原则》，根据风险高低将药品分为高风险产品和一般风险产品；

（2）药品上市许可持有人、药品生产企业、药品经营企业、药品使用单位的药品抽检情况；

（3）药品上市许可持有人、药品生产企业、药品经营企业、药品使用单位的违法违规情况；

（4）药品不良反应监测、探索性研究、投诉举报或者其他线索提示可能存在的质量安全风险。

6.1.2.3　检查内容

常规检查包含以下内容：

（1）遵守药品管理法律法规的合法性；

（2）执行相关药品质量管理规范和技术标准的规范性；

（3）药品生产、经营、使用资料和数据的真实性、完整性；

（4）药品上市许可持有人的质量管理、风险防控能力；

（5）药品监督管理部门认为需要检查的其他内容。

药品监督管理部门进行常规检查时可对某一环节或依据检查方案规定的内容进行检查。

6.1.2.4　检查频次

相关检查频次按照《药品生产监督管理办法》和《药品经营监督管理办法》等要求执行。

市县级药品监督管理部门结合本行政区域内实际情况制定使用单位的检查频次。

6.1.3　有因检查

有因检查是对药品上市许可持有人、药品生产企业、药品经营企业、药品使用单位可能存在的具体问题或投诉举报等开展的针对性检查，包括飞行检查。

6.1.3.1　检查的启动

有下列情形之一的，药品监督管理部门可以开展有因检查：

（1）投诉举报或者其他来源的线索表明可能存在质量安全风险的；

（2）检验发现存在质量安全风险的；

（3）药品不良反应监测提示可能存在质量安全风险的；

（4）对申报资料真实性有疑问的；

（5）涉嫌严重违反相关质量管理规范要求的；

（6）企业有严重不守信记录的；

（7）企业频繁变更质量管理人员登记事项的；

（8）其他需要开展有因检查的情形。

6.1.3.2　检查方案

开展有因检查应当制定检查方案，明确检查事项、时间、人员构成和方式等。必要时，药品监督管理部门可以联合有关部门共同开展有因检查。

6.1.3.3　检查要求

检查组成员不得事先告知被检查单位检查行程和检查内容，指定地点集中后，第一时间直接进入检查现场；直接针对可能存在的问题开展检查；不得向被检查单位透露检查过程中的进展情况、发现的违法违规线索等相关信息。

6.1.3.4　检查时间

现场检查时间原则上按照检查方案要求执行。检查组根据检查情况，以能够查清查实问题为原则，认为有必要对检查时间进行调整的，报经组织有因检查的药品检查机构批准后予以调整。

6.1.3.5　检查协调

上级药品检查机构组织实施有因检查的，可以适时通知被检查单位所在地药品监督管理部门。被检查单位所在地药品监督管理部门应当派员协助检查，协助检查的人员应当服从检查组的安排。

6.1.3.6　检查策略的调整

组织实施有因检查的药品检查机构应当加强对检查组的指挥，根据现场检查反馈的情况及时调整应对策略，必要时启动协调机制，并可以派相关人员赴现场协调和指挥。

6.1.3.7　检查报告

检查结束后，检查组应当及时撰写检查报告，并于 5 个工作日内报送药品检查机构。检查报告的内容包括：检查过程、发现问题、相关证据、检查结论和处理建议等。

6.1.4　其他检查

其他检查是除许可检查、常规检查、有因检查外的检查，包括专项检查、联合检查、委托检查、延伸检查等。

跨区域检查的协作需要注意以下几方面。

6.1.4.1　委托方检查

药品上市许可持有人、批发企业、零售连锁总部（委托方）所在地省级药品监督管理部门对其跨区域委托生产、配送、销售、药物警戒等质量管理责任落实情况可以开展延伸检查，也可以采取委托检查的方式。

6.1.4.2　以品种为主线开展监管

根据品种对药品上市许可持有人首次跨省委托生产经营等事项的，持有人所在地省级药品监督管理部门应当以品种为主线，覆盖药品生产、经营、使用、检验、追溯、药物警戒等全链条开展延伸检查或联合检查。药品上市许可持有人所在地省级药品监督管理部门也可以委托跨省受托企业所在地省级药品监督管理部门开展延伸检查。

6.1.4.3 受托方检查

跨区域受托企业（受托方）所在地省级药品监督管理部门应当履行属地监管责任，对受托企业遵守相关法律法规、规章，执行质量管理规范、技术标准情况开展常规检查，配合委托方开展延伸检查或联合检查，也可以根据委托方所在地省级药品监督管理部门的委托开展延伸检查。

常规检查中发现疑似非本行政区域上下游质量管理问题时，由发现问题的药品监督管理部门函告委托方所在地省级药品监督管理部门，并抄送所在地省级药品监督管理部门，委托方所在地省级药品监督管理部门决定是否开展检查。

6.1.4.3 委托检查程序

开展委托检查的，持有人所在地省级药品监督管理部门应当向受托企业所在地省级药品监督管理部门发出书面委托函及相关附件，委托其成立检查组，确定检查日期，受托企业所在地省级药品监督管理部门应在检查结束后 7 个工作日内将《药品检查综合评定报告书》及相关证据材料回复给持有人所在地省级药品监督管理部门。

6.2 检查程序

6.2.1 适用范围

开展许可检查、有因检查应当按照本项执行。常规检查、其他检查根据工作实际需要，可参照执行本项内容。

6.2.2 选派检查组

药品检查机构负责选派检查组实施检查。检查组一般由 2 名及以上检查员组成，实行组长负责制，检查员应当具备与被检查品种相应的专业知识、培训经历或从业经验，必要时可选派相关领域专家参加检查或派出执法人员参与检查工作。

6.2.3 检查前准备

药品监督管理部门向药品检查机构提供被检查单位的相关药品品种档案和药品上市许可持有人、药品生产、经营企业、使用单位的监管信息。

药品检查机构在实施检查前，应当根据检查任务制定检查方案，明确检查事项、时间、人员分工和检查方式等。检查组应当按照检查方案实施现场检查。检查员应提前熟悉检查资料等内容。

6.2.4　亮证检

检查组到达被检查单位后，应当向被检查单位出示执法证明文件或药品监督管理部门授权开展检查的证明文件，告知被检查单位享有的权利和应履行的义务。

6.2.5　首次会议

现场检查开始时，检查组应召开首次会议，向被检查单位出示检查相关证明文件，确认检查范围，告知检查纪律、注意事项以及企业权利。有保密要求的监督检查除外。

6.2.6　检查过程记录

检查组应严格按照现场检查方案实施检查，被检查单位在检查过程中应及时提供检查所需的相关资料，检查员应如实做好检查记录。检查方案如需变更的，应报经派出检查单位批准。检查期间发现被检查单位涉嫌违法的，检查组应第一时间固定相关证据，并立即向派出检查单位报告。

6.2.7　抽样检验

检查过程中，检查组认为有必要时，可以对企业的产品、中间体、原辅包等按照《药品抽样原则及程序》的规定要求抽样、送检。

6.2.8　末次会议

现场检查结束后，检查组应对现场检查情况进行分析汇总，并客观、公平、公正地对检查中发现的缺陷按照相应评定标准进行评定，并召开末次会议，向被检查单位通报现场检查情况，对检查中发现的缺陷内容，经检查组成员和被检查单位负责人签字，双方各执一份。

被检查单位对检查中发现的缺陷无异议的，应对缺陷进行整改，整改完成后向药品检查机构提交整改报告。对短期内无法完成整改的，应制定整改计划，经药品检查机构审核后，按计划进行。

被检查单位有异议的，可以陈述申辩，检查组应当如实记录。

6.2.9　检查反馈

现场检查工作完成后，检查组应根据现场检查情况，结合风险评估原则提出评定建议。现场检查报告应附检查员记录及相关资料，并由检查组成员签字。

检查组应在检查工作结束后及时将现场检查报告、检查员记录及相关资料报送药品检查机构。必要时，可以抄送被检查单位所在地药品监督管理部门。

6.2.10　检查报告审核

药品检查机构应在自收到检查报告及企业整改报告后规定时限内完成审核，经综合评定或风险会商后，出具《药品检查综合评定报告书》报药品监督管理部门。具体检查报告的审核流程，由药品检查机构制定。

6.2.11　药品检查综合评定报告书的要求

《药品检查综合评定报告书》应当包括药品上市许可持有人信息、企业名称、地址、实施单位、检查范围、任务来源、检查依据、检查人员、检查时间、问题或缺陷、整改情况、评定结论等内容。

6.2.12　检查结果

检查的结果应及时记录在药品安全信用档案中。

6.3　检查结果的处理

6.3.1　检查合格处理

综合评定结论为符合要求的，药品检查机构应当将现场检查报告、《药品检查综合评定报告书》及相关证据材料等进行整理归档保存。

6.3.2　检查不合格处理

综合评定结论为不符合要求的，除首次申请相关许可证的情形外，药品监督管理部门应按照《中华人民共和国药品管理法》第一百二十六条的规定进行处理，并将现场检查报告、《药品检查综合评定报告书》及相关证据材料、行政处理相关案卷资料等进行整理归档保存。对检查结论为不符合要求的企业应加大检查频次。

6.3.3　拒绝、逃避、拖延或者阻碍检查

被检查单位拒绝、逃避监督检查，伪造、销毁、隐匿有关证据材料的，视为其产品可能存在安全隐患。

被检查单位有下列情形之一的，应视为拒绝、逃避监督检查，伪造、销毁、隐匿记录、数据、信息等相关资料：

（1）拒绝、限制检查员进入被检查场所或者区域，限制检查时间，或者检查结束时限制检查员离开的；

（2）无正当理由不如实提供或者延迟提供与检查相关的文件、记录、票据、凭证、电子数据等材料的；

（3）拒绝或者限制拍摄、复印、抽样等取证工作的；

（4）以声称工作人员不在或冒名顶替应付检查、故意停止生产经营活动等方式欺骗、误导、逃避检查的；

（5）其他不配合检查的情形。

6.3.4　暂停生产销售使用进口等措施

对有证据证明可能存在安全隐患的，检查组应在检查结束后及时将检查报告及相关证据材料报送给派出检查单位。

药品检查机构组织检查的，应当及时将相关材料报送药品监督管理部门，由药品监督管理部门依照《中华人民共和国药品管理法》第九十九条第三款相关规定进行处理。

6.3.5　恢复生产销售使用

安全隐患排除后，被检查单位可向作出风险控制措施决定的药品监督管理部门提交恢复生产、销售、使用、进口的申请和整改报告，药品检查机构对整改情况组织评估，必要时开展现场检查，确认整改符合要求后报药品监督管理部门解除相关风险控制措施，并向社会及时公布结果。

6.3.6　重大问题报告

药品监督管理部门发现药品上市许可持有人、药品生产、经营企业和使用单位违反法律、法规情节严重，所生产、经营、使用的产品足以或已经造成严重危害，或者造成重大影响的，应当及时向上一级药品监督管理部门报告，同时报告同级地方人民政府。

6.4　企业建立的外部检查系统

企业应建立外部检查系统，并明确定义相关的职责和活动，组织好接受外部检查接待工作，需要做好下列事项。

6.4.1　组织机构

6.4.1.1　企业应建立一个随时可以启动的工作组，用以组织接待外部检查

一般由企业的质量负责人担任组长，并指定一名授权人于其不在公司期间，代其承担组长的职责。

组员应包括：相关业务部门的负责人，如：QA 经理、QC 经理、生产车间经理、仓储部经理、设备经理等。各部门负责人也应指定一名授权人于其不在公司期间，代其行使职责。组员还应包括后勤、人事等支持部门的有关人员。

6.4.1.2　职责

外部检查之前需明确各级人员的职责，包括管理层职责、质量管理部门职责、相关业务部门职责、行政后勤部门职责、迎检小组组长职责、迎检小组成员职责、迎检支持小组组长职责、迎检支持小组成员职责等。

6.4.2　检查的准备

6.4.2.1　工作地点的准备

公司可指定一个会议室，作为审计组的工作地点，一旦遇到外部检查，此会议室可立即投入使用。

此外，还应预设一个调度室，用于组织者按照检查官的要求进行调度指挥，包括：安排现场检查、获取文件、安排交通工具等。一般可安排在审计组工作的会议室旁边。配备电话、复印机等。

6.4.2.2　检查的准备

应准备好供审计的文件资料。

培训是提高人员素质的重要途径，为确保 GMP 符合性检查的培训工作达到这一目的，必须使培训工作做到有计划、有方案、有教材、有师资、有考核、有记录。计划要分层次，教材要看对象，通过培训确保所有人员包括企业负责人、部门负责人、管理人员、专业技术人员、生产工人，都能提高素质。培训可采取多种形式，包括基础知识的讲座、现场操作的讲解和练习，外出参观学习等。通过培训工作使企业员工明确实施 GMP 符合性检查的目的和意义，提高对 GMP 符合性检查必要性、紧迫性、

可行性的认识，掌握 GMP 符合性检查项目的具体要求，使各岗位、各工序规范运作。

应对员工在检查中的行为培训，对员工如何回答检查官的提问进行训练，避免因紧张而答非所问。在迎接外部检查过程中，陪同人员的选择尤为重要，需要对相关审计的区域非常了解，在回答检查人员的问题时，不要与检查人员辩论，回答前应听清和完全理解检查人员的问题，如果不确信自己完全理解了检查官的提问，应要求检查人员重述或解释其问题，而不是胡乱答复；仅回答检查人员提出的问题，给出适当的信息，不要长篇大论增加话题。对于自己不清楚的问题，不要试着去回答，要核实后再回答，或找上一层主管或其他相关方面的人员给予回答。回答问题的基本原则：回答的内容应与实际情况相符。

自检是实施 GMP 符合性检查的重要内容，是企业发现问题和制定整改措施的依据，也是培养企业的 GMP 审核员的重要途径。因此，自检必须精心组织，认真对待，绝不能流于形式。自检工作应做到有计划地定期进行，严格按现行 GMP 规范和符合性检查项目的内容，逐项检查，逐项评分，找出缺陷和问题并详细记录。自检工作应明确范围，循序渐进。自检可采取各部门内自检、上级对下级的检查、相关部门的交叉检查等形式。

可规划检查路线并提前进行自检，如果可能，可在检查前与检查人员联系，预先安排检查日程表，检查人员的交通及食宿等。

关键项目完善：对符合性检查项目中的关键项目必须全部达到要求。在硬件上达到要求的基础上，应特别注意文件系统的准备，因为文件系统更能从根本上反映出一个企业生产全过程的管理调控水平，也代表了企业贯彻 GMP 的程度，必须做到"事事有标准，事事有人管，事事有记录，事事有检查"，企业的文件管理才真正到位。

6.4.2.3　检查的安排和实施

• 预先指定好工厂相关陪同人员。

• 安排检查中回答检查员各类提问的人员。

• 追踪和保管在整个检查环节中提供给检查人员的文件。

• 确保对检查官的问题和要求作出及时准确的回应。

• 确保对检查官提出的缺陷项做出积极的整改行动。对于能立即整改的，要马上采取行动；不能马上整改的，立即形成整改计划，并在末次会议或检查结束前于检查人员的沟通会议上，向检查人员呈报。

6.4.3　缺陷的整改与处理

• 制定有效的纠正和预防措施计划，并采取行动。

- 监督纠正和预防措施的执行。
- 报告已经完成的纠正和预防措施。
- 外部检查相关的纠正预防措施的管理详见本书"3.5 纠正及预防措施"。

6.4.4　提交给检查方的正式报告

企业在收到签发的现场检查缺陷项目通知书后，应及时对缺陷项目进行整改，所有缺陷整改完成后向监管部门或检查方报送缺陷项目整改报告，如有特殊原因无法及时完成整改，企业应提交相应的整改计划，说明原因及预计完成整改的时间。对于跟踪检查缺陷项目的整改，企业应于收到通知书后在规定期限内完成整改，如有特殊原因不能如期完成整改，应提前说明原因并提交整改计划。

企业整改时应按照药品 GMP 理念，深入分析缺陷产生原因，对现场检查所发现的缺陷进行风险评估，区分缺陷是否属于系统性缺陷，举一反三，措施得当，确保整改到位。

6.4.4.1　整改报告要求

（1）整改报告基本要求

①整改报告由正文和附件两部分组成。正文部分至少应包括：缺陷的描述、缺陷原因的分析、缺陷的风险评估、纠正及预防措施、采取措施后的有效性评价、整改完成情况。附件部分应是与正文中每个缺陷相对应的证明性材料。

②整改报告应针对缺陷项目，内容真实完整，数据清晰，表达清楚，文字通顺，用语准确，如实反映企业的整改落实情况，并加盖企业公章（每页或骑缝章）。

③整改资料用 A4 纸制作，标注页码，并装订成册。

（2）整改报告正文要求

①缺陷描述：企业应详细描述缺陷发生的时间、地点、数据、具体情节及相关人员等，文字表达应准确无误。

②缺陷原因分析：企业应对缺陷产生的原因进行分析，深入查找缺陷发生的根本原因。

- 如涉及软件的，企业应分析是否制定了相应的文件；相应的文件内容是否完善、合理；相关文件是否进行了培训；员工是否按照文件要求操作；质量管理部门是否进行了有效的监督控制。
- 涉及硬件的，主要从设计选型、施工安装、日常维护、验证等方面进行原因分析，并审阅支持该硬件的文件系统。整改资料中应附改造后的设施设备图片、影音资料等。

•涉及人员的，是否配备了足够的人员，相关人员是否胜任该岗位的需要，相关人员是否接受了应有的培训，培训的效果是否确认。

③缺陷风险评估：企业应对涉及的缺陷逐条进行风险评估，风险评估可采用FMEA（失效模式与影响分析）方法，也可采用其他评估方法。

FMEA法风险评估要素如下：

•该缺陷产生的直接后果，对产品质量是否产生直接的不良影响或潜在的影响，即严重性（S）；

•该缺陷可能发生的频率的高低，即重现性（O）；

•该缺陷是否易被观察或检测到，即可检测性（D）；

•通过以上三个指标判断该缺陷的风险系数RPN；

•企业应评估该缺陷涉及的范围，是否涉及本次检查范围外的产品；

•形成最终的评估结果，依据风险系数评定缺陷风险等级。

④纠正及预防措施

•企业根据风险评估的结果，针对缺陷产生原因，在企业内部进行全面排查，举一反三，分析关联性环节是否存在同样问题，如相邻批次、其他车间相同工序等，提出采取或拟采取的纠正措施；对有可能再次发生的缺陷提出明确的预防性措施，以防止此类缺陷的再次发生；

•采取的整改和预防措施应明确相关的责任部门和责任人，并明确完成时间；

•如评估认为缺陷对已经生产或上市的产品产生质量风险的，企业应明确是否需要采取进一步的产品控制措施，包括停止生产、停止销售、召回、销毁等。应提供具体产品的名称、规格、批号、数量、销售流向等内容。

⑤整改完成情况：企业应明确整改是否已全部完成，完成的责任部门、责任人及完成的时间。如采取的纠正预防措施短期内不能完成，可上报整改计划，明确整改方案及完成时间。

⑥采取措施后的有效性评价：企业应简要描述并评价采取的措施是否可有效杜绝缺陷再次发生。

（3）整改报告附件的具体要求

①涉及关键岗位人员调整的，应提供相应的任免文件、相关人员的资质证明、人员工作经历复印件；

②涉及人员培训的，应提供相应的培训计划、培训签到、培训记录（包括培训内容、时间、参加人员、考核方式、考核结果）、培训效果评估等；

③涉及文件新增或修订的，应提供新文件复印件。修订的还应提供新、老文件的

对照，并在新文件中标注出修订的内容。新增或修订的文件应有对相关人员进行培训的证明性材料；

④涉及厂房设施设备变更的，应在文字说明的同时，附变更后图纸或照片等证明性材料。在规定时间无法完成的，如涉及验证的，应提供经审批的验证方案及预计完成的计划表；

⑤涉及关键设施设备、供应商、工艺、检验方法等重要变更的，应提供相应的研究资料、验证报告，必要时应报行政监管部门批准。在规定时间无法完成整改的，应提供经批准验证方案及预计完成计划表；

⑥涉及计量校准的应提供相应的计量校准合格证书。在规定时间无法完成的，应提供相应的文字说明以及预计的完成计划表；

⑦涉及标识的，应提供改正前、后反映标识状况的照片或证明材料；

⑧涉及验证的，应提供相应的验证报告。在规定时间无法完成的，应提供相应的验证方案以及预计的完成期限；

⑨涉及稳定性试验的，应提供稳定性试验结果或稳定性试验方案以及预计的完成时间；

⑩涉及有关行政监管内容的，如备案，应提供相应的证明文件等。

（4）缺陷项的整改报告在提交给检查方前，需由有资质的人员审阅，并经质量管理部门批准。企业完成整改后应向监管部门或检查方报告。

7

文件管理

GMP 的文件管理是制药企业 GMP 管理的核心，是一项十分重要而又复杂的工作。它涉及整个企业 GMP 文件编制、管理及实施。文件作为联系人和硬件的纽带，是 GMP 系统最为关键的部分之一。良好的文件管理系统是质量保证体系的重要组成部分，书面的文件能防止由口头交流可能引起的差错并使审批的历史具有可追溯性。因此，在药品质量管理活动中，制药企业必须建立良好的 GMP 文件管理系统，更为重要的是还必须使之有效地运作。GMP "文件管理"的目标就是使得文件的设计、制定、审核、批准、分发、培训、执行、归档和变更等成为一系列有计划、有步骤、按秩序进行的系统管理活动。

制药企业必须建立一个负责文件管理的组织机构，该机构可以是 GMP 办公室或质量管理部门等。组织机构的负责人必须有较高的综合素质，能把握该公司文件的总体规划，能使该组织机构的人员统一认识，按照总体规划进行文件的制定，保证 GMP 文件的完成。组织机构的其他人员应由相关部门的专业人员组成，这些专业人员必须具有相当的综合素质，对 GMP 的精神实质有深刻的认识，并具有丰富的实践经验，懂技术、善管理，且有较强的文字表达能力。

7.1 文件概述

文件是指一切涉及药品生产管理、质量管理等的书面管理标准、程序和制度以及它们在实施过程中所形成的有规定标准格式的标识和记录。文件是质量保证系统的基本要素，企业必须建立健全一个运转高效的文件体系，必须有内容正确的书面文件，文件是药品生产与质量管理活动稳定、有序的保证，使企业在遵循国家各种有关法规的原则下，一切活动有章可循、责任明确、照章办事、有案备查。

从药品生产企业文件使用实际情况来看，文件可分为程序类文件和记录类文件两大类。

程序类文件又可分为管理标准（standard management procedure，SMP）、技术标准（standard technical procedure，STP）、操作规程（standard operating procedure，SOP）、记录标准（standard record procedure，SRP）等四大类文件。

管理标准：以工作为对象，为明确管理职能、划清工作范围和权限、规范管理过程而制定的制度、规定、方法等书面文件，强调"应该"怎么做。包括生产管理、质量管理、人员管理（人员培训、部门职能）、物料管理（物料进出、物料分类编号、取样室管理、实验室管理、不合格品管理程序、退货产品管理规程、化学危险品管理、在库保养、特殊物料、标识物、贮存期）、设备管理（设备、器具管理，厂房、公用工程）、计量管理、卫生管理（厂房设施、设备、环境、工艺、操作人员的卫生管理制度，生产区工作服质量规格）、验证管理（厂房、设备、工艺再验证管理）、文件管理、辅助部门管理规程等。

技术标准：生产和质量管理所需要遵循的含有技术指标的文件。包括工艺规程、质量标准（原料、辅料、包装材料、工艺用水、半成品、中间体、成品、企业内控标准）、验证方案（工艺验证、设备验证、厂房验证，清洁验证、检验方法验证）等。

操作规程：以人为对象，为明确工作方法及内容、操作要求及步骤而制定的规程、程序方法等书面文件，突出"如何"去做。包括工作职责指令、岗位责任制、岗位操作法和标准操作规程（仪器设备、环境监测，检验规程）等。

记录与凭证：是反映药品生产管理过程中标准执行情况的结果，可分为表格、记录、凭证、报告等。记录包括批生产记录、批检验记录、物料管理记录、企业内部的自检记录、稳定性试验记录、申诉退货处理报告、设备仪器和器具的维护，运行、校准、验证记录，设备和器具卫生（清洗和消毒）记录、环境监测记录、销售管理记录（产品销售、退货记录）、人员管理记录等。凭证是表示物料、设备、房间等状态的单、证、卡、牌等。

药品生产质量管理系统可分为生产管理、质量管理、物流管理与工程维护这四个子系统，这四个子系统都会有各自的技术标准（STP）、管理标准（SMP）、操作规程（SOP）文件，这四个子系统在使用这些文件后，会留有相应的记录，比如生产记录、质量管理记录、仓储管理记录、设备维护记录等。我们就根据这样的规律对文件进行分类和规整。

文件架构分为四级，质量手册为第一级文件，技术标准 STP、管理标准 SMP 为第二级文件，工作标准 SOP 为第三级文件，记录表格为第四级文件。

7.1.1　管理标准文件

管理标准类文件是由企业根据技术标准类文件制定的准则、规定、办法、制度和程序等书面文件，确保药品生产与质量管理的各项法定的技术标准与管理规定能得到有效实施。具体有生产管理类文件、质量管理类文件、物流管理类文件、工程维护管理类文件、卫生管理类文件、验证管理类文件等。

7.1.1.1　生产管理类文件

生产部门使用的管理类文件。如生产计划的编制与实施管理制度、生产统计管理制度、生产批号管理规定、不合格中间产品、成品管理程序、生产过程质量控制点监测管理制度等。

7.1.1.2　质量管理类文件

质量管理部门使用的管理类文件。如成品放行审核制度、制造过程监控管理制度、质量否决权制度、取样管理制度、产品留样观察制度、偏差处理管理制度等。

7.1.1.3　物流管理类文件

物流管理部门使用的管理类文件。如物料采购管理制度、原辅料验收入库管理制度、成品贮存复验管理制度、仓库温湿度控制制度、仓储状态标识管理制度等。

7.1.1.4　工程维护类文件

工程维护部门使用的管理文件。如设备选型与购置管理制度、设备使用与维护保养制度、设备三级保养制度、设备档案管理制度、计量管理制度、设备状态标志管理制度等。

7.1.1.5　卫生管理文件

药品生产企业的卫生管理包括两个方面的内容，一方面是厂房、设施、设备等也就是物的卫生管理，另一方面是操作人员也就是人的卫生管理。厂房、设施、设备的卫生管理制度：应清洁的厂房、设施、设备及清洁维护时间，清洁维护的作业顺序及所使用的清洁剂、消毒剂与清洁用具，评价上述清洁维护工作效果的方法等。操作人员的卫生管理制度：生产区工作服质量规格，操作人员健康卫生状况管理办法，操作人员洗手，卫生缓冲设施及其管理程序，操作人员操作时应注意的卫生事项等。

7.1.1.6　验证管理类文件

如验证总计划、验证管理制度、验证组织机构及职责、验证文件的管理制度等。

7.1.1.7　其他管理文件

如人员的教育和培训，辅导部门管理规程，紧急情况的处理程序等。此外，还有文件本身的管理制度等。

7.1.2　技术标准文件

技术标准类文件是由国家、地方、行业或企业所颁布和制定的技术性规范、准则、规定、办法、标准、规程和程序等书面文件。作为全面质量管理标准化管理的GMP，要求药品企业的生产与质量管理必须全方位标准化，以确保所生产的每一批药品质量均尽可能地与原设计一致，这个标准化体现在质量标准与形成质量过程的标准这两个方面，这两个方面的标准就是我们通常所说的技术标准与规程，体现在文件上就是技术标准文件与技术规程文件。

7.1.2.1　技术标准文件

包括原料、辅料、包装材料、半成品、中间体、成品等质量标准文件。药品生产企业所制定的原料、辅料、包装材料、半成品、中间体、成品等质量标准文件必须符合国家药品标准、包装材料标准、生物制品规程或有关的其他标准。比如根据企业实际需要，符合有关国际标准、其他国家标准、地方标准、行业标准或企业标准等，但一般来说，国家标准是最基本的标准，企业在制定技术标准文件时，都是以国家标准为基本标准。

7.1.2.2　技术规程文件

包括产品工艺规程、产品检验规程、验证规程等文件、技术规程类文件的制定必须根据国家标准，如《中国药典》、注册文件等规定。

（1）产品工艺规程：就是指为生产特定数量的成品而制定的一个或一套文件，包括生产处方、生产操作要求和包装操作要求，规定原辅料和包装材料的数量、工艺参数和条件、加工说明（包括中间控制）、注意事项等内容。工艺规程可以理解为产品的"蓝图"或"模子"，它是药品设计和生产方法设计的结果，其作用在于保证商业化生产的药品，批和批之间尽可能地与原设计吻合。

（2）产品检验操作规程：就是指为特定产品检验而制定的一个或一套文件，包括取样、检测、留样等操作要求，规定了这些环节与过程所使用的试剂、仪器、材料的要求，操作要求与条件、说明、注意事项等内容。产品检验操作规程可以理解为产品的"试金石"，它是判定所生产的药品与原设计吻合程度的工具。

（3）验证规程：就是指为特定硬件、软件或工作现场能否达到规定的标准所进行确认工作而制定的一个或一套文件。包括设备确认规程、工艺规程验证、检验方法验证、清洁验证等，规定了这些规程所使用的装备、设施、设备、材料、标准、方法、步骤等的要求，验证规程可以理解为产品生产与质量管理的"基石"。

7.1.3　操作规程

操作规程（SOP）就是指经批准用来指导设备操作、维护与清洁、验证、环境控制、取样和检验等药品生产活动的通用性文件，也称操作标准类文件。这类文件以特定的操作员工、工作岗位或所要操作的设备等为对象，对其工作职责、工作具体内容作出的规定。它们是各类技术标准与管理标准具体细化和实施的产物、涉及生产、质量、物流、工程维护等各个部门。比如制粒机标准操作规程，内包装材料取样标准操作规程，物料的抽验、称量及复核程序，空调净化系统清洁与维护保养规程等等。这些文件构成了药品生产企业生产与质量管理文件体系的基本单元，在药品生产与质量管理活动中发挥着重要的作用。根据药品生产企业的实际制定完整、科学、实用的SOP是药品生产企业搞好质量管理工作的基础。

7.1.4　记录与凭证

一般而言，在药品生产与质量管理工作中，每执行一个关键操作，都必须留有相应的记录，比如，根据生产工艺规程执行相应的操作须留有批生产记录，根据检验规程进行相应操作须留有批检验记录等等。各类工作管理标准是行为的准则，记录是行为结果的证据。标准提供了"规矩"，但更重要的是在生产实践中实施这些标准，记录和凭证反映了实际生产活动中执行标准情况的结果。记录包括报表、台账、生产操作记录等。凭证包括物料、物件、设备、房间等状态的单、证、卡、牌等。

由于记录和凭证能记载所生产的每一批产品的全部情况，或者也可以说反映了所生产的每一批产品与标准的偏离情况，也就是一致性程度；因此，记录是质量追溯和纠偏的基础，是质量风险分析的基础，是质量持续改进的源泉。可以说，记录类文件也是保证药品质量十分重要的文件，甚至是最重要的文件。

记录类文件大致有以下几类。

（1）生产管理类记录文件：如批生产记录、批包装记录、生产过程偏差处理记录、洁净厂房温湿度记录、物料结料单等。

（2）质量管理类记录文件：如取样记录、取样单、检验记录、检验报告、稳定性试验记录、批中间控制记录等。

（3）物料管理类记录文件：如物料验收记录、仓库温湿度控制记录、物料领取台账、物料养护记录、货位卡与物料标识等。

（4）工程维护类记录文件：如设备仪器和器具的维护记录、设备仪器的运行和事故记录；设备仪器和器具校准记录、设备仪器和器具卫生（清洗和消毒）记录等。

7.2　文件编制管理

文件是质量保证系统的基本要素，企业必须有内容正确的书面质量标准、生产处方和工艺规程、操作规程以及记录等文件，内容正确、形式实用的文件离不开科学、系统的文件编制工作。

7.2.1　文件设计

文件系统的设计以 GMP 的要求为依据。文件系统的设计要符合企业的实际情况，既满足生产与质量管理的需要，又不流于形式。文件系统的设计与制定要在企业质量管理负责人的指导下进行，文件系统的设计与制定人员要经过严格的 GMP 培训并考核合格。

文件系统的制定程序要符合文件管理规范。文件的设计应合理，题目能清楚说明文件的性质，各类文件有便于识别的编号系统，有统一的格式，原件必须是打印的正式文本。

7.2.2　文件编码

7.2.2.1　编码要求

文件编码应符合下列要求。

（1）系统性：统一分类、编码，最好是按照文件系统来建立编码系统，并指定专人负责编码，同时进行记录。

（2）准确性：文件与编码一一对应，做到一文一码，一旦文件撤销，此文件编码也随之作废，不得再次使用。

（3）识别性：制定编码系统规定时，必须考虑到其编码能便于识别文件的文本和类别。

（4）可追踪性：根据文件编码系统的规定，可任意调出文件，亦可随时查询文件变更的历史。

（5）一致性：文件一旦经过修订，必须给定新的编码，对其相关文件中出现的该文件的编码同时进行修正。

（6）稳定性：文件编码系统一旦确定，一般情况下不得随意变动，应保证系统的稳定性，以防止文件管理的混乱。

（7）发展性：制定编码系统规定时，要考虑企业将来的发展及管理手段的改进。

7.2.2.2　编码方式

企业内文件编码应统一，其代码可选用英文缩写、汉语拼音的第一个字母或汉字，再加上一组阿拉伯数字组成，每个企业可自主确定编码系统，但必须制定一个有关文件编码系统规定的文件，详细地、逐一列出编码的规定，以便正确编码和便于使用者理解。

文件编码由质量管理部门文件管理人员负责编制。文件的编码应能传递文件的类别，版本便于存储和取用，编制时力争科学、合理。文件编码一经确定，各部门不得擅自变更。确实需要变更必须向质量管理部门文件管理人员提出申请，说明变更理由，由文件管理人员进行重新编制。

企业文件编号宜采用四级编码，内含文件分类码、文件类别代码、部门代码、文件序列号（版本号）。

（1）文件分类码：标准管理文件——SMP；操作规程——SOP：标准记录——SR。

（2）文件类别代码：药品生产企业管理文件类别代码表示如下。

公司管理类——AM（Administration Management）；

人员管理类——PM（Personal Management）；

卫生管理类——SM（Sanitation Management）；

质量管理类——QM（Quality Management）；

质量标准类——QS（Quality Standards）；

生产管理类——PM（Production Management）；

工艺规程类——PP（Process Procedure）；

设备管理类——EM（Equipment Management）；

物料管理类——WM（Ware Management）；

销售管理类——MM（Marketing Management）；

工艺验证——PV（Process Validation）；

设备验证——EV（Equipment Validation）；

清洁验证——CV（Cleanness Validation）。

（3）部门代码：药品生产企业部门代码表示如下。

质控部——QCD（Quality Control Department）；

制造部——PD（Production Department）；

工程部——ED（Engineering Department）；

行政部——AD（Administration Department）；

物控部——MCD（Material Control Department）；

营销部——MD（Marketing Department）；

研发部——RDD（Research & Development Department）。

（4）文件序号：指每个部门的文件序列号，可以由 001～999 组成，由各部门自行编制。

（5）版本号：用于文件的修订，可以由 00～99 组成。如首版为 00，第二版为 01，以此类推。文件需要修订时，文件编码不变，只对文件版本号进行修改。

7.2.2.3　文件目录的管理

建立一套文件系统的成功与否关键是文件总目录的确定，而编制总目录的原则是现行版 GMP 与企业实际情况的有机结合。企业需要统一确定文件编码方法，分部门或分类别列出文件目录。文件的编码及标题应能体现文件的性质。

（1）岗位操作法或标准操作规程应按生产岗位和操作单元制定，工艺规程应按产品品种制定。

（2）设备操作、清洗、维护规程应按每台设备制定。

（3）质量标准、检验操作规程应分成品、中间体、原料、辅料、包装材料、工艺用水等几大类，按品种或项目逐一制定。

7.2.3　文件格式

文件格式就是指文件的式样、内容、文字等标准化或统一应用，这个对于文件系统的建立和以后的运行有着非常重要的作用。GMP 文件应有统一的格式。采用统一的格式可使文件条理清楚，层次分明，不但阅读起来一目了然，而且有利于文件的执行和管理。

7.2.4　文件编制

7.2.4.1　编制原则

企业应根据 GMP 要求，结合生产实际编写文件。文件的编制应注重真实性、可靠性、科学性，内容覆盖完整、清晰易懂，使每一个操作只有一个标准，做到"查有据、行有迹、追有踪"。此外，文件编制活动本身也要有质量保证，也要有一个起草、修订、审查、批准、生效、修改和废除的"法定"程序，并严格遵守执行。具体编写原则如下。

（1）系统性原则：文件的内容和编制没有一定的模式，要根据本企业的实际情况，用比较通俗的话来说就是"写我要做的，做我所写的，记我所做的"，但是文件的内容应当与药品生产许可、药品注册等相关要求一致，并能有效地追溯每批产品的历史情况。

（2）明确性原则：文件内容准确、明确，定性的内容表达清楚、肯定、准确，定量的内容，量化的数字、数量、数据表达清楚、准确，具有可操作性，杜绝模棱两可。

（3）清晰性原则：文件基本都是用于生产与质量管理一线操作岗位，所以，文件标题、类型、目的、范围、责任应有清楚的陈述，文字条理清晰，层次分明。文件用语确切，语句通顺，容易理解。

（4）统一性原则：所有文件应当有统一的格式，文件应当按规定统一的格式标明题目、种类、目的以及文件编号和版本号。文件如需记录，栏目要全并有足够空间；文件所用纸张的质量与大小力求统一，便于印刷、复制、填写。

（5）适用性：文件的内容应便于实施，并且易于被其他的文件所引用。

（6）规范性：在起草文件之前应确定标准的预计结构和内在关系，尤其应考虑内容的划分。如果标准分为多个部分，则应预先确定各个部分的名称。

7.2.4.2　参编人员要求

（1）起草人员经 GMP 学习和培训，了解、掌握 GMP 的要求；熟悉本专业的技术和管理，实践经验丰富；掌握文件撰写基本要求。

（2）审核人员经 GMP 学习和培训，掌握、熟悉 GMP 的要求；熟悉本专业的技术要求和管理要求，敢于管理，善于协调；掌握文件制定的要求；有能力对文件的内容和形式审查结果负责。

（3）批准人经 GMP 学习、培训及其他相关学习，熟悉 GMP 要求；懂技术、懂管理、敢管理，勇于承担责任；具权威性，有平衡、协调能力；具有产品质量高标准及持续改进的观念；具有规范化、标准化、科学化管理的概念和不断提高管理水平的观念；有能力对批准的文件负责。

7.2.4.3　制定、修订时间

（1）生产开工前、新产品投产前、新设备安装调试前；

（2）引进新处方或新工艺前；

（3）处方、生产工艺、设备条件改变前；

（4）验证前或验证后

（5）组织机构职能变动前；

（6）文件制定的质量改进时；

（7）文件执行过程中发现问题时；

（8）自检、质量大检查、GMP 认证检查后；

（9）药事法规、国家有关法定标准变更时。

7.2.4.4　文件编制的要求

根据 GMP 的要求和精神，在文件的内容编撰中需注意以下几点。

（1）文件的标题应能说明文件的性质，其标题、类型、目的、原则应有清楚的说明，便于和其他文件区别开来；

（2）文件文字应条理清晰、简练易懂，可操作性强，指令性内容以命令的方式给出，不可模棱两可；

（3）各类文件应有便于识别其文本、类别的系统编码和日期，该文件的使用方法和使用人数等，文件应分类存放、条理分明，便于查阅；

（4）文件在文字、式样上应力求统一，文件不得手工书写，坚决不允许使用手抄本，文件的起草、修订、审核、批准均应由适当的人员签名并注明日期。

7.2.4.5　文件制定程序

企业应当建立文件编制管理的操作规程，系统地设计、制定、审核、批准和发放文件。所编制的文件应当经质量管理部门审核。文件制定的一般流程如下：

设计－起草（－会审－修订）－审核－批准－分发－生效。

为加强 GMP 文件的可操作性，制定时宜采取"谁使用，谁编写""先起草，后会签"的方式，这样才能避免文件的片面性，缩短文件的定稿时间，并使文件能够真正落实。

"谁使用，谁编写"有两个方面的意思。一是各部门的文件应由其相关部门的专业人员来编写，设备工程部门的文件应由主管设备工程的专业人员来编写，质量方面的文件应由质量管理方面的专业人员来编写。如果由非相关部门的人员来编写，编写出来的文件往往不切实际，可操作性不强。二是编写文件应采取"自下而上"的方式，先由操作人员来编写，后交部门主管审核、修改。这样不但可以发挥操作人员的主观能动性，调动下属的积极性，而且由于文件执行者参与了文件编写，所编写的文件今后执行起来也较顺畅。

文件制定宜"先起草，后会签"。由于有些 GMP 文件的制定不是一个部门就能完成（如制定验证文件就需要生产管理部门、质量管理部门、设备工程管理部门共同参加），一个部门的成员也不可能对其他岗位都能了如指掌，因此对起草后的文件进行会签是不可缺少的一个工作。文件会签的过程，相关部门需互相合作才能将文件制定好。

制定 GMP 文件时可以借鉴相关资料，参考已有的经验，必须实事求是地结合自身企业的具体情况制定出符合企业实际的文件，确保文件内容的准确性、可操作性。

（1）命题及编码：任何人均可以提出制定（或修订）文件的建议，并给予文件题目。经主管负责人审核同意制定文件并指定颁发部门、经办人等。对制定文件进行文件编码及登记。

（2）起草：文件起草是建立新文件，对已有文件进行更新或定期回顾的过程。由文件主要使用部门挑选具有相当学历和资历、对所负责的工作有深刻认识或领悟的一线实际工作人员，并对他们进行药品监管的法律法规、GMP 和有关制药专业知识等的系统培训，使他们能非常清晰地了解本企业药品生产与质量管理的实际情况和药品生产许可与药品注册要求，在此基础上，选行不断指导和沟通、交流，让他们编写自己所负责领域的文件。文件的起草是一个经过反复商榷修改趋于完善的过程，可能要经历一段时间才能完成，而文件中填写的"起草日期"一般可以规定为起草文件的起始日期。文件起草时，文件管理员编制提供文件编号。起草人应为部门内有资质的熟悉岗位管理或操作的人，以保证文件内容的实用性和可操作性。跨职能部门的文件由公司指定符合条件的人员起草。

如果使用自控系统或管理系统进行管理，如某文档管理系统，在创建文件时，可以按照企业的文件编号规则设置文件编号，初始化完成后各岗位人员进行文件起草创建的时候系统即可按照已有的编号规则及设定的流程自动执行任务，并且系统能够自动识别文件编号重复，可以对文件版本号设置初始值。初始化完成后，版本号即可自动生成，再次升版时自动累加生成版本号（图21）。

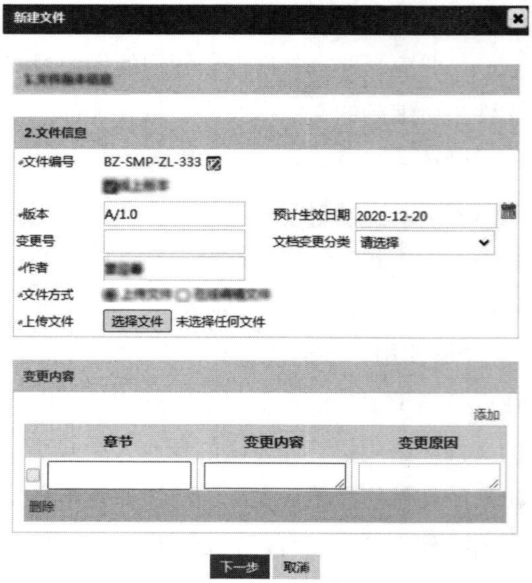

图21　文档管理系统新建文件

（3）会审：会审由文件相关使用部门参与，起草工作完成以后，由质量管理部门组织会审，以保证文件内容的全面性、准确性。会审完成后起草人员根据会审意见进行修改。

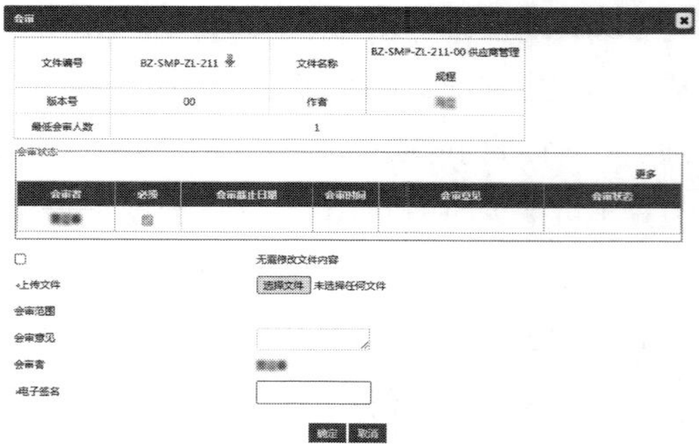

如果使用自控系统或计算机化的文件管理系统进行管理，如某文档管理系统，可设置文件会审流程及会审截止时间，流程节点人员可对相关文件的进行会审。会审人无权限对文件进行修改，只可批注会审意见，会审

图22　文档管理系统会审文件

意见自动保存于系统中，具有权限人员即可查看会审意见，会审完成后起草人员根据会审意见修改文件，进行二次会审，可以重复发起会审（图22）。

（4）审核

①审核人一般是起草人的部门负责人或上一级负责人。

②审核人负责对文件的内容、编码、格式、制定程序等进行审核。

文件审核的要点是，审核文件内容与国家药品监管法律、法规、GMP要求、药品许可及注册要求是否一致，文件内容的可行性，语言是否简练、易懂、确切，名词不能有两种或两种以上的解释，应注意与其他文件的衔接、有无相字的含义等。审核通过的文件交付印制（图23）。

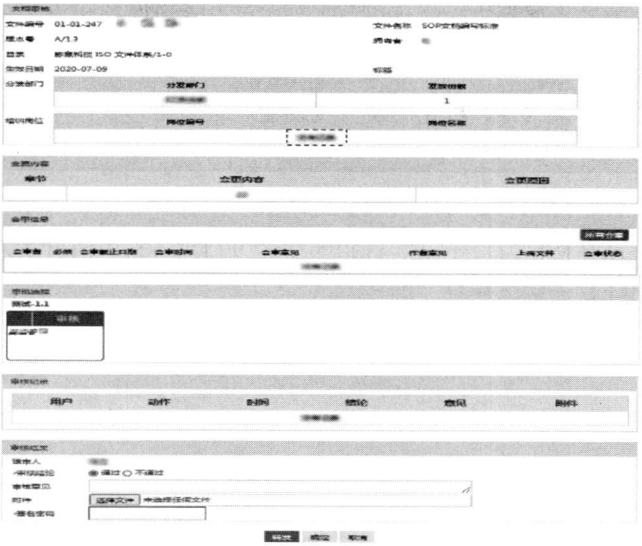

图 23　文档管理系统审核文件

如果使用自控系统或计算机化的文件管理系统进行管理，如某文档管理系统，初始化时按照企业经批准的文件审批流程设置流程节点，文件即可自动执行审批，也可以设置文件审批截止时间。

（5）批准：批准人一般为企业的主管负责人或质量负责人。批准人对文件的内容、编码、格式、编订程序等进行审核批准时，应对该文件与其相关文件的统一性、各部门之间的协调性、文件内容的先进性、合理性及可操作性等进行把关。批准文件颁发，确定生效日期或执行日期，文件批准后即颁布发放。

（6）文件的印制：按需要份数印制。

7.3　文件使用管理

文件的使用包括分发、培训、执行、归档和变更等环节，必须对这些环节进行管理。其管理目的是确保文件的使用过程规范化、程序化，文件使用有质量。

7.3.1　文件的发放

文件的印制与发放，应按批准数量控制份数。文件经批准人签字确认后方可颁发。文件经过批准后，应由专人在执行日期之前发放至各工作现场，进行培训。 如发放纸质文件，则发放的文件应有印章控制或控制编码，同时收回旧文件，不能同时有新、旧两个版本的文件在工作现场出现；如需向公司外部使用者提供文件，应有明确规定，文件发放应有相应的记录。

如果使用自控系统或计算机化的文件管理系统进行管理，如某文档管理系统，文件的打印分发是按照文件创建时设定的分发岗位及分发份数进行操作的，其分发人、接收人、发放份数、打印人、打印时间、打印数、回收数、回收人系统均自动进行记录，不需要人工填写文件发放记录。打印的文件以扫描条形码的方式进行发放、回收等操作，方便快捷具有可追溯性（图24）。

■■ 纸质文档

	文件名称	文件编号	版本	自动生成	接收人	发放人	应发放数	发放数	打印数	回收数
☐	委托销售企业审核计划和记录	SOPQC-059	1.0	是	BZ质保部		1	0	0	0
☐	委托销售企业审核计划和记录单页	SOPQC-058	1.0	是	BZ质保部		1	0	0	0
☐	委托销售企业审核计划和记录	SOPQC-056	1.0	是	BZ质保部		1	0	0	0
☐	检验台账	SOPQC-054-R01	1.0	是	BZ质保部		1	0	0	0
☐	检验方法验证标准操作规程	SOPQC-054	1.1	是	BZ质保部		1	0	0	0
☐	检验方法验证标准操作规程	SOPQC-054	1.0	是	BZ质保部		1	0	0	0

图24　文档管理系统发放文件

7.3.2　文件的培训

为保证文件内容得到正确的执行，新文件或修订后的文件一经批准，在文件生效日期前应组织相关人员进行培训，并经考核合格，必须明确文件的培训要求。并有相应的记录。

如果使用自控系统或计算机化的文件管理系统进行管理，如某文档管理系统，文件创建时即可选择其培训范围，在培训管理模块即可建立其培训课程，文件经批准后，即可自动执行培训任务，培训完成

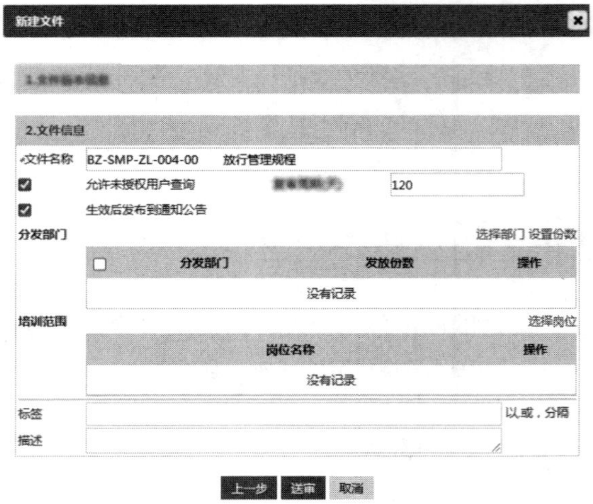

图25　文档管理系统文件培训

后文件生效。培训与文件生效智能协同，培训记录及培训档案自动生成（图25）。

7.3.3 文件的生效

文件生效之前，均需要经过适当培训。所以通常情况下文件批准后至生效前需要有一定的时间间隔，即设定"批准日期"规定时间段后的日期为文件生效日期（可由文件管理人员根据批准日期设定）。但根据具体情况也可以另行规定，如批准日期即为文件生效日期。生效日期当天文件生效，正式按照文件规定内容执行。

如果使用自控系统或计算机化的文件管理系统进行管理，如某文档管理系统，培训完成后文件自动生效。生效文件进行系统通知，通知到流程范围内所有人员。文件生效后具有权限的人员可以自动查看文件（图 26）。

文件编号	文件名称	版本	标签	发布日期	生效日期	拥有者	通过率	状态
BZ-SMP-ZL-287	SOP-QA-03 偏差管理规程	A/1.0		2020-07-28	2020-07-28	海盐	100%	生效
BZ-SMP-ZL-038	BZ-SMP-ZL-038-00 产品质量回顾管理规程	00		2020-07-28	2020-07-28	海盐	33.33%	生效
BZ-SMP-ZL-037	BZ-SMP-ZL-037-00 生产过程控制管理规程	00		2020-07-31	2020-07-31	海盐		生效
BZ-SMP-ZL-036	BZ-SMP-ZL-036-00 供应商管理规程	00		2020-07-31	2020-07-31	海盐		生效
BZ-SMP-ZL-035	BZ-SMP-ZL-035-00 不良反应管理规程	00		2020-07-31	2020-07-31	海盐		生效
BZ-SMP-ZL-010	BZ-SMP-ZL-010-00 供应商管理规程	00		2020-07-31	2020-07-31	海盐		生效
CS-20200609-258	检验方法验证标准操作规程	A/1.3		2020-10-12	2020-10-12			生效

图 26　文档管理系统文件生效

7.3.4 文件的保管与存档

文件持有者或部门应按文件类别及编码顺序将文件存放于规定的文件夹内，并进行登记。文件持有者或部门应妥善保管文件，不得丢失、损毁或涂改，应保持文件清洁，整齐及完整。涉及保密的文件，应按有关保密规程管理。应严格遵守借阅制度，不得随意复印、更改文件。如果使用自控系统或管理系统进行管理，应仅允许授权人操作。文件的归档包括现行文件归档和各种记录归档，文件管理部门（或档案室）应有一套现行文件原件（或样本）的纸质版及电子版本，并根据文件变更情况随时更新，记录在案。各种记录一旦填写完成，应按类归档，并保存至规定日期。应按档案管理办法管理归档文件。

文件记录的保存可以是纸质原件或电子表格或准确的副本，如影印件、缩影胶片、单片缩影胶片，或原件的其他精确复制品。关于文件记录的保存期限，对于与批相关的文件和非批相关的文件有不同的要求。

批相关的文件：中国 GMP（2010 年修订）第八章文件管理第一节原则第一百六十二

条中描述"批记录应由质量管理部门负责管理，至少保存至药品有效期后一年"。

非批相关的文件：对于非批相关的文件，在中国 GMP（2010 年修订）中第八章文件管理第一节原则第一百六十二条规定"质量标准、工艺规程、操作规程、稳定性考察、确认、验证、变更等其他重要文件应长期保存"，各公司需要根据产品、工艺特点等因素，制定相应的保存期限，保证产品生产、质量控制和质量保证等活动可以追溯，有一些文件如政策、指导文件、SOP 和基准批记录等，应有变更历史记录，记录应长期保存。

如果使用自控系统或计算机化的文件管理系统进行管理，如某文档管理系统，文件新版本生效后，历史版本的文件自动归档，归档后的文件仅允许具有权限的人员查看。归档时，如果有旧版本子文件未回收，新版本文件无法发放，系统发放新文件时自动识别旧版文件是否全部收回（图 27）。

版本管理			
版本号	创建者	创建日期	状态
A/1.3		2020-10-12	生效
A/1.2		2020-06-29	归档(作废)
A/1.1		2020-06-09	归档(作废)
A/1.0		2020-06-09	归档(作废)

图 27　文档管理系统文件版本管理

7.3.5　定期审核

根据规定时限，对文件进行定期回顾，检查文件内容是否适用，必要时予以修改，修订程序同文件制定程序。

如果使用自控系统或计算机化的文件管理系统进行管理，如某档管理系统，可以对文件设置复审到期提醒通知，到期自动提醒相关人员。可以对文件设置复审周期，建立复审计划。复审到期系统自动执行。可以根据复审结果，文件进行复审沿用或执行文件修订升版程序，复审记录系统自动生成。

7.3.6　文件的修订变更

文件的修订是指不改变文件名称，对文件内容的修改称为文件的修订，如因原文件不能符合现行管理的要求，或因工艺改变，环境及厂房、设备的改变等对原文件进行的改动。修订时，应在文件的变更历史中写明版本号、变更的原因和内容、生效日期。一旦修订文件生效，原文件则自动失效。修订文件生效之日，必须如数收回失效文件并做好记录，保证工作现场的文件为现行文件。

任何人均可以提出修订文件的动议或申请，记录变更理由和内容，由原文件的批准人评价变更的必要性和可行性并审批，使用者按审批意见执行变更，同时检查相关文件的变更，变更应予记载。

7.3.7　文件的作废

是指文件的名称改变或文件不适用于现阶段的生产、经营、使用。文件的作废由使用部门提出书面报告交 QA 审核，质量管理部门批准，质量管理部门负责将修订后的文件发送至有关部门，并收回作废的文件，使其不得在生产现场出现。作废的原文件应留存档案室备查，其余如数销毁，监销人、销毁人做好销毁记录。

如果使用自控系统或计算机化的文件管理系统进行管理，如某文档管理系统，可以在系统内设置文件作废审批流程，文件经批准后自动作废，并有醒目标记。仅具有权限人员方可查阅作废文件，系统自动生成作废及查阅记录（图 28）。

文件编号	文件名称	版本	标签	发布日期	生效日期	拥有者	通过率	状态
2947CS-20200629-273	清场管理规程	A/1.0		2020-06-29	2020-06-29			作废
2937CS-20200617-270	测试1	A/1.1		2020-06-28				作废
2931CS-20200616-267	测试1	A/1.0		2020-06-16	2020-06-16			作废
2925CS-20200615-264	检验方法验证标准操作规程	A/1.0		2020-06-15	2020-06-15			作废
2909CS-20200609-257	报告审核流程	A/1.1		2020-06-09	2020-06-09			作废
290601-01-256	测试的文件	A/1.0		2020-06-09	2020-06-09			作废
2905CS-20200601-255	测试的文件	A/1.0		2020-06-01	2020-06-01			作废

图 28　文档管理系统文件作废

7.4　文件管理的自检

按 GMP 相关规定，企业应制定有相关程序文件对本企业相关文件及其管理系统进行自检，检查已制定的文件：是否符合要求；是否进行了培训；是否有效执行；是否有执行结果的记录；存在的偏差是否有相关的处理记录。文件管理自检的步骤通常分 3 步：第一步查文件系统的系统性及符合性，第二步查文件控制管理，第三步查文件的适宜性、有效性和追溯性。

7.4.1　文件系统的系统性及符合性自检

文件系统的系统性及符合性自检目的是查文件系统的文件种类和内容是否符合 GMP 条款要求，检查信息来源于文件目录、现行的文件、组织机构图、产品清单。自检方法如下。

7.4.1.1　总目录扫描法

是从文件目录看文件分类系统和初步的文件覆盖程度，优点为快速、有效，但存在只能观察出整个文件设计构架，不能对个体文件的符合性进行判断的缺点。

7.4.1.2　要素法

以 GMP 各要素分类，以检查条款为线索分别检查各要素文件的符合性，最后将相关联文件对照，核实其系统性。优点：系统性较强，不容易发生检查的漏项情况；文件检查既有广度，也有个体文件的深度。但存在工作量较大、对同职能部门重复检查的缺点。

7.4.1.3　职能法

以职能部门确定的职责为线索，追溯该部门与 GMP 相关的管理要求是否都建立了相关的符合性文件。其优点是不存在对同一职能部门重复检查的情况。但也存在如下缺点：不易把握，对"规范—职能部门责任"分解要求相当熟悉；容易对检查要求漏项。

7.4.1.4　点线法

以某一关注点为切入口，进行顺推和逆推，对该点涉及的相关联文件进行检查，最后对文件制定的整个层面进行判断。优点：对检查文件的系统性、可追溯性效果特别好。缺点是容易发生检查漏项情况，同时对检查员经验要求较高，需要找准问题的切入点，才能有效"顺藤摸瓜"。

7.4.2　文件的控制自检

7.4.2.1　文件控制自检的目的

（1）文件的管理是否依照文件控制程序执行；

（2）文件的起草审核、批准、发放是否依照控制程序执行；

（3）检查过期文件、作废文件的保存方法是否符合要求；

（4）检查文件更改控制是否符合要求；

（5）检查现场使用文件是否为有效版本。

7.4.2.2　文件控制自检检查信息来源

（1）文件目录、现行的文件、组织机构图、企业人员名册；

（2）文件管理相关记录，如文件发放控制单、文件会审单、文件变更单等；

（3）记录查阅（随机抽取 3～5 份文件，其中包括 1 份有变更的文件）；

（4）现场核实；

（5）依据抽查到的文件进行从起草、审核、发放、使用、文件变更、旧版本保存及销毁的全远程追踪检查。

7.4.2.3　文件的适宜性、有效性和追溯性自检

此自检目的：

（1）检查文件规定的职责、范围、目的等内容是否准确、完整；

（2）涉及法规方面的文件内容是否与法规要求相一致；

（3）文件流程是否完整；

（4）文件的相关活动、参数、标准是否与验证文件、注册资料、《中国药典》等相一致；

（5）有关联活动的文件与规定内容是否相一致；

（6）文件是否与相对应的记录文件的名称、填写内容、参数、标准相一致。

检查信息来源于文件目录、现行的文件、注册资料、《中国药典》、验证报告。自检方法可采用对照法（依据、标准与文件进行——对照）、随机抽查工艺规程、批记录（每个产品）、质量标准（抽查 3～5 份）、特殊物料的管理文件（每种物料）、水系统、净化系统的相关文件、其他程序文件（从质量、生产管理、物料管理、设施、设备管理等种类的文件各抽取 1 份）。

7.5　电子记录及电子签名

7.5.1　电子记录

电子记录是指一种数字格式的记录，由文本、图表、数据、声音、图示或其他数字信息构成。其创建、修改、维护、归档、读取、发放和使用均由计算机（化）系统实现。

根据电子记录产生的方式一般有以下几类：药品生产过程中由各环节操作人员手动录入数据形成的记录、由计算机系统自动生成的数据以及计算机系统已有的信息加工整理后形成的以电子形式存储的档案。

电子记录可分为以下几个形式：

电子生产记录（electron production records，EPR）实施计算机化系统管理的企业在执行控制工艺和生产操作过程中存储来自生产相关活动中的数据和信息，数据和信息可由系统产生以及人工输入或单纯人工输入。电子数据可能保存在一个或多个系统或数据库中。一般有两种类型：电子批生产记录和电子设备历史记录。

电子批生产记录（electron batch record，EBR）用来记录一个批次，含回收、重新加工、返工批次，或连续过程中药品生产和质量控制的电子数据信息。

电子设备历史记录（electron device history records，EDHR）一系列的记录涵盖一个已完成的电子设备的历史记录。

自动化控制和电子生产记录的使用可以提供保证，即保证所生产产品或设备符合相应的规范和标准。该系统具备向工作人员提供其所关注的有关生产过程的执行状况与结果方面的实时信息及完工报告的能力，审查和事务处理报告应与这种能力相适应。

电子生产记录（EPR）管理也包括电子数据形式和纸质记录形式共同使用的情形。

7.5.1.1　电子记录的审核

电子记录审核指对从生产相关的运行中得到的数据进行筛选，用于编制审核与事务处理如发布、隔离、拒绝报告的方法，该方法既包括对关键工艺异常的审核，也包括减少或取消对可接受数据和趋势的审核。

EPR审核适用于生产的全过程或工艺步骤的一部分，计算机化系统或与纸质记录形式共同使用的情形。

审核可采用人工审核和系统附带的自动审核功能，系统自动审核会产生大量电子数据，该方法应用于产品配方生产逻辑或实际盘库的程序执行，如中间产品、成品以及非产品配方清单如资产准备，包括设备选择、安装、清理和消毒的程序执行。

在完整的生产报告使用数据审核之前，可以用分阶段的方法来实施数据审核。如果有程序化的技术控制措施来控制管理方法，可将每个报告作为整体报告一部分进行管理，而各个单独的报告和数据审核报告可以结合使用。

审核报告中的异常状况示例应含背景信息，以便审核人员可按流程调用或自动调用，帮助处理流程的相关异常数据，也包括实际数据或者数据源的索引或链接。

电子记录审核确保达到以下要求：将工艺保持在规定的可接受偏差范围内；准确地记录数据与事件；当超出规定的偏差范围或其他操作规定时，发出警报和得出警告结论；电子记录是准确、可信且安全的，用来进行流程产品审核的生产报告是准确的。

7.5.1.2　电子记录数据库

生产过程中可能包含了大量主要数据，比如物料规格说明、工艺参数、警报与警告限制，或者由几个系统共同控制的工艺步骤程序，可以将来自单一来源或多个来源的主要数据，无论是直接输入的方法获得，还是通过链接到相关系统的方法获得，整合在数据清单内，然后将其传送到生产环境中，以便使用。系统设计和（或）规程控制措施应能保证主要数据的版本是已知可控的，而且能为任何具体的主数据清单提供说明。

业务流程负责人的责任是确保数据的设计由供应商或用户配置、执行和使用是准确无误且可控的，并且 EPR 数据类型及其相关用途和保留要求都以文件形式完成存档。

系统所有者的责任是负责系统可以使用，对其进行支持与维护，并且保证存储在系统上的数据安全。按照可行的标准操作规程对计算机化系统进行支持和维护。

7.5.1.3　电子记录的要求

（1）基本要求

①真实，可信赖。

②安全（密码控制 / 限制通路 / 正确存储）。

③可随时调出查阅。

④应符合相关法律法规要求（如 GMP 等）。

（2）封闭系统中对电子记录的要求：封闭系统是指系统通道处于一种能够被一定的人员所控制的环境，该人员有权限在系统上进行电子记录的操作，如被拥有者所使用的个人计算机。使用封闭系统进行电子记录的生成、修改、维护、发送等活动的人员应建立相关的管理及控制程序以确保电子记录真实、完整并保密（需要时）。管理及卷制程序内容应包括以下内容。

①对系统进行验证以确保其精确、真实、一致以及能够识别无效或被改变的记录。

②系统应能够生成准确而完整的复制件，包括人工可阅读的形式及能够接受检查的电子形式。

③保护记录，使其在保存期内可随时调出查阅。

④限制通道，只能被有权限的人使用。

⑤采用计算机系统生成的时间印记追踪功能（time-stamped sudit trails），如何人、何时做了何事（记录生成、修改、删除、发送等）；由计算机自动记录（非纸张），按时间顺序存储，并在其保存期内可随时调出查阅；记录更改不能够遮盖原始的记录信息。

⑥对于具有按一定顺序进行的过程（如电子批记录等），必须检查其操作的步骤顺序，确保其按一定的顺序记录。

⑦对使用者的资格权限进行确认，以确保只有具有权限的人才能进入系统并完成某些操作（读、写、删除、修改等）、变更记录、电子签名等。

⑧对硬件设施（如终端等）功能进行检查，以确认功能运行，并保证源数据输入有效。

⑨确认开发、维护，或者使用电子签名（电子记录）系统的人员有一定的教育背景，接受过培训并有一定的经验完成他们的工作。

⑩制定一定的管理规程，要求操作人员有责任保证记录、签名原样保存，防止记录和签名被仿造。

⑪ 系统文件进行控制，包括充分控制文件的发放及使用，变更控制（软硬件开发，版本控制）等，以便使其可追踪。

（3）开放系统中对电子记录的要求：开放系统是指系统通道处于一种不能够被有权限在系统上进行电子记录操作的人员所控制的环境，如电子信件、在因特网上发送信息等。封闭系统对电子记录的要求完全适合于开放系统，另外还应再增加一些措施，如文件（数据）加密、数字签名等，以确保电子记录信息真实、完整并保密。

（4）法规对电子记录管理的要求

①生成电子记录的系统必须经过验证，其以后的运行状态应当与验证时的状态一致，从而准确、可靠、稳定地实现其预期性能。

②如果电子记录数据被转换为另外一种数据形式，则在验证时需要检查转换过程中数据的数值（和／或意义）是否被修改。

③确保生成的电子记录是准确的、完整的，可以进行清晰打印，同时易于被一般人士（非专业的 IT 人士或计算机本身）读取，且能够适合监管机构检查、审核和拷贝。

④计算机化系统所获得的电子记录要保证真实、准确、完整。在记录存储期间，应保证其在要求期限内不失真。例如，对于自动采集到的数据，应保证其在生成、传输、存储环节中不失真；对于关键数据（如投料量）的手工录入，应该有对数据准确性的附加检查，而该检查可由另外一个操作者进行，或使用经过验证的电子方式进行检查。对于本身存在错误的数据或录入错误的数据，会对系统造成严重的潜在危害，应使用风险管理来应对。

⑤必要时，可采用装置（例如终端）检查来判定数据输入源或操作指导的有效性。

⑥在生成、包装、仓储、QC 等过程中使用自动或电子设备时，应按照操作规程定期对仪器、仪表进行校准和检查，以确保其操作功能正常，电子记录数据准确；同时，校准和检查过程应当有相应的记录。

⑦对于被支持放行的电子记录，应生成打印文件，以反映和支持原始数据录入后是否发生变更。

⑧系统与系统之间进行数据的电子交换时，应当进行检查，以保证数据被正确、安全地录入和处理，以降低风险。

⑨当软件和操作环境发生任何更新时，需保证系统仍能够根据预定法规所要求的

年限获得和维护电子记录数据。

⑩参与开发、维护或使用电子记录及电子签名（如适用）系统的人员，应具有相应的教育、培训等经历，以保证其能够胜任该工作。

7.5.1.4　电子记录的访问、修改和审计跟踪

（1）通过授权个人用户的方式来限制电子记录系统的登录和数据访问，只有经过授权的人员才能够访问特定的电子记录。

（2）应该基于风险评估的考虑给系统增加一种可以生成记录的功能，以记录所有与 GMP 相关的变更和删除，即"审计跟踪"功能。如果要修改或删除 GMP 相关的数据，相关的理由应当文件化。审计跟踪可以将电子记录转变为一种一般人士（非专业的 IT 人士或计算机本身）可以理解的形式，以便定期进行审查。

（3）通过安全的由计算机生成的具有时间戳记的审计跟踪，记录创建、更改或删除电子记录等行为的日期及时间。严禁在未经授权的情况下对记录进行修改。

（4）审计跟踪记录与目标电子记录至少应保存相同的时间。

（5）电子记录系统必须能够识别电子记录中的修改情况，以检测无效的或被篡改的数据。

（6）对电子记录所做的任何更改不能掩盖之前记录的信息。

（7）为了避免伪造电子记录和签名，需确立与坚持源自个人电子签名行为的责任与职责的书面策略。

7.5.1.5　电子记录的备份和恢复

（1）使用电子数据处理系统、照相技术或其他可靠方式记录数据资料时，应核对记录的准确性。对于采用电子方法保存的批记录，应采用磁带、缩微胶卷、纸质副本及其他方法进行备份，以确保记录的安全，便于在保存期内对数据资料进行查阅。

（2）所有的相关数据（包括审计跟踪记录）都应定期进行备份。验证过程中应检查备份数据的完整性、准确性和恢复数据的能力，同时需要定期监测。在遭遇断电或其他突发事故后，记录的内容应能够立即恢复且不失真。

7.5.2　电子表格

可以用应用程序工具来创建各种最终用户应用程序，包括定制的统计数据分析、本地数据库创建、数据挖掘、多元分析。

由于电子表格的灵活性和处理能力，在主要的临床研究、生产管理和质量控制中，用户可用其进行简单计算到复杂分析的各种应用，用户端可以创建电子表格应用程序，还可以使用其处理受控数据。

电子表格的应用类型包括一次性电子表格、存档电子表格、数据库电子表格、模板电子记录表格、桌面数据库。

7.5.3 电子签名

电子签名是指电子记录中以电子形式所含、所附用于识别签名人身份并标明签名人认可其中内容的数据。

为了保证制药企业的电子记录及电子签名完全等效于纸张记录及传统签名的可靠性，确保其符合 GMP 要求，美国 FDA 早在 1997 年就在美国联邦法规相关条款（21CFR part ll）中对电子记录及电子签名进行了明确规定。其中内容包括：对电子签名与电子记录进行了明确定义、电子签名要求及控制、电子记录要求及控制（封闭系统及开放系统）、电子签名与电子记录的链接、识别码与密码的控制等。

7.5.3.1 电子签名的要求

（1）基本要求

①每个电子签名对每个人来讲应该是独有的，不能被任何其他人再使用或再分配。

②在组织成立之前，必须先对具有电子签名资格的个人身份进行分配、批准并确认其一致性。

③每次签名应具有时间的印记。

④签名应同时代表其含意，如起草、审核、批准等。

⑤签名应限制于其相关文件中，以防止未授权的复制及改变。

⑥签名应充分体现在电子记录的复制件中。

（2）电子签名的组成及控制：电子签名有两种形式。

①无生物特征的电子签名，如用户识别码和密码，其随时间的流失具有唯一性。至少使用两个截然不同的识别组分，如用户识别码和密码。当签名在单独、一段连续的控制系统中多次进行时，第一次签名应使用所有的电子签名组分（识别码加密码）；在随后的签名中应至少使用一个个人的唯一识别组分（如识别码）。在非连续的控制系统中进行签名时，必须使用所有的电子签名组分。

电子签名只能被真正的拥有者使用。应对除了拥有者之外的需要协助拥有者签名的其他个人的电子签名进行管理和确认。系统管理者不应该知道用户密码，也不能够将密码透露给其他人（防止伪造记录）。

②具有生物特征的电子签名，如指纹、虹膜、视网膜、声音等，这些特征在体现个人独有性方面是可测量的。具有生物特征的电子签名其设计应确保除了真正拥有者之外，其他人无法使用。

（3）识别码及密码控制：使用识别码及密码进行电子签名的人必须实施以下控制方法，以确保其安全性及完整性。

①识别码及密码应达到一定的长度及复杂度，如大于或等于 6 个字母（数字）。

②保持每一个识别码和密码的单一性，如在识别码和密码的组成中不能出现两个相同的元素，不能再分配。

③定期检查、变更及撤除（人员离开时）识别码及密码。

④当出现诸如权限丢失、被窃或其他危及安全的事件发生时，相关程序应能够保证使用卡或其他设施具有或产生识别码或密码信息，并确保正确置换（暂时 / 永久）。

⑤建立安全防护措施，防止识别码及密码被非法使用。检测、跟踪那些未授权限企图进入系统的行为，发现问题立即报告。

⑥初始并定期检测那些能够具有或产生识别码或密码信息的装置，如卡或其他设施等，以确保其功能运行正常并不能够被以未授权的方式改变。

7.5.4　电子签名与电子记录的链接

7.5.4.1　电子签名在电子记录上的表现

（1）附加在电子记录上的电子签名应能够明确显示的信息

①签名者打印的名字；

②签名的日期和时间；

③签名的意义（如审核、批准、责任、原作等）。

（2）电子签名应作为电子记录的一部分受到相同控制，并且是人可阅读的形式，如电子显示或可被打印出，以便于查阅。

7.5.4.2　电子签名与电子记录的链接

电子签名的实施应该能够像手工签名一样完全链接在其相关的电子记录上，以确保签名不能够被删除、复制或转移到其他伪造的记录上。

7.5.5　电子签名与电子记录系统的验证要求

7.5.5.1　验证范围

涉及到以下因素的电子签名及电子记录系统均应实施验证（但并不仅限于此）。

（1）涉及到产品的质量、安全性及有效性的系统。

（2）涉及到数据的完整性、真实性及保密性的系统。

7.5.5.2　验证实施

电子签名及电子记录系统验证方法从原则上来讲基本可按照计算机系统验证实施

过程总体要求实施，包括系统需求定义（电子记录及电子签名要求）、系统开发及设计（按照系统需求标准实施）、系统安装、系统测试（设计测试条件，对所要求功能的有效性及可靠性予以确认）、系统维护（变更控制、定期回顾、再验证等）。

7.5.5.3 应特殊考虑的问题

（1）商业用的现成软件：商业用的现成软件用于电子记录及电子签名系统时，必须同用户开发（或委托开发）的系统一样实施验证。因为这些市场上销售的软件，并无足够的证据证明其能够满足以上所述的电子记录及电子签名系统要求。当然，用户对商业用软件的验证有可能与开发的软件的验证有一些不同，如有时不易得到源代码及开发文件等。用户应该有能力对商业用现成软件实施以下验证。

按照以上所述的电子记录及电子签名系统要求制定用户需求标准，用户需求标准可能与软件开发标准不同，可能时可索取软件开发标准进行比较。

软件结构完整性确认。用户如果无法得到源代码，应按以下方法推断软件结构的完整性。

①调查程序使用历史，如程序已知的局限性、评价其他用户的使用经验、鉴别软件存在的问题及解决的方法等。

②评价供户软件开发活动，以确定其是否与现行标准相一致。这种评价最好来自于对供户的审计〔用户或有能力的第三方进行）。

③软件的功能测试，测试的项目应覆盖用户将使用的所有功能。当用户无法直接得到程序的源代码及开发文件时，功能测试的广度及深度应更加全面及严格以确保关键数据的完整性及真实性。这里请注意，如果仅靠功能测试结果来确认软件的适用性还是不充分的。

（2）因特网：目前我们已经认识到，在开放系统中，越来越多重要的记录如临床研究报告、批生产（释放）记录等可以通过因特网进行传送。要对因特网像对计算机系统一样实施验证是非常困难的，因为其配置是动态的。例如，当一份记录从始发地传至目的地时，记录的许多不同部分可能会独自通过完全不同的路径被传送，而无论是发送者，还是接收者事先都无法定义或知道具体的路线。但是如果我们通过一些在线测量的手段确认电子记录（数据）从始发地到目的地能够被准确地、完全地、及时地传送，并且对始发地及目的地的计算机系统（包括两个通信线路的终端）进行验证，电子记录通过因特网进行传送还是可以信赖的。测量的手段可包括（并不仅限于次）以下内容。

①采用数字式签名技术来确认电子记录传送后不会被改变并确定发送者的身份。

②进行交付确认，如通过收据或采用除因特网之外的其他确认方式（如传真、录音电话等）。

8

计量与校准

8.1　计量相关术语

检定（verification）：查明和确认计量器具是否符合法定要求的程序，它包括检查、加标记和（或）出具检定证书。

校准（calibration）：是在规定条件下，确定测量、记录、控制仪器或系统的示值（尤指称量）或实物量具所代表的量值，与对应的参照标准量值之间关系的一系列活动。即用高精确度的设备或标准仪器测出实际读数与标称读数之间的偏差，并记录在案。

计量：实现单位统一、量值准确可靠的活动。

测量：通过实验获得并可合理赋予某一个或多量值的过程。

量值：用数和参数对象一起表示量的大小。

检定是自上而下的量值传递，校准是自下而上的量值溯源，检定和校准是保证计量溯源性的两种形式，两者对比有所不同，见表 32 校准与检定对比。

表 32　校准与检定对比

项目	校准	检定
行为	自愿	强制
内容	确定量值误差	计量特性进行全面的评定，确定合法性
依据	校准规程	检定规程
结论	误差数据	确定合格
报告	校准报告	检定合格证书、不合格报告

8.2　计量器具与仪器的分类

8.2.1　按结构特点分类

8.2.1.1　量具

用固定形式复现量值的计量器具，如砝码等。

8.2.1.2　计量仪器仪表

将被测量的量转换成可直接观测的指标值等效信息的计量器具，如气压表、温湿度计等。

8.2.1.3　计量装置

为了确定被测量值所必需的计量器具和辅助设备的总体组合，如高效液相色谱仪、电导率仪等。

8.2.2　按管理标准分类

8.2.2.1　A 类计量器具

（1）《计量法》和《强制检定明细目录》规定：凡企业最高计量标准器，用于贸易结算、医疗卫生、安全防护和环境监测并列入强制检定计量器具目录的工作计量器具，都属于强制检定的范围。

（2）企业内部用于量值传递的计量标准器。

（3）使用频率较高且量值易改变的计量检测设备。

8.2.2.2　B 类计量器具

（1）准确度等级和位置的重要程度方面都不高，可进行一般性管理的检测设备。该类仪表常用于非强制检定的计量器具，企业应制定相应的管理文件对其检定或校准周期做出明确规定，并按程序进行周期检定或校准，以保证 B 类计量器具合格有效，以能够溯源至国家标准。

（2）对计量数据有较高准确度要求，但平时拆装不便，实行周期检定有困难的检测设备。

（3）对计量数据有准确度要求，计量性能稳定，质量好的检测设备。如紫外光度计，气象色谱仪、高效液相色谱仪等。

8.2.2.3　C 类计量器具

除 A 类、B 类外的计量器具，准确度较低，常为监视仪表，如万用表等。

8.3　计量管理内容

国家颁布的《计量法》，明确了加强计量监督管理，保障国家计量单位制的统一和量值的准确可靠，对计量器具实行分类和检定管理。其目的是为了生产、贸易和科学技术的有利发展，维护国家、人民的利益。药品生产企业使用的仪器、仪表检定和自主实施的校准均属计量管理范畴，不包括用于检测的标准物质管理。

8.3.1　计量器具管理

计量器具管理的内容包括：选配、验收、纳管、使用、周期校准、维修、报废。

8.3.1.1　选配

确认测量和监视对象所需的质量特性，根据质量特性要求选购适宜的测量仪器，要符合技术性、测量性和经济性三方面的要求。

（1）技术性要求：使用方便，操作简单可靠；运输、装卸、组装、安装方便，并易于校准和检定装置连接装配；在使用保存期间，易于防护、防损坏、防污染、抗干扰性能良好；所需专用辅助设备（安装、读数、记录、电源等）少；对环境、操作人员条件要求合适、不苛刻。

（2）测量性要求：量程、准确度、分辨率、精密度、稳定度。

（3）经济性要求：测量仪器购置费用少；操作、维护、保护费用少；能修理，使用寿命长；利用率高；使用时所需场地小；需要操作人员数量少。

选择仪器、仪表要注意选配平衡，测量仪器的综合测量能力不是越高越好，应与测量要求相适宜。

8.3.1.2 验收

仪器、仪表购入到位后，购入部门依照请购单要求验收测量仪器，主要包括：仪器名称、规格型号、量程、分辨率、外观等，并进行使用前的校准，必要时由使用部门先行安装测试。

8.3.1.3 纳管

纳管就是将购入的仪器、仪表由专门机构集中管理，包括编号、登记、标识校准状态、建立维修履历；必要时，编制测量仪器操作说明书。

8.3.1.4 使用

仪器、仪表在使用和运行过程中要做到：

（1）落实责任制。

（2）严格执行操作说明书，对使用者应进行培训、考核，并正确操作。

（3）定期维护，维护应在仪器、仪表活动部位加润滑油，及时清扫污秽，定期上防锈油，日常点检等。

（4）避免不当的调整。

（5）防止搬运、储存时损坏或失效。

（6）保持仪器、仪表适合的环境条件。环境条件是影响测量结果的重要因素，可根据测量设备制造商提供的说明书，配备适合的环境条件，通常包括温度、湿度、照明、振动、灰尘、清洁度、电磁干扰等。

（7）按期送交校准。使用部门责任者应根据仪器上的校准标签，在校准到期前1个月通知管理部门，使用部门和测量仪器管理部门应共同处理好测量仪器校准时期测量问题。如备用测量仪器，借用测量仪器，但均应保证测量仪器是合格的。

（8）定期进行测量不确定度或误差分析。

8.3.2 校准管理

计量器具与仪器由于不断使用，性能会发生漂移，因此必须对这些器具与仪器设备进行科学、必要的校准，确保其在工作中能保持正常的工作状态。

我国 GMP（2010 年修订）第五章第五节对设备校准的一般要求、校准计划、校准量程范围、校准使用的标准器具、校准的标识、校准记录以及对不符合校准要求设备的控制等方面作了较为具体的规定。

根据这些器具与仪器设备的分类及重要性，对它们的校准分为强制性校准、第三方校准和企业自行的校准。

首先，一般而言，A 类计量器具与仪器设备应按国家检定管理要求由政府计量行政部门检定。经政府计量行政部门授权开展自检的企业，也应严格按国家检定规程安排检定。暂无检定要求的计量器具，企业应依照国家有关规定自行制定校准或比对方法，并报当地计量行政主管部门备案。凡使用强制检定计量器具的企业，应设专职或兼职人员进行校准管理，以保证严格按规定实施周期检定，并监督检查使用情况。使用标准物质的企业，应严格加以保管和进行操作。

其次，B 类计量器具和设备，对于连续性运转装置上拆卸下来不使用的计量器具，根据有关检定规程，可随设备检修周期同步安排校准周期，但在日常运转中必须严格监督检查。对准确度要求较高，但性能稳定、使用不频繁的计量器具，校准周期可适当延长，所延长的时间应以保证计量器具可靠性为原则。对使用频次高和需确保使用精度的计量器具，应酌情缩短校准周期。通用计量器具专用时，按其实际使用需要，根据检定规程要求，可适当减少校准项目或只做部分项目的校准，但校准证书应注明准许使用范围和使用地点，并在计量器具的明显位置处标贴限用标志。

第三，对于 C 类计量器具和仪器设备及一些准确度无严格要求、性能不易改变的低值易耗的或作为工具使用的计量器具，可实行一次性校准。非生产关键部位起指示作用、使用频率低、性能稳定而耐用以及连续运转设备上固定安装的计量器具，可以实行有效期管理，或延长校准周期，一般控制在 2～4 个周期内。用于非生产方面的计量器具严禁流入生产和其他领域使用。对列入 C 类管理范围的其余计量器具，可根据计量器具类别和使用情况实行监督性管理。

根据法规要求，制药企业的质量体系中应具备校准系统以确保所有对产品质量可能产生影响的测量、控制、分析用的仪器、仪表、设备的准确性。校准应按照批准的书面规程（如校准计划，校准方法等）执行，校准计划以及校准方法等应经过必要的审核和批准。

企业在制定校准文件以及执行校准活动时应重点关注以下内容。

8.3.2.1　校准计划和规程

（1）所有新的测量、控制、分析用的仪器、仪表、设备等或当它们发生变更时都应进行必要的评估，并根据评估的结果制定或更新校准计划，校准计划应经过质量部门的审核和批准。

（2）校准的规程中应规定校准的周期（频率）、测量仪器、操作范围、测量范围、允许的误差等。

（3）应定期对校准规程进行回顾并评估，任何内容上的调整（如增加或删除设备、调整校准方法，改变校准频率等）都需要经过批准。

8.3.2.2　校准的周期（频率）

大多数情况下，和生产相关的关键仪表的校准间隔应该不少于6个月一次，直到有充分的数据证明仪表的可靠性。关键评估小组可以基于历史数据做出决定，减少或增加校准的频率。

相类似的仪表可能需要不同的校准间隔，这是根据不同的应用场合、期望的准确度、精度和使用的频次所决定的。校准周期（频率）的设定应基于风险评估的结果以及仪表等级的分类，校准间隔制定依据以下信息：供应商提供的建议；仪表的使用场合和使用频次；相关标准或法规（《中国药典》《欧盟药典》或《美国药典》的相关标准）；历史校准信息；校准失效的结果，风险评估结果。

计量器具的周期校准工作要有明确的测量范围、操作条件和允许误差范围并在校准记录中加以确定，还有预先确定校准值、校准仪器和校准方法。校准用的标准品要经过校准并具有校准证书。可根据对仪器仪表已有的经验确定校准周期，并应随时根据最新的科研结果做相应的调整。

应根据国家计量检定规定要求和生产使用情况制定各种计量器具的周期校准计划，应特别注意校准的量程范围与实际生产和检验用的量程范围相互一致。企业内最高一级计量标准器具由有关部门按规定校准周期及时送国家、省、市计量管理部门进行周期校准，并由企业有关部门负责保管相关文件，如校准检定证书等。非国家强检、企业可自检的计量器具，企业可由经国家、省、市级检定员考核获得检定员证书资质的人员根据国家检定规程进行校准。校准所用校准计量器具应可以溯源到国际或国家校准器具的计量合格证明。校准记录应标明所用校准计量器具的名称、编号、校准有效期和计量合格证明编号，确保记录的可追溯性。如检定不能恢复原准确等级的计量器具应予以降级。不合格的计量器具应及时修理，经修理后仍不合格的应停用并报废。

8.3.2.3　测试设备

校准时所使用的标准测量仪表应比待校准的仪表具有更高的精密度、准确度以及重现性。所使用的标准计量器具应可以溯源至国际或国家标准器具的计量测试报告。

8.3.2.4　校准的程序

（1）负责校准实施的部门或人员应根据批准的书面校准规程实施校准活动。

（2）校准规程中应包括关键的衡器、量具、仪表、记录和控制的设备以及仪器的校准范围以及可接受的最大误差。

（3）校准时所选用的测试范围应涵盖仪表等全部的使用范围。通常，校准测试中应至少选择三个测试点，对于操作范围较大的仪表，可以相应增加测量点。

当校准测试中出现误差超出范围的情况时，应按照偏差管理程序进行充分的调查，并且评估对于产品质量的影响。所评估的产品应包括自上次合格的校准测试之后生产加工的所有产品和批次。出现偏差的仪表可能需要进行相应的调整并再次校准。

所有的校准活动都必须进行适当的记录，记录应按照 GMP 文件的要求进行管理和存档。

校准活动可由企业的工程技术人员、法定的计量检定机构或有资质的第三方执行。外部的校准文件（如校准报告、证书等）均应经过企业的专业技术人员审核和评估。

仪表等的校准状态应通过标识（如标签）清晰显示以便于操作人员检查，标签中可包括仪表的名称、编号、下次校准日期等信息。

8.3.2.5　校准范围和偏差及变更控制

（1）校准范围：当定义校准的范围和偏差时，应考虑仪表的测量范围、仪表精度、工艺需求等，正常情况下，仪表要求校准到满量程时应该能够达到供应商所提供的精度要求。如果仪表用来测量或控制一个更小的工艺操作范围，则应该缩短校准范围。允许偏差依据设备所属部门的工艺要求、制造厂商提供的技术指标和测量设备的验证结果进行制定。

（2）偏差与变更控制管理

①根据现场操作程序，当出现仪表损坏、校准结果超出允许误差、仪表损坏、显示功能不正常时，可执行偏差流程。应按照偏差管理程序进行充分的调查，并且评估对于产品质量的影响。所评估的产品应包括自上次合格的校准测试之后生产加工的所有产品和批次。出现偏差的仪表可能需要进行相应的调整并再次校准。

②当需要改变仪表的控制参数、分类等级、允许偏差、校准执行日时，必须要执行变更控制流程。

8.3.2.6　第三方校准

第三方机构在对制药企业的过程仪表和测试设备开展校准工作时，应该具备一定的校准技术能力，并依据 GMP 规范的要求开展企业内的计量校准服务。

在现场校准时可以选择使用企业的 SOP 或第三方的校准程序。在这两种情况下，第三方的核准程序必须符合制药企业在文档、程序和培训管理等方面的要求。原始数据可以由第三方保留或提供给制药企业，以备故障排查、事件调查和审计活动等。当第三方使用自己的测试设备进行校准时，必须能够校准溯源到国家标准。第三方的校准行为应该定期被审核。

8.3.2.7　校准文件

（1）校准台账：校准台账概述了每台测量设备和仪表的特性，应结合生产计划安排或预防维修计划（PM）等信息来制定具体执行日期。在台账中应包含以下内容：仪表的唯一标签编号；仪表的型号和出厂编号；仪表的关键性分类；仪表的测量范围、校准范围和精度；校准间隔、校准目标日；所用的校准方法或检定规程。

（2）校准计划执行流程：校准管理人员于当年年底完成次年的校准计划编制工作，经相关部门审核并批准，并于当月底将次月的校准任务下达给校准执行人员。执行人员根据生产计划的安排或停机计划，合理地安排校准工作。月度计划执行完毕后，应完成月度校准报告，再根据年度报告更新次年的校准计划。

（3）校准操作程序：通常情况下，由校准管理人员负责组织相关人员按生产工艺的控制要求，并参考有关仪表资料后起草制定，经相关部门审核批准后执行。在 SOP 中应包含以下内容：程序号、批准和执行日期；被校准仪表的名称、型号；测量标准器的名称、型号；详细、合适的校准操作步骤（校准方法）；程序变更记载。

（4）校准记录

①数据记录。如果仪表需要调整，则应该记录调整前和调整后的校准数据。任何关键仪表参数的调整都必须及时更新校准台账、校准操作程序和校准记录表。记录表中包含如下内容：校准记录表的编号、修订日期、版本号；被校准仪表的名称、校准标签编号、型号和编号；测量标准器的名称、型号、编号；执行和复核人签名、执行和复核时间；校准设定值、校准的调整限度、校准的可接受允差；结果判定。

②校准结果的判定。结果合格：如校准结果符合预期要求，贴合格标识，可继续使用。结果不合格：如校准结果极差，贴禁用标识，并尽可能将其撤离现场，同时报告质量保证部门执行不符合事件管理流程。

③维修后再使用。不合格的仪表经过维修或调整之后，在重新使用之前，应该经

过再次校准，校准结果符合要求，方可继续使用。

（5）文档管理：校准文件管理包括相关的法规文件、计量检定证书、SOP 程序、校准记录表、校准台账、年度回顾报告和相关的设备资料。计量检定证书和相关的设备资料一般保存至对应设备报废后的第二年。校准主计划、SOP 和校准记录表一般保存至药品失效后的第二年。以上相关文档应该保管在公司文档中心。

校准管理人员在每年年底应对当年仪表的使用情况做总结性回顾，并以报告的形式存档备查。年度报告内容中应该包含测量标准器使用情况、校准台账完成情况、校准方法的变更和关键参数变更等信息。

9

第 9 部分

产品召回

9.1　召回的定义和分级

召回（Recall）是药品生产企业按照规定的程序收回已上市销售的存在缺陷的药品。也就是说，由于产品违背法规和（或）注册信息，产品存在缺陷或该产品被报告有严重的不良反应等原因，需从市场或临床试验中收回一批或者几批产品。

根据召回活动发起主体的不同，药品召回分为主动召回和责令召回两类。

主动召回：药品上市许可持有人通过信息的收集分析，调查评估，根据事件的严重程度，在没有官方强制的前提下主动对存在缺陷的药品作出召回。

责令召回：药品监督管理部门经过调查评估，认为药品上市许可持有人应当召回可能存在缺陷的药品而未召回的；发生重大紧急事件或者药害事件的。

根据药品缺陷的严重程度，药品召回分为：

一级召回：使用该药品可能引起严重健康危害的；

二级召回：使用该药品可能引起暂时的或者可逆的健康危害的；

三级召回：使用该药品一般不会引起健康危害，但由于其他原因需要收回的。

药品上市许可持有人应当根据召回分级与药品销售和使用情况，科学设计药品召回计划并组织实施。

药品上市许可持有人、药品生产企业、药品经营企业和医疗机构应当按规定建立并实施药品追溯制度，保存完整的购销记录，保证上市药品可溯源。

药品上市许可持有人应当将药品召回的情况在药品年度报告中提交。

药品上市许可持有人应建立召回程序、标准（例如召回启动标准和召回分级标准等）和相应的记录表格。一种好的实践是预先制定各类召回所需的公告、通告、通知、报告和记录表格的模板，这样在必要时可以迅速完成相关文件并保证样式、标准和水平的一致性。

企业应正确培训和使用该系统，必要时召回相关产品以保护公众健康，形成和保存完整的记录和报告；企业应定期进行召回演练，评估召回系统的有效性，并保存相应的记录和报告。

9.2　职责

召回过程中的相关负责人及职责分配见表 33，企业根据自己的不同情况可有相应的调整和安排。

表 33　召回过程中的相关负责人及职责分配

角色	职务	职责
组长 正式成员	质量管理负责人 质量管理负责人 销售／市场负责人 生产管理负责人 财务管理负责人	召回决策咨询小组 ·依据召回决策咨询小组的专业建议，评估产品质量问题、安全隐患，决定是否需要启动召回行动 ·确定召回的范围（所涉及的产品、批号范围、国家／区域）和级别（1 级、2 级、3 级） ·确保召回产品的有效控制 ·组建召回任务小组 ·审核批准各项召回准备计划（特别是召回产品列表） ·根据规定通知相关政府部门 ·定期听取召回情况汇报，批准最终召回报告 ·做出纠正预防措施的决议 ·实施和监督纠正预防措施的执行 ·最终批准召回行动的完成
专业人员 （提供咨询）	医学／药理专家 注册专家 法律专家 其他领域专家 （需要时）	召回决策咨询小组 ·提供专业意见和建议 ·为召回决策咨询小组的决策活动提供支持（包括但不限于不同方案的必要性和潜在后果的评估）

9.3　召回流程

图 29 列出了召回管理的基本流程，根据召回级别和企业架构等因素的不同，召回管理的具体流程和步骤可以有所调整。

应注意，实际真实的召回过程可能比图 29 所示流程图复杂得多，例如：在召回过程中，随着召回起因事件的发展和已知信息的增加（例如药物不良反应报告案例的增多，偏差调查范围的扩大），可能需要重新定义召回的分级和（或）范围；召回的纠正预防措施（CAPA）的定义和执行可能在很早的阶段就已经开始，而不是等待召回产品完成后再进行（例如与药品监督管理部门的沟通可能在召回决策之前就已经开始，并一直延续到召回行动结束以后等等）。

质量事件

其他 CAPA　否　　召回决策

是

召回准备（成立召回小组，制定召回方案）

技术准备
・批号数量列表
・客户列表
・后勤安排
・替代性供应方案

沟通准备
・监管部门沟通方案
・客户沟通方案
・员工沟通方案
・媒体沟通方案

经济准备
・补偿方案
・资金准备

法律诉讼准备
（必要时）

启动召回

技术召回
・通知客户
・验收入库
・物料平衡
・替代性供应

沟通活动
・监管部门沟通
・客户沟通
・员工沟通
・媒体沟通

经济补偿
・补偿谈判
・完成补偿

应对诉讼
（必要时）

召回小组对召回情况及召回产品进行评估

召回产品的处理

召回情况总结报告

制定纠正预防措施（CAPA 方案）

不适当　　审核 CAPA 方案

适当

执行 CAPA

未完成　　追踪 CAPA

已完成

关闭召回行动

记录归档

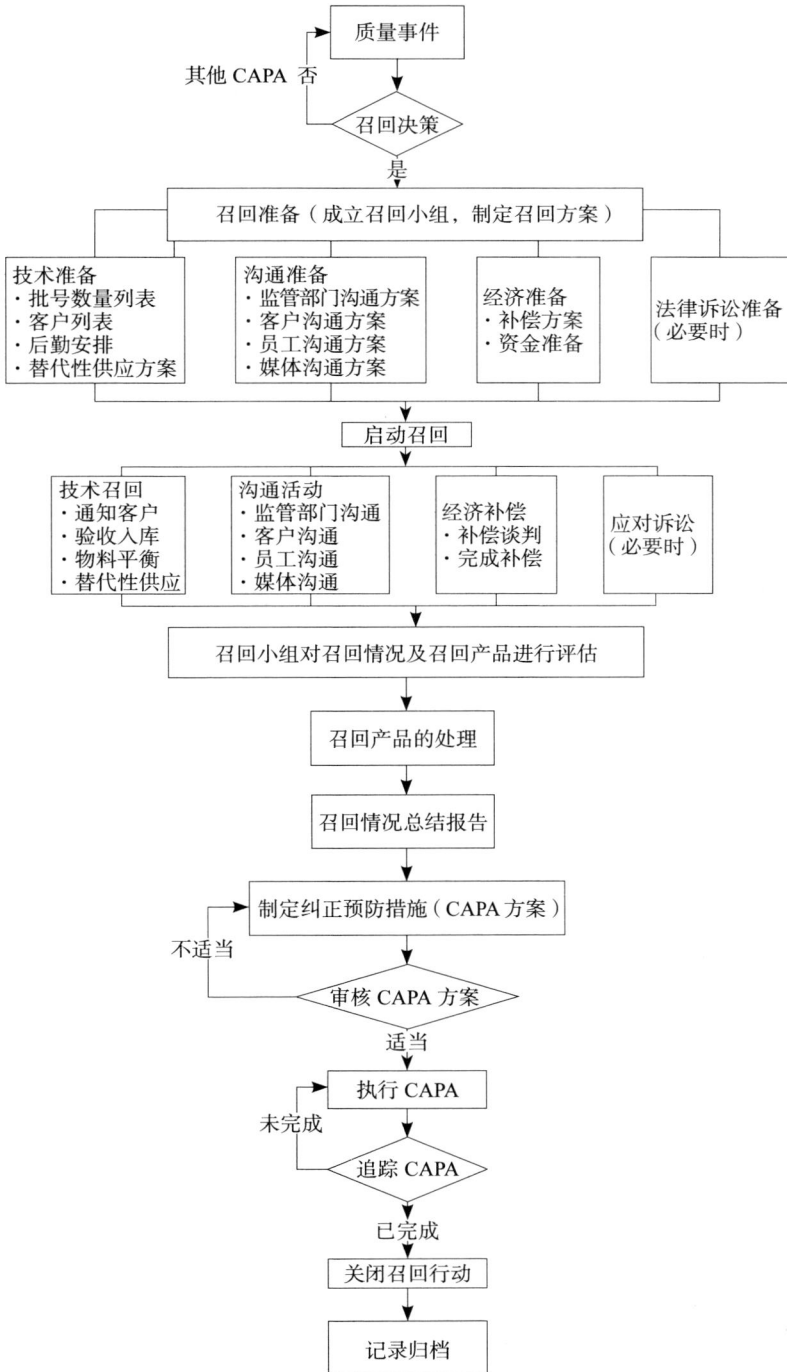

图 29　召回流程图示例

9.3.1 产品召回决策

许多质量事件都可能导致召回决策活动，例如偏差、OOS 调查、投诉、药物不良反应等。

企业应定义召回决策活动的组织机构、评估原则和分类标准。召回决策应该由企业高层管理者（包括质量管理负责人）在相关领域专家的支持下进行。召回决策应当基于对产品安全隐患的调查与评估。一般情况下，调查和评估应包括以下内容。

- 药品质量是否符合国家标准，药品生产过程是否符合 GMP 等规定，药品生产与批准的工艺是否一致；
- 产品储存、运输是否符合要求；
- 产品主要使用人群的构成及比例；
- 可能存在安全隐患的产品批次、数量及流通区域和范围；
- 对客户的生产工艺是否有不利影响，是否遵守对客户的承诺；
- 该产品引发危害的可能性，以及是否已经对人体健康造成了危害；
- 对主要使用人群的危害影响；
- 对特殊人群，尤其是高危人群的危害影响；
- 危害的严重与紧急程度。

9.3.2 成立召回任务小组

在决定召回产品后，公司应立即成立召回任务小组，准备具体的召回计划和执行召回行动。下面举例说明召回任务小组的一般组成及职责（表 34），根据企业的不同情况可有相应的调整和安排。必要时召回任务小组可要求任何部门提供协助。

表 34　召回任务小组成员组成及角色职务职责

角色	职务	职责
组长	企业质量管理负责人（或质量保证负责人）	组织制定召回准备方案； 组织定期起草给监管当局的报告； 组织定期向召回决策小组报告召回情况； （包括紧急情况下的随时报告） 负责召回过程中与监管部门进行沟通
组员	销售部门的相关负责人	参与制定召回准备方案； 配合完成召回产品清单（客户联系方式等）； 负责召回过程中与客户进行沟通； 负责与客户协商替代性供应方案和（或）补偿方案

角色	职务	职责
组员	质量受权人	参与制定召回准备方案； 负责准备召回产品清单（品名、批号、数量等）； 负责复核产品召回情况（数量、物料平衡）
	质量控制部门的相关负责人	参与制定召回准备方案； 负责对召回的产品进行检验（必要时）
	仓库和物流的相关负责人	参与制定召回准备方案； 配合完成召回产品清单； 负责接收和隔离存放召回的产品
	财务部门的相关负责人	参与制定召回准备方案； 负责召回产品和补偿行动的财务处理
	生产部门的相关负责人	参与制定召回准备方案； 负责替代性供应方案的生产（必要时）
	公共关系部门的相关负责人	参与制定召回准备方案； 负责面对媒体、公众和内部员工的沟通工作
	律师	参与制定召回准备方案； 应对法律诉讼（必要时）

9.3.3 制定召回计划

召回任务小组成立后，应当立即制定召回计划并组织实施。召回计划应当确定各个步骤、相应的负责人和参与人，相应的职责及完成的时限。召回计划的制定一般需要从以下几方面着手。

9.3.3.1 技术准备

（1）列出召回涉及的产品及批号、数量、销售数量、库存数量等；

（2）冻结与召回产品相关的物料和产品；

（3）列出需要通知召回的客户名单，该名单应当包含具体的联系方式，及产品具体销售的地址、数量；

（4）准备通知客户的召回公告（应包括产品退回的详细地址和接收联系人）；

（5）替代性供应方案的准备；

（6）初步确定产品的退回、收集、协调和最终销毁方式。

9.3.3.2 沟通准备

药品召回是一个公众事件。一旦召回通告正式发布，这一公众事件的走向就将是许多外界因素共同作用的结果。对于启动药品召回的药品上市许可持有人而言，保护患者利益和公众健康是召回行动的主要和最终目的，同时，一个充分有效的沟通方案能够帮助企业保证召回行动的效率，消除药品监督管理部门、客户和公众可能的误解和不必要的忧虑。沟通方案应至少包括以下几点。

（1）针对不同沟通对象的不同形式的报告、通告、通知文本［例如药品监督管理部门、客户、公司员工、合作伙伴、公众媒体（必要时）］；

（2）可预见的外界问题的解答方案；

（3）针对不同沟通对象的不同沟通负责人及其联系方式；

（4）沟通方式（媒介）的选择：如会议、电话、传真机、E-mail、公众媒体（电视公告、广播）；

（5）召回任务小组和召回决策小组之间的沟通频次和方式。

9.3.3.3　财务准备

（1）客户补偿方案；

（2）相应的资金和其他财务准备。

9.3.3.4　法律准备

（1）在某些情况下，企业需要对可能的法律诉讼作好充分的准备，包括律师的指派或委托，以及相关文本的准备；

（2）各项准备工作应当及时准确地完成，以便尽早启动召回工作。

9.3.3.5　召回计划

（1）产品生产销售情况及拟召回的数量；

（2）执行召回的具体内容，包括实施的组织、范围和时限等；

（3）召回信息的公布途径与范围；

（4）召回的预期效果；

（5）产品召回后的处理措施；

（6）联系人的姓名及联系方式。

对上报的召回计划进行变更时，应当立即通知药品监督管理部门。

9.3.4　召回的启动

通过预先确定的沟通方式（如电话、传真、邮件，或通过宣传媒介：电台、电视台、报纸等），在规定时限内通知客户（包括药品生产企业、药品经营企业、使用单位、使用者等）召回相关产品，同时向所在地药品监督管理部门报告。

企业在作出药品召回决定后，制定召回计划并组织实施，一级召回在 24 小时内；二级召回在 48 小时内；三级召回在 72 小时内。

召回过程中企业应对公司仍有库存的相关产品立即封存，隔离存放，均应有清晰醒目的标志。召回过程中应当注意做好相关记录，包括通知客户的记录，客户反馈的记录，召回产品到货记录，并及时对召回情况进行评估等。

9.3.5　召回产品的接收

接收召回产品时，需要有相应的记录，记录应包括：客户的名称（地址），召回产品的品名、批号、数量、召回日期和召回原因，应召回和实际召回数量的平衡关系等。接收的召回产品应隔离存放，并均应有清晰醒目的标志。

9.3.6　召回产品的处理

召回任务小组负责对召回产品的情况进行及时总结，对本次召回产品的质量是否受到影响进行评估，提出召回产品的具体处理方案并报请召回决策小组批准。在大多数情况下，药品召回处理决定需要同时报告药品监督管理部门进行备案或批准。

根据批准的处理决定，尽快进行处理并进行详细记录。必须销毁的药品，要在药品监管部门或者公证部门的监督下销毁。

9.3.7　召回总结报告

召回完成后，召回任务小组应提出完整的召回总结报告，包括售出产品及召回产品之用的数量平衡计算；如有差额，有合理的解释和（或）必要的处理措施；对召回活动、召回效果、召回产品的处理情况等做出评价，经召回决策小组批准后，向药品监督管理部门提交召回总结报告。并且召回总结报告将作为公司管理评审的一项主要内容。

9.3.8　报告药品监督管理部门

召回小组在公司启动产品召回后，一级召回在 1 日内，二级召回在 3 日内，三级召回在 7 日内，应当将调查评估报告和召回计划提交药品监督管理部门备案。实施召回的过程中，召回小组应该：一级召回每日，二级召回每 3 日，三级召回每 7 日，向药品监督管部门报告药品召回进展情况。

9.3.9　纠正预防措施

在大多数情况下，针对引发产品召回的质量事件所进行的根本原因调查，以及纠正预防措施的制定在很早的阶段就已经开始。甚至于可以说，在召回决定做出之前就已经开始了，产品召回的决定只是该质量事件的一系列纠正行动和纠正预防措施中的一项。然而，召回活动本身可能也需要或导致特定的纠正预防措施。例如随着召回活动的开展，获得了新的数据和信息，导致对药品质量事件性质、范围、潜在后果的新的认识和判断，这时可能导致修改或重新定义原先确定的纠正预防措施；或者在召回事件中，企业发现了现有召回系统的缺陷或改进的空间，则也可能启动针对召回系统本身的纠正预防措施。

9.3.10 文件归档

召回行动正式完成后，应当对所有相关的文件进行归档，并长期保存。

9.3.11 召回系统有效性评估

为了使召回行动在必要时能够及时有效地启动，应当定期对召回系统进行评估，确保其有效性。评估可以通过模拟召回的方式进行演练，演练的过程和结果应进行记录。用于评价产品召回系统有效性的模拟召回演练可采用相似的流程图，区别仅在于召回的启动原因以及与外界的沟通活动都是虚拟的。

9.4 要点备忘

召回管理主要关注点总结如下：
- 应建立召回系统（程序）和相关的记录表格；
- 明确定义组成召回小组的人员及相关责任，指定专人负责召回行动的执行和协调；
- 应当对有关药品的安全隐患进行调查和评估；
- 有召回计划，召回记录及召回报告，包含对召回产品接收、处理，销售产品和召回产品的数量平衡计算，及进行的纠正预防措施；
- 保证履行及时报告药品监督管理部门的义务；
- 对召回活动的记录应当长期保存；
- 应对召回程序定期进行有效性评估或演练，以便召回程序的迅速启动。

10

第 10 部分

数据可靠性

10.1 术语

原始数据：指初次或源头采集的、未经处理的数据。

电子记录：指一种数字格式的记录，由文本、图表、数据、声音、图示或其他数字信息构成。其创建、修改、维护、归档、读取、发放和使用均由计算机（化）系统实现。

电子签名：指电子记录中以电子形式所含、所附用于识别签名人身份并表明签名人认可其中内容的数据。

元数据：元数据是用来定义和描述数据的数据，通过定义和描述数据，可以支持对其所描述的数据对象的定位、查询、交换、追踪、访问控制、评价和保存等诸多管理工作。

数据完整性：数据完整性是数据的收集在数据生命周期内完整、一致、准确、值得信赖和可靠以及数据特性被维护的程度。数据应该以一种安全的方式收集和维护以确保它们是可追溯的、清晰的、同步记录的、原始（或真实的副本）和准确的。保证数据完整性需要适当的质量和风险管理系统，包括坚持合理的科学原则和良好文件规范。

数据生命周期：数据产生、处理、回顾、分析和报告、传递、储存和恢复及持续监控直至销毁的过程的所有阶段。应该有一个有计划的方法来评估、监控和管理数据和在某种程度上与患者安全、产品质量的潜在影响和（或）贯穿于数据生命周期的所有阶段做的决策的可靠性相适应的那些数据的风险。

动态记录格式：动态格式的记录，比如电子记录，允许在用户和记录内容之间建立互动的关系。例如，在数据库格式中的电子记录允许用户去追踪、分析趋势和查询数据；作为电子记录保持的色谱记录允许用户再处理这些数据和放大基线以便更清晰地查看积分。

良好的数据和记录规范：应该在适当位置的总体和单独确保数据和记录是安全的、可追溯的、清晰的、可追踪的、永久的、同步记录的、原始的和准确的，如果没有稳健实施可能会影响数据可靠性和完整性并会破坏基于这些数据记录的决策的稳健性的组织措施的综合。

10.2 通用要求

10.2.1 数据可靠性管理的要求

贯穿于数据的产生、收集、处理、使用、保存、备份、调取、销毁等整个生命周期，等同适用于纸质及电子数据。

10.2.2 确认数据可靠性

应根据书面的风险评估结果确定数据可靠性控制的程度并投入相应的资源，应从系统设计上避免数据可靠性的风险，并通过操作人员按照 SOP 操作和记录来实现，第二人复核、主管审核和 QA 巡检来确认。

10.2.3 人员

应诚实守信，遵从 GMP 要求，准时如实记录活动所产生的信息及观察到的信息。

10.2.4 数据可靠性的检查

尤其是审计追踪的审核应作为 GMP 内审的内容之一。

10.2.5 风险评估

不具备审计追踪的计算机系统需要进行风险评估，并根据风险情况决定是否需要升级，且在升级前采取临时的管控措施。即通过操作人员按照 SOP 操作和记录来实现、第二人复核、主管审核和 QA 巡检来确认。

10.3 数据可靠性管理基本要求

10.3.1 ALCOA 原则（表 35）

表 35 ALCOA 原则

A=	attributable to the person generating the data	可追溯的	记录可追溯，可追溯至生成数据的人员
L=	legible and permanent	清晰永久	清晰的，可见的
C=	contemporaneous	同步	与操作同步生成（录入）
O=	original record（or certified true copy）	原始的	原始记录（或认证的真实副本）
A=	accurate	准确	与实际操作相一致的，无主观造假或客观输入错误

10.3.2 ALCOA 原则的详细解释

10.3.2.1 归属到个人

可归属意味着被记录下来，能追溯到谁生产或修改的这个数据（人或者计算机化系统）；纸质记录要求手写签名；电子记录要求与数据创建、更改、删除等操作行为相关人员，其用户名在系统内的唯一性。有明确的可追踪至生产数据的人员。

　　10.3.2.1.1　计算机化系统中每一个权限级别的人员，由系统管理员分别设置不同的用户名和初始密码，在使用过程中不得互相分享密码，保证操作行为能追溯到指定的人员，指定人员可通过登录被识别。

　　10.3.2.1.2　对数据进行审计追踪。

　　10.3.2.1.3　采用生产和检验设备自动打印的记录或图谱和曲线图等记录，应标明产品或样品的名称、批号和记录设备的信息，记录人在每页上签注姓名和日期，并进行复印，以便于长期保存。

　　10.3.2.1.4　纸质记录填写时记录人要填写全名，不得简写。

　　10.3.2.1.5　记录修改时，要注明修改人、修改日期及修改原因。

　　10.3.2.1.6　用抄录的方法代替另一个操作员进行记录应当仅用于如下特殊情况：记录行为本身对产品或活动造成风险，如无菌操作区操作员记录造成的生产线干预；为了适应文化或消除读写（语言）局限，如操作员进行操作而由负责人进行观察并记录。监管型记录应当与实施任务同时进行，并应明确记录所监测任务的操作人以及记录完成人。所监测任务的操作人应当在任何可能的时间对记录进行复签。

10.3.2.2　清晰

　　数据可读，可理解，并可以在记录中呈现操作步骤发生的顺序，以保证在以后人员进行记录审核时，所发生的活动能够清晰的重现。在数据的整个生命周期均可获得，必要时能永久保存。

　　10.3.2.2.1　对电子方式产生的原始数据可以进行纸质或 PDF 格式保存，但必须显示数据的留存过程，以包括所有原始数据、源数据、相关审计追踪和结果文件。

　　10.3.2.2.2　只赋予不对电子记录内容负责的人员访问高级安全权限，例如关闭审计追踪或允许改写、删除数据。

　　10.3.2.2.3　备份电子记录以保证灾害发生时用于恢复。

　　10.3.2.2.4　手写记录要求使用标准简化汉字，字迹规范、清晰可辨。

　　10.3.2.2.5　应统一应用签字笔填写，洁净区内用黑色签字笔填写；专用票据可以使用圆珠笔进行填写。

　　10.3.2.2.6　关键数据如上市许可申报数据、稳定性等要长期保存。

　　10.3.2.2.7　至少产品有限期内数据可以及时恢复用于趋势分析或现场检查。

　　10.3.2.2.8　由独立、指定的归档人员，对电子记录及纸质记录进行安全可控的存档。

10.3.2.3 同步

数据在其生产或被观察到的时刻被记录下来。并保证数据在产生后能在下步骤操作持久保存。确保数据与记录的同步。

10.3.2.3.1 确保批记录等在活动进行的同时直接在正式的受控文件上记录数据，保证数据记录及时填写。

10.3.2.3.2 仪器需附带自动获取或打印数据设施。

10.3.2.3.3 保证系统时间、日期安全且不被篡改。

10.3.2.3.4 在纸质记录中应记录活动发生的日期，不允许填写已过期或将来的日期。

10.3.2.3.5 单独计算机化系统的验证应当在所有计算机环境，包括工作站操作系统、软件应用，以及其他任何适用的网络环境中，确保足够的安全限制以保证日期、时间设定，并保证数据完整。

10.3.2.4 原始

包括首次或源头采集到的数据和信息，以及完整呈现该活动的全部后续数据。

10.3.2.4.1 可根据原始数据对数据生产的整个活动进行重现。

10.3.2.4.2 数据必须来源于第一现场。

10.3.2.4.3 设置用户权限防止审计追踪数据的修改。

10.3.2.4.4 应当留存原始数据和（或）经确认的真实准确副本，副本保存了原始数据的内容及含义。

10.3.2.4.5 应对原始纸质记录进行适当的审核以及批准，审核对象包括即时采集信息的纸质记录及电子数据源记录。

10.3.2.4.6 数据审核应当被记录。

10.3.2.4.7 对于数据审核中发现的错误，应当相应采取措施以确保数据的更正或澄清，过程应符合 GXP，并应用 ALCOA 原则，确保原始记录可见，以及对后续改正的审计追踪有可追溯性。

10.3.2.4.8 任何同预期结果相比的偏差都应按偏差处理管理规定进行调查处理。

10.3.2.5 准确

意味着数据正确、真实、有效、可靠。

对数据录入及填写等实施双人复核制度。

（1）对生成打印输出的设备进行确认、校准并维护；

（2）对生成、保持、发布或归档电子记录的计算机化系统进行验证；

（3）当出现超趋势或异常结果时，都应当调查。这包括针对无效运行、失败、重复和其他异常数据的调查，并确定纠正和预防措施。所有数据都应包括在数据集中，除非有书面的将其排除的科学性解释；

（4）天平等仪器在使用前应进行适当的校准与维护。

10.4　数据管理

10.4.1　数据管理要求

10.4.1.1　对于活动的基础信息数据和通过操作、检查、核对、人工计算等行为产生的行为活动数据，应当在相关操作规程和管理制度中规定记载人员、记载时间、记载内容，以及确认与复核方法的要求。

10.4.1.2　从计量器具读取数据的，应当依法对计量器具进行检定或校准。

10.4.1.3　经计算机（化）系统采集、处理、报告所获得的电子数据，应当采取必要的管理措施与技术手段。

（1）经人工输入由应用软件进行处理获得的电子数据，应当防止软件功能与设置被随意更改，并对输入的数据和系统产生的数据进行审核，原始数据应当按照相关规定保存。

（2）经计算机（化）系统采集与处理后生成的电子数据，其系统应当符合相应的规范要求，并对元数据进行保存与备份，备份及恢复流程必须经过验证。

（3）其他类型数据是指以文档、影像、音频、图片、图谱等形式所载的数据。符合下列条件的其他类型数据，视为满足本要求规定。

①能够有效地表现所载内容并可供随时调取查用。

②数据形式发生转换的，应当确保转换后的数据与原始数据一致。

10.4.2　系统设计

10.4.2.1　系统设计方式

应鼓励符合可靠性原则，可以通过相应的技术或管理措施来保证数据完整、一致和准确。

10.4.2.2　常见的技术措施

（1）自控系统代替人工操作。

（2）采用服务器代替单机版管理。

（3）采用具有审计追踪功能的仪器设备，追踪任何软件内的数据更改。

（4）采取数据保护措施，比如数据加密、防删除设置、设定用户无法退出操作元件界面、设置数据存放区域不可见等手段来防止从软件外进入、修改和删除数据。

（5）进入系统或区域的用户权限管理，使用物理或者逻辑的方式限制进入，进入需要账号和密码、门禁、上锁管理，通过文件规定授权进入等方式。

（6）电子系统时钟修改权限控制，比如锁定计算机化系统电脑时间修改权限、天平改时间修改权限加密保护。

（7）配置自动获取或打印数据的设施，如天平配制打印机以实现同步打印，打印条上至少应包括仪器编码、日期和时间、具体按测定数值或者曲线。某些系统无法自动打印仪器编码，可通过手工在数据产生时进行标记并签名确认。控制记录数据所用的空白记录或模板，如专人保管、建立台账等措施。

（8）对计算机化系统用户进行权限分级管理，通过授权以保证人员只具有与完成其工作职责相当的操作权限，并开启审计追踪功能，以防止或者跟踪对数据的所有更改。

（9）对以上数据管理措施的要求分散在计算机化系统相关管理程序中。

10.4.2.3　常用管理措施

（1）高层管理层的参与和重视。通常通过管理沟通会、质量分析会议、管理评审等方式来确保管理层能得到质量运行方面的一些基础数据，以确保管理层能获得良好决策所必要的意识以减少数据可靠性风险：确保员工工作质量和可靠性不受商业利益、政治、财务、和其他组织压力或动因的影响；确保管理层配置充分的人力和技术资源，以保障负责数据生成和记录保存的人员不因工作负担、工作时间和压力而增加错误，管理层也应使得工作人员意识到他们在保证数据可靠性方面，以及这些活动与保证产品质量和保护患者安全相关性起到重要作用。

（2）对所有质量要素的评估，包括数据可靠性和良好的文件管理规范，并给高层递交详细的总结汇报。这将为高级管理层提供适当的洞察力，并确保足够的支持和优先解决关键问题。

（3）关键数据的第二人复核的要求：比如放行检验相关的数据，第二人需要复核纸张记录、电子记录和审计追踪。

（4）对关键电子数据和审计追踪的定期抽查审核，内审包括数据可靠性核查内容。

（5）为记录的规范填写创造有利的工作环境，比如记录放在操作现场，工作现场设置手写书写台，禁止使用便签条、铅笔，禁止记录产生岗位比如生产、检验和仓储区域放置碎纸机等。

（6）记录设计合理便于记录，如留有足够的填写空间。

10.4.3　数据的产生

10.4.3.1　人工观测记录在纸上的记录；仪器设备产生。

10.4.3.2　数据可靠性的固有风险取决于系统配置，也决定了数据可篡改的程度，保证数据满足 ALCOA 原则，是数据可靠性管理的目的所在。应注意数据产生过程中可能的人为风险，绝对禁止如下的不良行为，并通过相应的措施比如提升系统配置、修订程序、加强培训、加强监管等方式来阻止和区别不限于以下所列的数据可靠性问题。

（1）删除、覆盖或者丢弃原始数据；比如丢弃原始称量、溶液配制等信息，删除电子图谱（删除部分运行或者删除整个序列），使用后面的数据覆盖前面的数据。

（2）重复测试以得到合格的结果。

（3）正式系统适应性试验前，采用待测样品试针。

（4）采取替代样品，或者从多次测试中挑选合格的结果，比如卡尔费休水分测定。

（5）关闭仪器和设备的审计追踪。

（6）编造合格而实际未检测，比如报告单中的数据查不到原始记录、复制历史图谱或曲线。

（7）未经适当的评估或者更新，采用与注册不一致的方法进行生产或检验。

（8）修改系统日期和时间来补数据。

10.4.4　数据处理

10.4.4.1　数据处理是手工或自动化系统对所产生的数据进行转化或运算直至获得结果的过程，应对计算机化系统数据处理的程序（如：EXCEL 计算簿）进行验证。应确保数据转换格式或迁移时，数据的数值及含义没有改变。

10.4.4.2　数据处理时应确保原始数据被正确的引用或转化（如运算单位的统一，防止转移错误等）。

10.4.4.3　计算机系统处理是单独的操作或序列操作的组合，通常在用户确认（如按下保存按键）后，该记录才会被系统记录下来。在用户确认前，元数据（即用户名、日期和时间）不会被审计跟踪系统捕捉到。

10.4.4.4　数据可以用来产生报告单，形成各种验证报告、试验报告，这涉及到数据的转移。数据的转移需要经过第二人复核，以确保所生成报告的准确性。

10.4.5　数据审核和报告

10.4.5.1　对纸质记录的要求

通过程序规定、培训、记录审核、审计和自查等管控手段，保证人员对原始纸质记录进行适当的审核和批准，包括一些打印条；数据审核程序中应对元数据的审核。比如审核程序应要求人员评估纸质记录上原始信息的修改（比如以划线或数据修正方式记录修改），以保证这些修改被合理记录，有充分的支持证据，且可在需要时被调查；应把数据审核书面记录下来。在纸质记录中一般通过在已审核的纸质记录上签名完成；应有程序规定，确保人员理解作为审核人和批准人在可靠性、准确性、一致性和与规定标准的符合性。由于数据审核中发现的错误或遗漏，应确保数据的更正或修改前后符合 GXP 要求，并运用 ALCOA 原则，确保更改前后的数据均可见，确保追溯性。

10.4.5.2　对电子记录的要求

通过程序规定、培训、记录审核、审计和自查等管控手段，保证人员对原始电子数据进行适当的审核和批准；数据审核程序中应规定对原始电子数据和元数据（比如审计追踪）的审核。比如，审核程序中应要求人员对电子记录上原始信息的修改（如在审计追踪中、历史日志中记录数据更改），以保证这些修改被合理记录，有充分的支持证据，且可在需要时被调查；数据审核应当被记录。在电子记录中，通常通过电子签名来完成；应有程序规定数据审核和批准签名所代表的意义，确保人员理解作为审核人和批准人在可靠性、准确性、一致性和与既定标准的符合性。对于数据审核中发现的错误或遗漏，应确保数据的更正或澄清符合 GXP 要求，并运用 ALCOA 原则，确保更改前后的数据均可见，确保追溯性。

10.4.6　数据保留

10.4.6.1　关于原始数据的保留的要求

数据保留可分为存档或备份。存档记录应上锁，以防止被无意和有意地篡改或删除。备份和恢复过程必须经过验证。

10.4.6.2　纸质记录要求

为纸质记录建立受控并安全的贮存和归档区域，指定专人管理。

10.4.6.3　电子记录要求

对电子记录定期备份，异地保存。对电子记录建立受控并安全的储存和归档；指定专人管理；根据需要指定原始纸质数据转换为真实副本过程的书面规程、培训、审核、设计及自查。

10.4.7　数据销毁

（1）任何产生的与 GXP 相关活动的数据包括异常数据都应该被保存和记录，不得任意删除或舍弃。删除或舍弃数据应有合理理由并经过批准。

（2）对于计算机化系统，只有经授权的人员才能删除数据；该数据删除行为应更能够被审计追踪到，或者有相应的记录和理由。

（3）数据销毁应考虑其关键程度并符合法规要求以及客户的质量协议，并有相应的销毁记录。

10.4.8 数据的检索和调取

至少有效期内的数据必须可以及时调取，用于趋势分析或现场检查。

10.4.9 审计追踪

凡是采用数据采集、处理、报告或原始电子数据的计算机化系统，系统设计应提供全面审计追踪的保存功能，能够显示保持之前和原始数据与对数据的所有更改，同时保存更改前后的数据。

10.4.10 计算机系统用户权限/系统管理原则

10.4.10.1 应全面使用进入权限控制的功能，并保证人员具有与完成其工作职能相当的操作权限。

10.4.10.2 有不同的个人权限登陆层级，并保证获得关于用户进入级别的历史。

10.4.10.3 不能接受采用相同登录名和密码。如果计算机系统设计支持单个用户登录，则必须使用该功能。如果有可替代的计算机系统具备提供所需数据唯一登陆的能力，应当对系统进行升级。

10.4.10.4 系统管理员权限应根据组织结构的规模和属性而限于最少数。不应有通用系统管理员账号让用户来使用。如果有可替代的计算机系统，则需采用纸质方式提供追踪。

10.4.10.5 系统管理员的权限不应被赋予对数据有直接利益的个人。若一个人既是管理者又是操作者，可给予不同权限的双重账号管理。所有在系统管理员权限下实施的变更，需要质量管理体系内容进行批准。

10.4.10.6 个人应采用适当的进入权限执行制定的任务。

10.4.10.7 电子记录应当实现操作权限与用户登录管理，至少包括以下几点。

（1）建立操作与系统管理的不同权限，业务流程负责人的用户权限应当与承担的职责相匹配，不得赋予其系统（包括操作系统、应用程序、数据库等）管理员的权限。

（2）具备用户权限设置与分配功能，能够对权限修改进行跟踪与查询。

（3）确保登录用户的唯一性与可追溯性，当采用电子签名时，应当符合《中华人民共和国电子签名法》的相关规定。

（4）应当记录对系统操作的相关信息，至少包括操作者、操作时间、操作过程、操作原因；数据的产生、修改、删除、再处理、重新命名、转移；对计算机（化）系统的设置、配置、参数及时间戳的变更或修改。

10.4.11　采用电子记录的计算机（化）系统验证项目

应当根据系统的基础架构、系统功能与业务功能，综合系统成熟程度与复杂程度等多重因素，确定验证的范围与程度，确保系统功能符合预定用途。

10.4.12　变更和偏差管理

10.4.12.1　应记录、报告所有跟数据可靠性有关的异常，根据对治疗导致的影响程度，决定是否按照偏差管理程序进行处理。

10.4.12.2　对于提高数据可靠性的变更，如系统升级，链接服务器等，需要按照变更管理程序进行处理。

10.4.13　现行计算机化系统管理及行动计划

10.4.13.1　对于 GXP 活动相关的区域应识别本领域存在的数据可靠性风险的问题，并制定整改措施和升级审计。

10.4.13.2　对可升级的系统，应在适当的时机将所有的计算机系统全面升级至具有审计追踪和电子记录保存功能的系统。

10.4.13.3　对符合数据可靠性要求的计算机化系统，按程序进行数据可靠性的相关管理工作。

10.4.14　处理数据可靠性问题

10.4.14.1　当发现数据有效性和可靠性问题时，作为最优先重要的任务是弄清楚这些对于患者安全和产品质量以及用来做决策的信息的可靠性和注册申请的潜在影响。监管当局应被通知调查是否识别出了物料对患者、产品、报告的信息或注册申请文档的影响。

10.4.14.2　调查应该确保所有数据的副本都是可及时获取来允许对事件和所有潜在相关过程的全面审核。

10.4.14.3　应该与员工面谈以更好地了解失效的性质和它是如何发生的和事先已经做了什么去预防和发现问题。这应该包括与数据完整性问题相关的人员也包括监督人员、质量保证和管理人员的讨论。

10.4.14.4　调查不应该限于识别的具体问题也应该考虑基于数据的先前决策和现在发现不可靠的系统的潜在影响。另外，至关重要的是要考虑问题的深入的、潜在的根本原因，包括潜在的管理压力和诱因，例如，缺乏足够的资源。

10.4.14.5　采取的纠正和预防措施不应该仅仅处理发现的问题，也应该处理历史事件和数据集和深入的、潜在的根本原因，包括需要管理期望的重新界定和为预防未来再次发生的风险配置额外的资源。

缩略词

常见缩略词

英文缩写	中文	英文缩写	中文
A			
AC	空调	ADR	药品不良反应
AE	不良事件	AFD	空气流程图
AHU	空气处理单元	AIHA	美国工业卫生协会
ANDA	简略新药申请	API	活性药物组分（原料药）
AQL	可接受质量水平	ARD	药品不良反应事件
ASM	活性物质生产商	ASME	美国机械工程师协会
ASP	应用程序服务供货商	AVL	认可的供货商
B			
BBT	黑盒测试	BCP	业务持续性计划
BFS	吹灌封技术	BL	生物安全水平
BMS	楼宇监测系统	BNF	英国国家处方集
BOD	设计依据	BOM	物料清单
BP	英国药典	BPC	原料药
BR	批记录	BSC	生物安全柜
BTF	计划生产	BTO	订单生产
C			
CAD	计算机辅助能力设计	CAPA	纠正预防措施
CCA	组件关键性评估	CDS	色谱数据系统
CE	欧盟产品与健康认证标志	CEP	欧洲药典适用性证书
CFR	美国联邦法规	CFU	菌落形成单位
CGMP	现行药品生产质量管理规范	CHAZOP	计算机危险与操作性分析
ChP	中国药典	CHW	冷冻水
CIP	在线清洗	CIPC	关键中间控制点
CLP	在线清洗程序	CMC	化学制造控制
CMK	机器能力指数	CMMC	计算机化维护管理系统
COA	分析报告单	COD	关键运行数据；化学耗氧量
COM	试车	COP	离线清洗
COPS	顾客导向过程	COQ	质量成本
CP	控制计划	CPI	成本绩效指数
CPK	过程能力指数	CPP	关键工艺参数
CQA	关键质量属性	CRM	客户关系管理
CRO	合同研究组织（外包）	CRP	产能需求规划
CS	计算机系统	CTD	通用技术文件

续表

英文缩写	中文	英文缩写	中文
CTO	定制化生产	CV	清洁验证
D			
DCC	文件控制协调者	DCS	离散控制系统
DI	离子交换	DMF	药物主文件
DMT	成熟度验证	DOE	实验设计
DP	压差	DQ	设计确认
DR	灾难恢复	DS	设计说明
DSA	缺陷分析系统	DSC	集散控制系统
DSS	决策支持系统	DVT	设计验证
E			
EBR	电子批记录系统	EC	工程变更
EDC	电子数据采集系统	EDHR	电子设备历史记录
EDI	电去离子装置	EDI	电子数据交换
EDL	欧洲药品与健康质量管理局	EDMS	电子文件管理系统
EDQM	增加的设计审核	EDR	基本药物目录
EHS	环保、健康和安全	EMA	欧洲药监局
EMS	环境管理体系	EN	欧洲标准
EIC	电子知情同意系统	EIS	主管信息系统
EOQ	经济订货批量	EP	欧洲药典
ERP	企业资源管理系统	EU	欧盟
EU-GMP	欧盟 GMP	EU-OSHA（EASHW）	欧盟 - 职业安全与卫生署（欧洲工作安全与健康局）
F			
FAE	现场应用工程师	FAT	出厂验收测试
FAT	过失树分析	FCST	预估
FDA	（美国）食品药品监督管理局	FDS	功能设计标准
FFU	风机过滤单元	FMEA	潜在失效模式及后果分析
FMS	弹性制造系统	FQC	成品检验控制
FQE	最终品质工程师	FS	功能说明
G			
GA	总布局图	GAMP	优良自动化生产管理规范
GAP	中药材生产质量管理规范	GC	气相色谱
GCP	药品临床研究管理规范	GDP	良好配送管理规范
GEP	优良工程管理规范	GLP	药品非临床研究质量管理规范
GMP	药品生产质量管理规范	GSP	药品经营质量管理规范
H			
HACCP	危害分析和关键环节控制点	Halal	清真认证

续表

英文缩写	中文	英文缩写	中文
HAZOP	危害与可操作性分析	HCT	历史对照研究
HEPA	高效空气过滤器	HMI	人机界面
HPLC	高效液相色谱	HR	人力资源
HSE	健康、安全与环境	HVAC	供热，通风，空调系统
I			
IA	影响评估	IaaS	基础架构即服务
IAQ	室内空气质量	IC	知情同意
ICF	知情同意书	ICH	人用药品注册技术要求国际协调会
ID	药品唯一识别	IDMC	独立数据监测委员会
IEC	独立伦理委员会	IFB	投标邀请书
IND	临床研究申请	INN	国家非专利名
IPC	过程控制	IPQC	过程质量控制
IPQE	过程质量工程师	IQ	安装确认
IQC	进料检验质量控制	IQE	原材料质量工程师
IR	红外分光光度计	IRB	伦理委员会
IRT	人机交互技术	ISAR	首批样品批准申请
ISO	国际标准化组织	ISPE	国际制药工程协会
J			
JIT	准时制 / 准时制生产方式	JP	日本药典
K			
KFDA	韩国食品和药物管理局	KM	知识管理
Kosher	犹太人食品认证	KPS	行为状态评分
L			
LAF	单向流	LCR	实验室控制记录
LEL	爆炸下限	LEV	局部排风
LIMS	实验室信息管理系统	LOD	检测限
LOQ	定量限	LS	最晚开始日期
LTC	最小总成本法	LUC	最小单位成本
M			
MA	上市许可	MAA	上市申请
MAH	上市许可持有人	MAL	物料气锁
MBR	主生产批记录	MCB	主细胞库
MES	制造执行系统	MOA	分析方法
MOH	卫生部（中国）	MP&CR	主生产和控制记录
MPPS	最易穿透粒径	MRA	美国与欧盟的互认协议
MRP	生产资源计划	MSDS	化学品安全技术说明书
MTBF	平均故障间隔时间	MTD	最大耐受剂量

英文缩写	中文	英文缩写	中文
		N	
NDA	新药申请	NEMA	美国电气制造商协会
NF	国家药品集（美国）	NFCF	更改预估量的通知
NMPA	国家药品监督管理局（中国）	NRCCT	非随机同期对照试验
		O	
OBS	组织分解结构	ODM	委托设计与制造
ODP	臭氧消耗潜势	OEE	设备综合效率
OEL	操作人员暴露时限	OEM	委托代工
OFD	操作流程图	OLA	操作标准协议
OLAP	在线分析处理	OLTP	在线交易处理
OOS	超标	OOT	超出正常趋势
OPC UA	统一架构	OPT	最佳生产技术
OQ	运行确认	OS	总生存时间
OSD	口服固体制剂	OSHA	职业安全与健康署（美国）
OSS	开源软件	OTC	非处方
		P	
PaaS	平台即服务	PAT	过程分析技术
PC	个人电脑	PCB	原始细胞库
PCS	工艺控制系统	PDA	国际注射剂协会
PDCA	计划、执行、检查、处理	PDM	预见性维护
PDM	产品数据管理	PEMS	制药能源管理系统
PERT	计划评审技术	PFC	过程流程图
PFDS	工艺流程图	PH	历史数据归档数据库
PHA	初步危害分析	PI	说明书
PIC	负责人	PIC/S	国际医药品稽查协约组织
PID	比例、积分和微分	PGR	微粒生成率
P&ID	管路及仪表布置图	Pk	药物代谢动力学
PLC	可编程逻辑控制器	PLM	产品全生命周期管理
PM	预防性维修	PMD	工艺模块图
PO	订单	POH	预估在手量
POU	使用点	PP	聚丙烯
PPAC	中国专利保护协会	PPAP	生产件批准程序
PPE	个人防护设备	PPM	每百万分之一
PQ	性能确认	PQR	产品质量回顾
PR	采购申请	PS	纯蒸汽
PTFE	聚四氟乙烯	PV	工艺验证

续表

英文缩写	中文	英文缩写	中文
PVDF	聚偏氟乙烯	PVP	项目验证计划
PVR	项目验证报告	PW	纯化水
Q			
QA	质量保证	QAE	品质保证工程师
QAF	质量保证文件	QAP	质量保证计划
QbD	质量源于设计	QC	质量控制
QCC	品管圈	QE	品质工程
QFD	质量功能展开	QM	质量手册
QMS	质量管理系统	QP	质量计划
QP–QC–QI	质量三步曲 质量计划—质量控制—质量改进	QRE	质量可靠性工程师
QRM	质量风险管理	QRS	质量回顾系统
QS	质量体系	QSA	质量体系评审
QSE	质量体系工程师	QST	品质体系小组
R			
RA	风险分析	RABS	限制进入隔离系统
RACI	执行、负责、咨询和知情矩阵	RAD	快速应用开发
RAM	责任分配矩阵	RBE	异常状况审查
RBS	风险分解结构	RCCP	粗略产能规划
RCFA	故障根源分析	R&D	研发
RFI	信息邀请书	RFID	射频识别
RFP	建议邀请书	RFQ	报价邀请书
RH	相对湿度	RMA	退货验收
RNA	核糖核酸	RO	反渗透
ROP	再订购点	RRF	风险排列和过滤
RTM	需求追溯矩阵	RTSM	随机及药物供应管理系统
RUP	合理的统一流程	RX	处方药
S			
SaaS	软件即服务	SAE	严重不良事件
SAL	无菌保证水平	SAT	现场验收测试
SCADA	数据采集及监控系统	SCM	供应链管理
SDI	污染密度指数	SDMS	科学数据管理系统
SF	开始到完成	SFC	产品流程控制
SI	助理研究者	SI	国际单位制
SIA	系统影响评估	SIP	在线灭菌
SIS	安全仪表系统	SLA	服务标准协议

续表

英文缩写	中文	英文缩写	中文
SM	起始物料	SME	主题专家
SMF	工厂主文件	SMP	标准管理程序
SOP	标准作业程序	SOR	特殊订单需求
SOW	工作说明书	SPC	统计过程控制
SPI	进度绩效指数	SQE	供应商管理工程师
SRM	供应商管理	SS	开始到开始
SS	不锈钢	STP	标准温度和压力
SV	进度偏差	SWOT	优势、劣势、机会与威胁
T			
TAB	测试、调整和平衡	TCQ	时间、成本、质量
TLC	薄层色谱	TLV	临界极限值
T&M	工料	TMS	培训管理系统
TOC	总有机碳	TPM	全面生产管理
TQC	全面质量管理	TQM	全面品质管理
TS	技术标准文件	TSE	传染性海绵状脑病
U			
UDF	单向流	UFH	单向气流罩
ULPA	超高效空气过滤器	UPS	不间断电源
URS	用户需求说明	US FDA	美国食品与药物管理局
USP	美国药典	UV	紫外线分光光度计
V			
VAV	可变风量	VFD	变频驱动
VMP	验证主计划	VP	验证方案
VQE	质量可靠性工程师	VR	验证报告
W			
WBS	工作分解结构	WCB	工作细胞库
WCS	仓储控制系统	WFI	注射用水
WHO	世界卫生组织	WIP	在制品 / 流水线
WMI	管理规范	WMS	仓库管理系统

参考文献

［1］国家食品药品监督管理局药品认证管理中心. 药品 GMP 指南［M］. 北京：中国医药科技出版社，2011.

［2］谢明，杨悦. 药品生产质量管理［M］. 北京：人民卫生出版社，2014.

［3］何思煌，罗文华. GMP 实务教程［M］. 3 版. 北京：中国医药科技出版社，2017.

［4］罗晓燕，李晓东. 药品生产质量管理教程［M］. 北京：化学工业出版社，2020.

［5］郑一美. 药品质量管理技术：GMP 教程［M］. 2 版. 北京：化学工业出版社，2019.

［6］万春艳. 药品生产质量管理规范（GMP）2010 年版教程［M］. 北京：化学工业出版社，2012.

［7］李存法，陈中杰. 药品生产质量管理［M］. 重庆：重庆大学出版社，2016.

［8］朱世斌，曲红梅. 药品生产质量管理工程［M］. 2 版. 北京：化学工业出版社，2017.

［9］张功臣. 制药用水系统［M］. 2 版. 北京：化学工业出版社，2016.